अनुक्रम

कुछ पड़ाव, कुछ मंज़िलें

साहबान! मेरे तईं आदमी की ज़िन्दगी का सबसे बड़ा मक़सद ख़ुद को समझना है। हम ख़ुद को समझे बिना ताज़िन्दगी दुनिया को समझते रहते हैं, ख़ुद को कोसते हैं, दुनिया पर लानत भेजते हैं। 'सूटकेस में ज़िन्दगी' में मैंने लिखा था कि ज़िन्दगी के सफ़र में आये पड़ाव आदमी की थकान कम करते हैं, उसे प्रेरणा देते हैं, उसे ऊर्जा देते हैं। अगर सबसे अहम् मंज़िल ख़ुद को समझना है, तो कुछ दरम्यानी मंज़िलें भी हैं। जो आदमी को ज़िन्दगी के मक़सद मुहैया कराती हैं।

दानिशमन्द कहते हैं कि हम लम्हों में जीते हैं। कोई लम्हा ख़ुशी का वायस है तो कोई लम्हा ग़म से सराबोर कर देता है। ठीक ऐसे ही जनाब, कोई शख़्स सीधे ज़िन्दगी के सबसे बड़े मक़सद तक नहीं पहुँचता। कितने ही बीच के पड़ाव, मंज़िल पर कर ही वह उस इमारत की छत पर पहुँचता है, जहाँ इन्सान का सबसे बड़ा मक़सद रहता है। इनमें से ही कुछ पड़ाव, कुछ मंज़िलों का ज़िक्र इस किताब में है।

'सूटकेस में ज़िन्दगी' की प्रवाहमयी भाषा एवं लोकशैली (क़िस्सागोई) का ज़िक्र न भी करें तो भी कहा जा सकता है कि उससे चार दिशाओं में अभिव्यक्ति की गयी है– रेखाचित्र, संस्मरण, आत्मकथा, यात्रावृत्त। लेकिन 'कुछ पड़ाव, कुछ मंज़िलें' में ज़िन्दगी का सफ़र नहीं है, ज़िन्दगी रुक-सी गयी है–कुछ पल के लिए। जैसे किसी सराय में नये लोग मिल जाते हैं, जिनमें से कुछ को हम याद रखते हैं या बिलकुल याद नहीं रखना चाहते या हमें वही आदमी मिल जाता है, जिसकी हमें तलाश थी, (या जिसकी हमें बिलकुल तलाश नहीं थी) ठीक वैसे ही 'कुछ पड़ाव, कुछ मंज़िलें' के पहले भाग में भी ऐसे ही लोगों के रेखाचित्र हैं, जिसे 'एलबम' नाम दिया गया।

ये लोग बहरहाल कोई महापुरुष नहीं, साधारण लोग हैं, जिन्होंने अपनी लगन, संकल्प, समर्पण से अपने को असाधारण बना लिया। मगर...लगन, संकल्प, समर्पण के अतिरिक्त क्या कुछ भी लाज़िम नहीं? जी हाँ, आपने ठीक उसी बात को पकड़ा है, जो मेरे मुँह में आयी है। मानव-मूल्यों पर आधारित यदि आचरण नहीं तो लगन, संकल्प, समर्पण कितनी दूरी तक साथ निभायेंगे। कहने की बात नहीं कि महापुरुष पैदा नहीं होते, अपने कार्य तथा आचरण से बनते हैं। वैभवशाली, दौलतमन्द और शक्तिसम्पन्न महानता की परिधि में जल्द ही शामिल किये गये हैं। मगर मेरी नज़र में भारत में हमेशा ही शान्त भाव से कर्म करनेवाला ही सम्मान का पात्र होता था। आचार्य हजारीप्रसाद द्विवेदी कहते हैं कि महान् वह है जिनके निकट जाने पर दूसरे को अपनी सम्भावनाओं पर विश्वास बढ़ता है। यदि आपको अपने से विश्वास घटे

तो समझिये कि आपने एक घटिया आदमी की सोहबत की। ऐसे एक घटिया शख़्स से आपकी मुलाक़ात इन्हीं पन्नों में कहीं ज़रूर होगी।

(2)

हाजरीन! मैं महसूस करता हूँ कि जैसा महापुरुषों का असर हम पर पड़ता है, वैसा ही बाज जगहों, विचारों, नामों या परिस्थितियों का हम पर पड़ता है। इसी एहसास के मद्देनज़र कुछ जगहों, विचारों, नामों या परिस्थितियों का जिकर 'कुछ पड़ाव, कुछ मंज़िलें' में हमने किया है। हो सकता है कि आप उनसे मुतमइन हो या न हों। इसे हमने 'बायस्कोप' कहा। जैसे 'एलबम' लोगों के जीवन का सफ़र है, ठीक वैसे ही 'बायस्कोप' परम्परा, परिस्थिति हिन्दी/उर्दू, आदमी की नीयत और नियति, देश एवं जगहों का सफ़र ही तो है।

विश्व साहित्य में विज्ञान कथा कविता अब एक मज़बूत पायदान पर पहुँच गयी है। सराय में रहते हुए कुछ खाली लम्हों में मैंने विज्ञान कथा कविता के दो पड़ाव हिन्दी पाठकों के लिए पार किये। पहला लेख माइकल कोलिंग्स के लेख पर आधारित है। हाइकू इण्टरनेट की उपज है। परिशिष्ट में 'उड़न तश्तरी' नाम से आपके ख़ादिम की एक मशहूर विज्ञान कथा शामिल है। दिल चाहे तो मुलाहिज़ा फ़र्मायें। न पढ़ना चाहें तो मुझे कोई शिकवा नहीं।

(3)

नोटबुक में एक संघर्ष गाथा लिखी गयी है। आदमी के भीतरी और बाहरी संघर्षों की। बिना अनुभव के संकल्प नहीं होता। बिना संकल्प के संघर्ष नहीं। बिना संघर्ष के विजय या पराजय का क्या प्रश्न? जी हाँ, यह भारत के घर-घर की जानी-पहचानी रामकथा है। ये छोटे-छोटे लेख किसी बड़ी किताब की भूमिका के मक़सद में लिखे गये थे। मगर जब भूमिका ज़रूरत से ज़्यादे बड़ी हो गयी, तो इन्हें किताब से पृथक् कर दिया गया। आज वे लेख थोड़ी रद्दोबदल के साथ यहाँ पेश कर दिये गये। ज़रा झाँककर देखिये। कहीं ये आपकी ज़िन्दगी के सूटकेस में अनजाने ही पैबस्त तो नहीं हो गये?

(4)

एक दूसरे नज़रिये से देखा जाये तो 'सूटकेस में ज़िन्दगी' के पहले और दूसरे हिस्से (दूसरा हिस्सा अभी आना शेष है) के बीच कुछ पड़ाव, कुछ मंज़िलें आना 'लाजिकल' भी है। इन पड़ाव और मंज़िलों पर रुकने की वजह से ही दूसरा हिस्सा अभी लिखा नहीं जा सका। मुझे उम्मीद है कि इसके बाद दूसरे हिस्से की बारी है।

मुझे यकीन है अपनी ज़िन्दगी के सफ़र में आप भी कभी-न-कभी जब थककर चूर हो गये होंगे, आपका मनोमस्तिष्क शिथिल हो गया होगा, तब आप भी ऐसे ही किसी पड़ाव पर ज़रूर रुके होंगे, अपनी किसी-न-किसी मंज़िल से ज़रूर मिले होंगे और इसे पढ़कर आपको ज़रूर अपनी किसी-न-किसी खोयी हुई कहानी की याद पड़ सकती है। यदि ऐसा हो जनाब तो मेहरबानी करके मुझे ख़त या ई-मेल से इत्तिला कर दें। मैं इन्तज़ार करूँगा।

हेमन्त द्विवेदी

एलबम

- डॉ. वी. सी. बैनर्जी
- लाहिड़ी महाशय
- कबिरा खड़ा बजार में
- जनरल जोशी
- दद्‌दा ठेकेदार
- स्मृति-शेष
- लाइट हाउस
- उस्ताद बिस्मिल्ला खाँ
- दस द्वार
- 'बा' से 'कस्तूरबा'
- टिलियावाले

डॉ. वी. सी. बैनर्जी

उनका पूरा नाम विमल चन्द्र बैनर्जी था। वे डॉक्टर बैनर्जी के नाम से मशहूर थे। उम्र कोई सत्तर साल, सर गंजा, क्लीनशेव, दरम्याना क़द, शरीर से भारी नहीं, चेहरे व माथे पर कर्मठता की छाप। यही कुछ थे डॉक्टर बैनर्जी। उनके बारे में सुना था कि वे कुछ दिन सिविल सर्जन (अब सी.एम. ओ.) रहे लेकिन सरकारी नौकरी में दिल नहीं लगा। सो उसे छोड़कर अपने पैतृक निवास इलाहाबाद चले आये और कुछ ही सालों में अपनी प्रैक्टिस जमा ली। वे मम्फोर्डगंज और कटरा दो जगह बैठते थे। मम्फोर्डगंज में सुबह, शाम और कटरा में पूरी दोपहर करीब 4 घण्टे।

तब हम इलाहाबाद यूनिवर्सिटी के पी. सी. बैनर्जी हॉस्टल में रहते थे। वहाँ से डॉक्टर बैनर्जी का क्लीनिक पास पड़ता था। मगर हम अपना इलाज यहाँ इसलिए कराते थे कि उनका इलाज सस्ता, क़ामयाब अचूक होता था। हम छात्रों को वे वरीयता से पहले बुलवा लेते थे। मैंने कटरा में उनके क्लीनिक में जितनी भीड़ देखी है, उतनी आज तक किसी डॉक्टर के यहाँ नहीं देखी। हाँ, अब रिंग रोड, टेढ़ी पुलिया, लखनऊ में डॉ. संजीव पाठक के यहाँ भी वैसा ही मरीज़ों का मेला लगता है, जैसा डॉ. बैनर्जी के यहाँ मैंने देखा था। एक दोपहर में दो-ढाई सौ लोगों से कम कभी नहीं आते थे। दवा का दाम, वही पाँच रुपये से दस रुपये तक। दवाएँ वे अपनी देते थे, बहुत कम बाज़ार से लिखते थे।

आज हम क्यों डॉक्टर बैनर्जी को याद कर रहे हैं, इसलिए कि वे एक जन चिकित्सक थे, एक कर्मयोगी थे। एक दिन में मम्फोर्डगंज तथा कटरा के क्लीनिक को मिलाकर वे अमूमन् पाँच सौ मरीज़ों को तो देखते ही होंगे। दवा का दाम, वही दस रुपये। गम्भीर क़िस्म की बीमारी की शंका होने पर

ही वे थूक, पेशाब, ख़ून, बलगम की जाँच कराते थे तथा एक्स-रे वगैरह लिखते थे। अल्ट्रासाउण्ड, स्कैन, टेस्ट एम.आर.आई. और उच्च श्रेणी के टेस्ट उन दिनों नहीं होते थे। गम्भीर क़िस्म के ग़रीब मरीज़ों को सरकारी अस्पताल के डॉक्टरों के नाम सिफ़ारिशी चिट्ठी लिख देते थे। उनके लिखे शब्दों का इलाहाबाद के चिकित्सकों में इतना सम्मान था कि शायद ही कभी उनकी सिफ़ारिशी चिट्ठी पर कोताही हुई हो।

मैंने अनुभव किया है कि इतने लोकप्रिय और क़ामयाब चिकित्सक होने पर भी उन्हें पैसे की उतनी दरकार नहीं थी जितनी कि आजकल चिकित्सकों को होती है। आजकल तो हर गली मोहल्ले में प्राइवेट नर्सिङ्ग होम हैं तथा उनके दरवाज़ों पर उनके बिलों की लम्बी फेहरिस्त टँगी फड़फड़ाती रहती है। इनके एकदम विपरीत बैनर्जी मानव-सेवा करते थे। मरीज स्वस्थ होकर घूम-फिरकर वहीं आता था। डॉक्टर का दर्जा मैंने महसूस किया कि एक ख़ुदा जैसा है। ऐसा ख़ुदा जिस पर बन्दे का पूरा भरोसा होता है। डॉक्टर बैनर्जी ऐसे ही ख़ुदा थे, जो राग-द्वेष से ऊपर उठ चुके थे।

मैं देखता हूँ कि 26 जनवरी को हर साल पद्म पुरस्कारों की घोषणा होती है, उस सूची में एक-दो चिकित्सक ज़रूर होते हैं। मैं नहीं कहता कि वे डॉक्टर क़ाबिल नहीं या पद्म पुरस्कारों के लायक़ नहीं। मैं यह भी जानता हूँ कि डॉक्टर बैनर्जी का नाम पद्म पुरस्कारों की सूची में कभी नहीं होगा क्योंकि न तो वे कभी ऐसा प्रयास करेंगे, न ही किसी को अपने लिये ऐसे पुरस्कार प्राप्त करने के लिए प्रयास करने को प्रेरित करेंगे। उनके लिए पद्म पुरस्कार के लिए दो दिन क्लीनिक बन्द करके दिल्ली जाना भी जैसे बीमार के साथ अन्याय करना है। उनके लिए तो तीमारदारी करना ही पुरस्कार है। मरीज़ के लिए डॉ. बैनर्जी भगवान् हैं। जबकि उनके लिए मरीज़ भगवान् है, पद्म पुरस्कारदाता है।

बुज़ुर्ग कहते हैं कि ख़ुदा एक है, मगर आदमी अपने-अपने रास्ते से चलकर उस तक पहुँचता है। कुछ लोग आम रास्ते से चलकर वहाँ पहुँचते हैं तो कुछ लोग अपने बनाये रास्ते पर चलकर वहाँ पहुँचते हैं। जो लोग काम पर भरोसा करते हैं वे अपने काम से ख़ुदा तक पहुँचते हैं। अगर गाँधी, तिलक, राजनीति से, एम. विश्वेश्वरैया इंजीनियरिंग से, डॉ. विधान-चन्द्र राय चिकित्सा के रास्ते ख़ुदा तक पहुँचे तो मेरा भरोसा है कि डॉ. बैनर्जी भी ज़रूर ख़ुदा तक पहुँच गये होंगे। पता नहीं डॉ. बैनर्जी

भारतीय समाज की बीमारी की तह तक कैसे पहुँचे कि नब्बे फ़ीसदी लोग यहाँ मौसमी बीमारियों के शिकार होते हैं जिन्हें उनकी छह ख़ुराकों में ठीक हो जाना लाज़िम है। उसी बीमारी को ठीक करने में आज के डॉक्टर अपनी ईश्वरता दिखाते हुए तीमारदार का हज़ारों रुपये ख़र्च कराके नंगा कर देते हैं, उसी बीमारी को डॉ. बनर्जी की दस रुपये की जगह छह ख़ुराक ठीक करती थी।

यह अजीब हक़ीक़त है कि हिन्दुस्तान में साधारण बीमारी को दवा कम भरोसा ज़्यादे ठीक करता है। मेरी मानिये तो एक प्रयोग करके देख लें। मिट्टी के चूल्हे की राख को आप निकालकर पाँच-पाँच ग्राम की पुड़िया बाँध लें और आपके पास जितने मरीज़ आयें छह-छह पुड़िया फ़ी मरीज़ दो दिन की दवा कहकर दे दें। दो दिन मूँग की खिचड़ी और आराम को बोलें तथा यदि तबीयत न सुधरे तो तीसरे दिन आने को कहें। आपके पचास फ़ीसदी मरीज़ों को इन्हीं पुड़ियों से आराम आ जायेगा बशर्ते उन्हें पता न चले कि उन्हें क्या दिया गया है। पचास से नब्बे फ़ीसदी के मरीज़ डॉक्टर बैनर्जी अपनी दवा से ठीक करते थे। केवल दस फ़ीसदी ही गम्भीर रोग से ग्रस्त होते थे जिनके वे चिकित्सीय परीक्षण कराकर दवा देते थे। ऊपर का उदाहरण शहरी लोगों के लिए नहीं है। मेरा मानना है कि भारत आज भी गाँवों में रहता है।

आज से बहुत दूर न जायें, पचास साल पहले के भारत का अध्ययन कर लें। गोमूत्र से इतनी दवाएँ बनती थीं, सब लोगों को स्वस्थ करती थीं। आज तो स्वमूत्र की एक चिकित्सा-पद्धति ही विकसित है। महात्मा गाँधी प्राकृतिक चिकित्सा के समर्थक थे जो बहुत सरल तथा लाजिकल है। आयुर्वेद हज़ारों बरस से इस देश के लोगों की सेवा कर रही है। पचास साल पहले जब इतने डॉक्टरों की भरमार नहीं थी, ज़्यादे-से-ज़्यादे एक फीसदी औरत के बच्चे नहीं होते होंगे और अधिकतम पाँच फ़ीसदी औरतें बच्चों के प्रसव में जटिलता होने से मर जाती होंगी। साफ़ ज़ाहिर है कि नब्बे फ़ीसदी औरतें बिना डॉक्टरों, दवाइयों की सहायता से सुरक्षित बच्चे प्रसव करती थीं और एक-दो बच्चे नहीं जैसा आजकल होते हैं, एक-एक दर्जन बच्चों को सुरक्षित जनती थीं।

आज की बीमारियों के कारण दूसरे हैं। जिस पर भी नब्बे फ़ीसद लोग साधारण बीमारियों के शिकार होते हैं। आज की बीमारियाँ आधुनिकीकरण, मशीनीकरण, व्यापक असुरक्षा, बेरोज़गारी, स्वकेन्द्र की देन हैं। अगर पुराने

ज़माने में लोग कैन्सर से मर जाते होंगे तो आज कितने फ़ीसद कैन्सर रोगी स्वस्थ हो जाते हैं। पहले दस महिलाएँ प्रसव में मर जाती होंगी तो आज भी यह प्रतिशत एक फ़ीसद से कम न होगा। मुझे लगता है कि उस समय भी पोलियो रहा होगा क्योंकि तब भी कुछ बच्चे अपंग होते थे। अगर आज लाइलाज एड्स है तो उस समय भी सेक्स की लाइलाज बीमारियाँ थीं। मैं आधुनिक चिकित्सा विज्ञान की प्रगति को कम करके रेखाँकित नहीं कर रहा हूँ बल्कि यह प्रदर्शित कर रहा हूँ कि इस प्रगति से मुल्क के नब्बे फ़ीसद लोगों से कुछ ख़ास लेना-देना नहीं। पहले राजरोग (टी.बी.) से लोग मर जाते थे, आज यह सपने की बात है। पोलियो, हैजा, चेचक-जैसी सार्वजनिक बीमारियों को क़रीब-क़रीब थाम लिया गया है। लेकिन हृदयरोग, उच्च रक्तचाप, शुगर-जैसी आज की बीमारियों के कारण मनोवैज्ञानिक, आधुनिकता, मशीनीकरण अधिक है।

आज से पचास साल पहले के भारत को देखें। हर बच्चे को कसरत, व्यायाम की घरेलू देहाती शिक्षा दी जाती थी। गाँव में अपने खेतों तक का सामान्य रूटीन भ्रमण आज 'मार्निंग वाक' के नाम से, 'जोगिंग' के नाम से पुकारा जाता है। गाय, भैंस के लिए चारा काटना, खेती का काम करना 'जिम' जाने से ज़्यादे मेहनत की माँग करता है। उस समय गाँव-गाँव देशी-विदेशी शराब के ठेके नहीं थे, फिर भी दस फ़ीसद से ज़्यादे लोग सुरापान के शौकीन नहीं थे। सुरापान को सामाजिक दृष्टि से नीच समझा जाता था। आज अगर कोलेस्ट्रोल बढ़ता है, शुगर होती है, उच्च रक्तचाप एवं हृदय रोग है तो इसका कारण डॉ. वी. सी. बैनर्जी नहीं आप ख़ुद हैं।

अगर आप थोड़ा-सा मैनुअल लेबर कर लें। मौसमी फलों, मौसमी सब्ज़ियों का सेवन करें। अपना खान-पान साधारण रखें, ज़्यादा तैलीय, ज़्यादा मसाले से परहेज़ कर सकें। सुबह-शाम थोड़ा ध्यान (या अंग्रेज़ी भाषा में योगा) कर लें। दूसरे की समस्याओं को सुलझाने में टेन्शन लेने की जगह संजीदगी से अपना काम निपटा लें तो देश के मुकाबले आप अपने पर ही ज़्यादे उपकार करेंगे। तब शायद आपको किसी डॉक्टर की ज़रूरत नहीं पड़ेगी। आचार-व्यवहार तथा मादक द्रव्यों में कदाचित् सन्तुलन की ज़रूरत भी है।

देश के घरों के भीतर टेलीविज़न ने एक तरह से हमला कर दिया है। इसने लोगों का सामाजिक जीवन, नेत्रज्योति, श्रवण शक्ति, दिमाग़ी सन्तुलन

सभी को प्रभावित किया है जिसका प्रदर्शन विभिन्न रोगों में होता है। इसलिए मेहरबानी करके घर में एक छोटी-सी लाइब्रेरी स्थापित करिये और बच्चों को टीवी देखने के साथ ही किताब पढ़ने को भी प्रेरित करिये। आप 24 घण्टे में एक घण्टा ख़ुद भी पढ़ें, बच्चे आपको देखकर पढ़ना ख़ुद सीख लेंगे। बेहतर होगा कि बच्चों की किताबों में महापुरुषों की जीवनियाँ तथा इतिहास अधिक हों। गाँधी, तिलक, बोस, लिंकन नेपोलियन, नेल्सन मण्डेला, फ्रांसीसी क्रान्ति, ओलिवर कामवेल का समय, अमेरिकी आज़ादी जैसे विषयों से सम्बन्धित किताबों के अलावा दुनिया की प्रसिद्ध कविताएँ ड्रामे, कहानियाँ उपन्यास हों।

डॉक्टर वी.सी. बैनर्जी आज नहीं हैं। उनके महत्त्व को रेखांकित करना सरल नहीं है। उन्होंने चिकित्सा के माध्यम से ईश्वर को प्राप्त किया था। अस्सी बरस की उम्र में इतने क्रियाशील व्यक्ति को देखना बहुत सुखद था। मुझे बाद में मालूम हुआ कि वे गीता को बहुत महत्त्व देते थे। हो सकता है कि कर्मयोग की प्रेरणा उन्हें गीता से मिली हो। गीता है ही ऐसा ग्रन्थ जो मुर्दे में जान फूँक दे। उन्होंने लाखों मरीज़ों को देखा होगा मगर वे स्वयं बीमार होते हुए भी उन्हें परीक्षण करते हुए कभी नहीं ऊबे। बीमार उनके लिए झुँझलाहट का कारण कभी नहीं रहा, उन्हें कभी मोनोटोनी अपने काम में महसूस नहीं हुई। उन्हें भारतरत्न की शायद ज़रूरत नहीं थी क्योंकि उनके मरीज़ उन्हें अपने हृदय में भारतरत्न मान चुके थे। उनके मरने के बाद कटरा के क्लीनिक में कई डॉक्टर बैठे लेकिन क़ामयाब नहीं हो सके क्योंकि बीमार का भारतरत्न उस कुर्सी पर नहीं था।

महाभारत में अर्जुन को घर-परिवार के लोगों पर हथियार उठाते मोह हो गया था, डॉक्टर बैनर्जी कभी मोहित नहीं हुए। न धन से, न सुविधाओं से, न पुरस्कारों से, न समाज के सम्मान से। उनका मोह, धन, सम्मान, पुरस्कार उस दरिद्रनारायण की सेवा था जो गाँधी जी आज़ाद भारत में उनके लिए छोड़ गये थे। वे ग़रीबों के चिकित्सक थे, इसलिए लेख के प्रारम्भ में उन्हें जन-चिकित्सक कहा गया। यह जन-चिकित्सा ही उनका सब-कुछ था। मुझे वे हमेशा भारत के प्राचीन चिकित्सकों चरक, सुश्रुत की श्रेणी के चिकित्सक प्रतीत हुए। इसलिए हर चिकित्सक में मैं एक अदद डॉ. बैनर्जी की छवि ढूँढ़ने का प्रयास करता हूँ।

●

लाहिड़ी महाशय

बंगाल के नदिया ज़िले में कृष्ण नगर के समीप घुरणी गाँव में 30 सितम्बर, 1828 ई. को पिता गौर मोहन के घर योगिराज श्यामाचरण लाहिड़ी का जन्म हुआ। लाहिड़ी परिवार के गृहदेवता शिव थे। नदी के किनारे मकान स्थित होने के कारण एक बार भीषण बाढ़ में मकान के साथ-साथ ज़मीन का बड़ा हिस्सा नदी के गर्त में समा गया। हो सकता है कि यह कारण हो अथवा पिता गौर मोहन की काशी के प्रति आसक्ति हो, गौर मोहन ने काशी में बसने का निर्णय लिया। पहले श्यामाचरण ने जयनारायण अंग्रेज़ी स्कूल में तथा फिर 12 वर्ष की उम्र में गवर्नमेण्ट संस्कृत कॉलेज में दाखिला लिया। अध्ययन के दौरान ही 1846 ई. में उनका विवाह देवनारायण सान्याल वाचस्पति की कन्या काशीमणि से हुआ।

श्यामाचरण ने अंग्रेज़ी, बँगला, उर्दू, हिन्दी, फ़ारसी भाषा सीखी तथा संस्कृत के साथ वेद, उपनिषद् आदि शास्त्रों एवं धर्मग्रन्थों का अध्ययन किया। वे प्रारम्भ से ही परिश्रमी एवं गम्भीर प्रकृति के थे। 1851 में 23 साल की उम्र में उन्होंने Public Work Department, Military Engineering Works, गाज़ीपुर में क्लर्क की नौकरी कर ली। इस सिलसिले में कई तबादले हुए। 1863 में उन्हें प्रथम पुत्र (तिनकोड़ी लाहिड़ी) मिला। 1864 में बनारस के गरुड़ेश्वर में एक मकान ख़रीदा और मृत्युपर्यन्त वहीं रहे। महायोगी के गरुड़ेश्वर स्थित इस मकान का वर्तमान पता डी 31/58 मदनपुरा वाराणसी है जो उनके लाखों भक्त अनुयायियों के लिए तीर्थ स्थान है। उनके दो बेटे और तीन बेटियाँ थीं। पत्नी काशीमणि 94 वर्ष की आयु में 1930 ई. में दिवंगत हुईं।

1864 ई. में उनका तबादला काशी से रानीखेत हो गया। समुद्र तल से 5980 फुट ऊँचाई पर स्थित रानीखेत हिमालय की गोद में है। इसका

महायोगी के जीवन में महत्त्वपूर्ण स्थान है। यहीं उनके गुरु महावतार बाबा जी ने द्वारहाट पर्वत श्रेणी के द्रोण गिरि या दुनागिरी पर्वत पर उन्हें दीक्षा दी। गुरु के सम्पर्क में रहकर वे शीघ्र ही साधना के उच्च स्तर पर पहुँच गये। बाबा जी ने कहा था—तुम गृहस्थ जीवन में रहकर साधना द्वारा सिद्धि प्राप्त करोगे। संसार को कोई त्याग नहीं सकता। मनुष्य कहीं भी रहे, संसार साथ रहेगा। सांसारिक जीवन के अभाव में पृथ्वी इतनी सुन्दर न होती।

क्रियायोग के महान् शिक्षक श्यामाचरण लाहिड़ी स्वयं स्थूल पूजा के स्थान पर योग की साधना करते थे, किन्तु जिसकी स्थूल पूजा में आस्था है, उसे उस पर दृढ़ रहने के लिए उत्साहित करते और साथ ही योगकर्म करने का भी आदेश देते थे। वे कहते कि कर्म सर्वप्रमुख तथा सर्वप्रथम है, किन्तु योग कर्म का मूलाधार है। बिना योग आत्मदर्शन नहीं, बिना आत्मदर्शन आत्मज्ञान नहीं, बिना आत्मज्ञान मोक्ष नहीं हो सकता। मोक्ष ही मानव-जीवन का चरम उद्देश्य है। योगदा सत्संग सोसाइटी के संस्थापक परमहंस योगानन्द जी ने अपनी विश्वविख्यात पुस्तक An Autobiography of a Yogi में महायोगी श्यामाचरण के जीवन के कई अनछुए पहलुओं पर प्रकाश डाला है।[1]

महायोगी सभी जीवों व पदार्थों में नारायण का दर्शन करते थे। वे प्रत्याभिवादन तो करते किन्तु पाँव छूकर प्रणाम करना उन्हें पसन्द नहीं था। बाँग्ला अक्षर और हिन्दी भाषा में लिखित 26 डायरियों में वे अपने साधना के उच्चतम स्तरों का अनुभव छोड़ गये हैं। यह अद्भुत धरोहर है। किसी ने भी कदाचित् यौगिक अनुभवों को आज तक लिपिबद्ध नहीं किया। यह डायरियाँ व्यक्ति-मन की अतल गहराइयों में प्रवेश करने का द्वार है, सैकड़ों प्राचीन यौगिक व आध्यात्मिक क्रियाओं को साकार देखने का अवसर है। काशी के तैलंग स्वामी उनके समकालीन थे। कहते हैं कि तैलंग स्वामी ने एक बार लाहिड़ी महाशय के लिए कहा था—जिस लक्ष्य तक पहुँचने के लिए साधुओं को कौपीन तक छोड़ना पड़ता है, वही इन्होंने गृहस्थाश्रम में रहकर प्राप्त किया है।

लाहिड़ी जी के शिष्यों में हिन्दू, मुस्लिम, ईसाई आदि सभी थे। परमहंस योगानन्द के माता-पिता तथा गुरु श्री युक्तेश्वर गिरी भी लाहिड़ी महाशय

---

1. अध्याय संख्या- 26-क्रियायोग विज्ञान, 31—पुण्यशील माता से भेंट, 32—मृतकाय को पुनः जीवन, 34—हिमालय में एक राजमहल की, 35—लाहिड़ी महाशय का पुनीत जीवन, 36—पश्चिम के प्रति बाबा जी की अभिरुचि।

के शिष्य थे। कहा जाता है कि शिरड़ी के साईं ने भी लाहिड़ी जी से दीक्षा ली है। लाहिड़ी जी की डायरियों में एक नानकपन्थी साईं का शिष्य के रूप में उल्लेख हुआ है। साईं बाबा को पूर्ववृत्त उपलब्ध नहीं है। 1872 ई. में शिरडी से ही उनकी चमत्कारिक ख्याति फैली। लाहिड़ी जी ने गीता की अपनी ही व्याख्या की है। जो कृष्ण है, वही चैतन्य है, वही कूटस्थ है और जो कृष्ण कहते हैं, वही कूटस्थ अनुभव करता है। कृष्ण जीवन से भागने को नहीं, संघर्ष को वैसे ही प्रेरित करते हैं, जैसे लाहिड़ी महाशय।

स्थूल पूजा न करने के बावजूद वे रविवार को काशी के बटुक भैरव का दर्शन करने जाते थे। कितने ही पीड़ा से दुःखी मानव उनके आशीर्वाद से नीरोग हुए, सन्तान-प्राप्ति की, संकट से बाहर आये—उसकी गणना सम्भव नहीं। लेकिन योगी स्वयं सुख-दुःख से परे कमलवत् बने रहे। उनका एक ही फ़ोटो उपलब्ध है जो पुस्तक में यथास्थान दिया गया है। उसकी भी एक कहानी है।

वे प्रचार-प्रसार से दूर रहते थे। फ़ोटो की बात पर कहते थे कि भविष्य में तुम लोग फ़ोटो को पूजने लगोगे, साधना छोड़ दोगे। ख़ैर, फिर राज़ी हो गये। चित्रकार गंगाधर दे जब कैमरे का उन पर फ़ोकस करके फ़ोटो खींचना चाहते थे, उन्हें लेन्स में लाहिड़ी बाबा दिखे ही नहीं। भक्तों के अनुनय-अनुरोध के बाद लाहिड़ी जी ने फ़ोटो खींचने की अनुमति दी, तब कैमरे का लेन्स उनकी स्थूलकाया को पकड़ सका। लाहिड़ी महाशय पर और अध्ययन के लिए योगिराज प्रकाशन की पुस्तक-पुराण पुरुष योगिराज लाहिड़ी—भी एक संग्रहणीय पुस्तक है। इस लेख में हमने इसे तथा परमहंस योगानन्द कृत Autobiography of a Yogi को आधार बनाया है। मैं दोनों प्रकाशकों के प्रति हृदय से कृतज्ञता ज्ञापित करता हूँ।

भारत अध्यात्म की भूमि है। कितने ही योगी, साधु, वैरागी, महात्मा, पथ-प्रदर्शक इस भूमि से उपजे हैं। यह क्रम अभी रुका नहीं। यदि अध्यात्म न होगा तो भारत भी न होगा। Autobiography of a Yogi में हमने लाहिड़ी महाशय के बारे में काफ़ी पहले पढ़ा था। मगर वह आयु समझाने की नहीं थी। छह-सात वर्ष पहले फिर से मैंने लाहिड़ी महाशय के जीवन को पढ़ा, उनमें आसक्ति बढ़ी। उनका जीवन एक उदाहरण था। वे स्वयं कभी कर्म से विरत नहीं हुए। किसी को उन्होंने परिवार त्यागकर साधु बनने को प्रेरित

नहीं किया। उन्होंने गीता की 'सहज-योग-साधना' को क्रिया-योग या क्रिया नाम देकर व्यावसायिक धरातल पर प्रतिष्ठित करके सर्वसाधारण के लिए मोक्ष का द्वार खोल दिया, उसे मानव होने का अर्थ बता दिया।

बढ़ती जनसंख्या के कारण बढ़ती अशिक्षा, घटती कृषि जोतें, घटते संसाधनों ने आदमी को पीड़ा के सागर में डाल लिया है, जहाँ वह मानसिक एवं शारीरिक रूप से असुरक्षित होकर हाथ-पाँव मारता है, चीख़ता-चिल्लाता है। स्वयं ही जब खाने को न मिले तो बूढ़े माँ-बाप या अन्य रिश्तेदार बोझ नहीं होंगे तो क्या होंगे? फिर साधु-सन्त को जिमाना, पशु-पक्षियों को खिलाना दूर की बात है। समाज में वैभव, शक्ति, पाखण्ड, दौलत प्रभावी हैं। आम आदमी मानसिक रूप से जैसे हार मान चुका है। ऐसे में लाहिड़ी महाशय की शिक्षाओं की प्रासंगिकता और बढ़ गयी है।

हमें यह ज़रूर देखना होगा कि अर्जित की गयी दौलत सब-की-सब मेरी नहीं है। चाहे छोटा ही सही, इसमें समाज का अंश ज़रूर है। अपने संसाधनों से मैंने पीड़ित मानवता की कितनी सेवा की है? पीड़ा को कम करने का अधिकार मात्र संन्यासियों का नहीं, मेरा भी है। इसके लिए हमें अपने आवरण उतारकर सहज होना होगा। कुछ पल आत्मचिन्तन के यदि निकाल सकें तो उसी दिन यह एहसास होगा कि महायोगी श्यामाचरण लाहिड़ी के जीवन के अनुभव कितने सार्थक हैं?

दौलत के कुल तीन उपयोग हैं। स्वयं उपभोग करना, अधिक दौलत जुटाना या दूसरे को हस्तान्तरित करना। चौथा उपभोग मेरी दृष्टि में नहीं है। दूसरे को हस्तान्तरण मानवता की सेवा से ही हो सकता है। यदि स्वयं उपभोग न करें तो मृत्यु के बाद उत्तराधिकारी या अन्य लोग उसे स्वतः हस्तान्तरित कर लेंगे। अधिक दौलत जुटाने की कोई सीमा नहीं है। सार्थक दृष्टि से यदि धन नहीं जुटाया तो वह पीड़ादायक ही है। ऐसे में हम नहीं भूल सकते कि लाहिड़ी जी कहते थे—जितनी आवश्यकता हो, उतना ही धन पर्याप्त है। उससे अधिक चिन्ता का विषय है, उससे कम भी चिन्ता का विषय है। धन मैंने अर्जित किया, यह विचार ठीक नहीं। अर्थ संसार में बिखरा पड़ा है, अपनी आवश्यकता को उठा लो। उसके लिए स्वयं उद्यम करो।

पिछले सात वर्षों से मैंने कभी यह महसूस नहीं किया कि मैं अकेला हूँ। हमेशा लगता है कि लाहिड़ी जी के रूप में एक महापुरुष मेरे साथ है। मेरा

पथ-प्रदर्शक मेरे साथ है। मुझे उनकी इस बात पर इत्तेफ़ाक है कि श्रम से अपने परिवार का पोषण करो, समाज में अपना स्थान बनाओ और यह कभी न विस्मृत करो कि जो कुछ तुमने किया है, वह तुमने नहीं, किसी अन्य ने तुम्हारे माध्यम से कराया है। ठीक यही तो भारतीय मनीषा हज़ार वर्षों से कहती रही है कि तुम्हारे भोजन में किसी अन्य का हिस्सा भी सम्मिलित है, ज़रा गौर से देखिये तो सही।

यही तो भारतीय दर्शन का सारांश है, जो जाने कैसे हमारी दृष्टि से ओझल हो रहा है। यदि यह विस्मृत हो गया तो तमाम प्रगति के बावजूद यकीन जानिये कि हम गम्भीर रूप से दुर्घटनाग्रस्त हो गये। ऐसी दुर्घटना किसी आदमी के साथ हो तो चिन्ता की बात नहीं, किन्तु यदि भारतीय सभ्यता के साथ हो गयी तो गम्भीर चिन्तन की बात है। आज उस चिन्तन का समय आ गया है। मैं उपनिषद्कार की एक संक्षिप्त उक्ति के साथ अपने महागुरु के चरणों में अपना प्रणाम निवेदित करता हूँ—

ईशावास्यमिदं सर्वं यत्किञ्च जगत्यां जगत्।
तेन त्यक्तेन भुञ्जीथाः मा गृधः कस्यचित्धनम्।।

●

कबिरा खड़ा बजार में

हिन्दुस्तान के सफ़र में जनाब, आपको कभी-न-कभी कबीर से मुलाक़ात करनी ही पड़ती है। मेरी भी एक मुख़्तसर-सी मुलाक़ात हुई। 'सूटकेस में ज़िन्दगी' में आपने मेरी बनारस यात्रा के संस्मरण पढ़े ही होंगे। मैं कबीर-चौरा पर खड़ा था। छोटी-सी सफ़ेद दाढ़ी के एक साहब शाइस्तगी से गुज़र रहे थे। मैंने उन्हें टोका—'जनाब बनारस में कबीर साहब कहाँ रहते थे?' उन्होंने एक नज़र मुझे ग़ौर से ऊपर से नीचे देखा। दाढ़ी खुजायी, खखारे और बोले "यहाँ तो हर शख़्स कबीर है साहब। आप किस कबीर की तलाश में हैं?"

मैं चकरा गया। फिर हिम्मत करके कहा, "अरे, वो कबीर जिनके दोहे, साखियाँ, आज तक भारत में गाये जाते हैं।" 'अच्छा, वो वाले' वे साहब बोले, "वो तो मैं हूँ। बताओ क्या काम है? जल्दी बोलो, मुझे घर जाना है। एक साहब को दुसूती (मोटी सूती चादर) देने का आज का वादा है, उसका काम निपटाना है।" मैं हिचकिचाया, मगर बड़े मियाँ की वार्निंग की तलवार सिर पर लटकी हुई थी। "सर आपसे मिलना ही था। काम कुछ नहीं था।" मैं हिचकते हुए बोला।

भाई ये सर-वर क्या लगा रखी है। कबीर एक आम आदमी है। हर जगह मिलता है। अपना काम बढ़िया से करते रहो बस। समझ लो, कबीर मिल गया। उसके लिए बनारस आने की ज़रूरत नहीं। अच्छा चलता हूँ, राम-राम। वे चले गये, मगर मेरी तन्द्रा नहीं टूटी। तब होश आया, जब मेरे साथी की आवाज़ मेरे कानों तक पहुँची। वह मुझे पुकार रहा था।

वे कैसे थे, उन्होंने क्या किया, इस पर कुछ कहना सूरज को दीपक दिखाने जैसा है। वे निर्गुणी थे, सन्त थे, महात्मा थे, समाज-सुधारक थे,

कवि थे, योगी थे—इस पर सैकड़ों किताबें लिखी जा चुकी हैं और लिखी जायेंगी। मैं तो बस इतना कह सकता हूँ कि किसी आम आदमी के इतने चेहरे नहीं हो सकते। और जो चेहरा मैंने देखा था, वह तो इनमें से किसी के जैसा नहीं था।

कहते हैं लहरतारा (काशी क्षेत्र) में किसी सन्तानहीन जुलाहा दम्पति को अनाथ नवजात शिशु मिला, जिसे उन्होंने कबीर नाम दिया। विद्वानों के मत में इस घटना का समय 1452 ई. रहा होगा। जुलाहे के घर कबीर ने कताई-बुनाई का काम सीखा, जिसे आजीवन करके उन्होंने अपनी जीविका अर्जित की। जुलाहा होने की वजह से जब काशी में किसी गुरु ने उन्हें दीक्षा नहीं दी, तो जिद्दी कबीर एक दिन भोर में उस मन्दिर की सीढ़ियों पर लेट गये, जहाँ हर रोज़ स्वामी रामानन्द आया करते थे। रामानन्द का उन पर पाँव पड़ा, तो उनके मुँह से निकला—राम, राम कहो। कबीर ने राम-राम बोला। यही उनकी दीक्षा थी। इसी राम नाम के अर्थ को खोजकर कबीर उसी में समाहित हो गये—

दशरथ सुत तिहुं लोक बखाना
राम नाम का मरम है आना

"यह राम कहाँ है, किधर है, कैसा है, अब कबीर को सब-कुछ पता चल गया—

कस्तूरी कुंडल बसै, मृग ढूँढ़ै बन माहिं।
ऐसे घट-घट राम हैं, दुनिया देखे नाहिं।।

ऐसे राम तक पहुँच कैसे हो? कीर्त्तन करके, घण्टा बजाकर, भोग लगाकर, रिश्वत देकर, पण्डित की शरण में जाकर? कबीर को कोई ग़लतफ़हमी कभी नहीं हुई।

पोथी पढ़ि-पढ़ि जग मुआ, पंडित भया न कोय।
ढाई आखर प्रेम का, पढ़ै सो पण्डित होय।।

ऐसे राम तक पहुँचने के लिए कोई श्रम, साधना, ध्यान की ज़रूरत नहीं है। मानव-मूल्यों को मानते हुए सहज ही उस तक पहुँचा जा सकता है। शर्त केवल एक है—तुम सबसे अलग खड़े दिखोगे, यह अहंकार नहीं आत्मविश्वास है—

गंगा जमुन उर अन्तरै, सहज सुन्न ल्यो घाट।
तहां कबीर मठ रच्या मुनिजन जोवत बाट।।

अहंकार विगलित होने में समय लगता है, लोग भिक्षु बन जाते हैं, सत्संग करते हैं। लेकिन अहंकार नहीं छूटता। कबीर को देखें कि किधर अहंकार है—

कबीर कूता राम का मुतिया मेरा नांव।
गलै राम की जेबड़ी जित खैंचे तत जांव।।

जब आपका जागना-सोना, जीविका-भोजन, शत्रु-मित्र, सभी कुछ राम की नेमत है, तो चिन्ता कैसी, भय कैसा। कुत्ता भी बनना है, तो राम का बनो।

कबीर बेशक इस दुनिया के निवासी थे। उन्होंने कभी नहीं कहा कि मन्दिर जाकर घण्टे बजाओ। धूनी रमा लो, भीख माँगकर खाओ, नमाज़ पढ़ो। वे तो अपने काम को ही रोज़ा, नमाज़, पूजा, धूनी समझते रहे। एक सच्चे कर्मयोगी की भाँति उन्होंने श्रम की उत्कृष्टता को सर्वदा माना क्योंकि नरदेह ही भवसागर है और कर्म के बिना इसे पार करना मुमकिन नहीं—

चहे अकास पताल जा, छोड़ि जहू ब्रह्माण्ड।
कहि कबीर कटिहैं नहीं देह घरे का दण्ड।।

ईश्वर के प्रति कबीर का यह प्रेम था महज़ ढाई लफ़्ज़ों का, मगर जिसकी कथनी और करनी एक-सी हो, उसके लिए यही ढाई लफ़्ज़ तलवार की धार बन जाते हैं, जिस पर उसे चलना होता है। कोई घर फूँक तमाशा देख—फक्कड़ ही इस राह पर चलता है। इसमें दूसरे की पीड़ा को कुछ कम करने के लिए अपना शीश खुद उतारना होता है, मगर एक शर्त पर कि मुख से सिसकी भी नहीं निकले। ऐसी शर्त को बिरले ही बदते हैं—

कबिरा यह घर प्रेम का, खाला का घर नाहिं।
सीस उतारै हाथ लै, सो पैठे घर माहिं।।

प्रेम की यह डगर पगडण्डी नहीं, राजमार्ग है, मगर इसकी कठिनाइयों का अन्त नहीं। कबीर ऐलान करते हैं कि कोई है जो हमारे साथ चले—

कबिरा खड़ा बजार में, लिये लुकाठी हाथ।
जो घर फूँकै आपनो, चलै हमारे साथ।।

"एक सीधी सच्ची बात विद्वानों ने कितना जटिल बना दिया। इस बात पर कबीर क्षुब्ध हैं। प्रेम को समझने के लिए विद्वत्ता की ज़रूरत नहीं। प्रेम

की भाषा तो पशु-पक्षी तक समझते हैं, जो बेजुबान होते हैं। आदमी तो फिर भी समझदार है। मगर यह भाषा क्यों नहीं समझता, जिसे कबीर—जैसे बेपढ़े तक समझते हैं।

मसि कागज छूयो नहीं, कलम गही नहि हाथ,

और समझकर भी रंग-बिरंगी दुनिया में ऐसा खो गये कि आनेवाली पीढ़ी के लिए कोई राह ही नहीं छोड़ी। हर बात को लपेटकर कहना, जटिल बना देना। हर प्रश्न को ख़ुद से जवाब न देकर किताबों में ढूँढ़ना। यह नक़ल कब तक चलेगी।

मैं कहता हूँ आँखन देखी,
तू कहता कागद की लेखी,
मैं कहता सुरझावन हारी
तू राख्यो अरुझाय रे

कबीर भी आम आदमी थे, क्षुब्ध हो उठे और ऐसी तमाम प्रवृत्तियों की सार्वजनिक रूप से कटु निन्दा की जो जाति, मज़हब, इबादत, ऊँच-नीच, अहंकार, हिंसा के आधार पर टिकी हुई थी। कबीर साहित्य समाज की इन कुरीतियों, अन्धविश्वासों, भेदभावों के विरुद्ध एक ऐसा हथियार है, जिसे हर आनेवाली पीढ़ी अपने सत्कार्य के हेतु इस्तेमाल करेगी—

वै हलाल वै भटका मारे
आग दुहू घर लागी

जौ तु तुरक तुरकनी जाया
आन घाट ह्वै क्यों नहीं आया

एक चाम से सब उपजाया
को वामन को सूदा

कांकर पाथर जोरि कै मसज़िद लई बनाय।
ता चढ़ि मुल्ला बांगि दे, बहरा हुआ ख़ुदाय।।

अन्तर तेरे कपट कन्तरनी
सो भी साहेब लखता है
मन न रँगाये, रँगाये जोगी कपड़ा

वस्तुतः कबीर का जन्म ऐसे समय हुआ जब मध्ययुग के इस्लामी आक्रमणों ने भारतीय ज्ञान, कर्म, अध्यात्म, योग की चूलें हिला दी थीं। समाज इस क़दर ज़ेहनी और जिस्मानी हार के कगार पर खड़ा था कि यदि दो-तीन दशक और कबीर का जन्म न होता तो शायद पूरी क़ौम इस्लाम की चादर ओढ़ लेती। एक अल्लाह, एक नबी, एक क़ौम। सब बराबर। एकेश्वरवाद हारे हुए मन को पसन्द आने लगा कि समाज में कबीर तशरीफ़ ले आये।

कबीर ने इस्लामिक एकेश्वरवाद की भारतीय परिस्थितियों में निर्गुण एवं निराकार रूप में उपासना की। लोगों को लगा कि एक ख़ुदा इस्लाम की जागीर नहीं है। भारत में भी वैसा ही निराकार ईश्वर विद्यमान है जैसा इस्लाम में। फिर क्या था, कबीरवाणी धीरे-धीरे भारतीय मानस में उतरने लगी। यह भूलने की बात नहीं कि अपने समस्त ईश्वरों की दुर्दशा से थके-हारे भारतीयों को एक शताब्दी से ज़्यादे समय तक कबीरवाणी ने अपनी छाया में बैठाया। उसके पराजित और क्लान्त मानस को सान्त्वना दी तथा तुलसी/मीराँ के लिए अवरुद्ध मार्ग खोल दिया।

ईश्वर का साक्षात् कर चुके सत्य के सहज साधक कबीर न सन्त थे, न योगी, न समाज सुधारक, न महात्मा। वे तो बस एक सरल, सहज, सत्यनिष्ठ, कामकाजी आम आदमी थे, जिसने अपने साथी भारतीयों की पीड़ा को कम करने का ताज़िन्दगी उद्यम किया। चूँकि सत्यनिष्ठ आदमी साहसी और आत्मविश्वासी होता है इसी नाते अपने निर्वाण (मृत्यु) के पूर्व उन्होंने काशी छोड़कर मगहर की शरण ली। मगहर के बारे में अन्धविश्वास यह है कि यहाँ मृत्यु के बाद आदमी नर्क में जाता है और काशी में मृत्यु के बाद आदमी स्वर्ग जाता है।

कबीर—जैसे मुक्त मानव ने इन विश्वासों को अपने कर्म से (मगहर की शरण लेकर) खण्डित कर दिया। लोगों के पूछने पर अपनी आदत के मुताबिक़ उन्होंने जवाब दिया—

जो काशी तन तजै कबीरा
रामहि कौन निहोरा रे

यानी कि काशी में मरकर तो सभी स्वर्ग जाते हैं, इसमें राम की क्या कृपा? राम की कृपा तो तब है, जब मगहर में मरकर मानव की मुक्ति हो जाये।

कबीर तो जीवन काल में ही मुक्त हो गये थे। फिर भले वह काशी में मरते या मगहर में। मज़े की बात तो यह कि जीवन भर विविध पूजा-पद्धतियों, जाति-पाँति, ऊँच-नीच, भेदभाव, हिंसा-अनाचार की बुराई करनेवाला, अटपटी वाणी बोलनेवाला, अहंकारी कबीर जब ज़मीन से विदा हुआ तो उसके दाह संस्कार करनेवाले हिन्दू व उसे दफ़नाने को आतुर मुस्लिमों के बीच झगड़ा होने लगा। लगा कि आधा जिस्म जलाया जायेगा, आधा दफ़नाया जायेगा। जीवन का निर्मल आनन्द लेनेवाले उन्मुक्त कबीर ने भी यह तय कर लिया था कि आख़िरी उड़ान अपनी देह के साथ ही करेंगे। कफ़न हटाया तो देखा कबीर वहाँ नहीं थे, कुछ फूल पड़े थे जिन्हें दोनों ने आधा-आधा बाँट लिया।

ज़ाहिर है कि कबीर का पैग़ाम बेकार चला गया। एक नया फ़ार्मूला ज़रूर भारतीयों को मिल गया कि हर झगड़े की चीज़ को आधा-आधा बाँट लो। कबीर सोचते ही रहे कि ये व्यर्थ के झगड़े कब बन्द होंगे। उन्हें कौन बतायेगा कि ये झगड़े हमारे जीवन के अंग हैं और क़यामत तक हम इसी तरह झगड़ते रहेंगे।

•

जनरल जोशी

साल 2001 की फ़रवरी के आख़िर या मार्च की शुरुआत रही होगी जब हम एक भीगी सुबह जनरल जोशी के सरकारी स्थान पर जनगणना के सहायक निदेशक श्री तिवारी के साथ पहुँचे। जनरल जोशी तब जनरल आफ़िसर कमाण्डिंग, सेण्ट्रल कमाण्ड थे। उनका ओहदा लेफ्टिनेण्ट जनरल का था। लखनऊ कैण्टोमेण्ट में हम सोमनाथ द्वार की ओर से घुसे और तक़रीबन एक किलोमीटर चलने के बाद एक बहुत बड़े बँगले के सामने जाकर रुके। जैसे लखनऊ कैण्ट के प्रवेश-द्वार का नाम सोमनाथ के नाम पर है जिसे परमवीर चक्र मिला था, वैसे ही जनरल जोशी के बँगले का नाम भी किसी बहादुर सिपाही के नाम था जो आज मुझे स्मरण नहीं। गेट पर दरबान को अपने आने का मक़सद बताया। मुलाक़ात पहले से तय थी, ज़्यादे देर नहीं लगी। बँगले के पीछे लान में हमें बैठा दिया गया।

भारत की अन्तिम जनगणना 01 अप्रैल, 2001 को हुई थी।[1] मर्दुमशुमारी का क़ायदा है कि प्रदेश के बड़े और ओहदेदार लोगों का जनगणना कार्य उनके घरों पर जाकर किया जाता है, ताकि उनके फ़ोटो अख़बारों में छपें और पब्लिक जनगणना स्टाफ को सहयोग करे। इन उच्च श्रेणी के लोगों में गवर्नर, मुख्यमन्त्री, मुख्य सचिव, सेनाधिकारी जैसे लोग होते हैं। मैं भी 2001 की मर्दुमशुमारी से जुड़ा था, सो हमारी टीम को जनरल जोशी की सेन्सस का काम सौंपा गया।

मुझे सेना, सैनिक, सेनाधिकारी, कैण्ट एरिया, उनकी पद्धतियाँ, उनके नामकरण को लेकर बचपन से ही बड़ी उत्सुकता है। सेना का वातावरण मुझे

1. अब 2011 की जनगणना हो चुकी है।

जितना आकर्षित करता है, पुलिस से उतना ही विकर्षण होता है। सेना मुझे बचपन से ही सम्मोहित करती रही है, एक अजीब-सा रहस्यमय सम्मोहन। सेना के अभियानों को मैं बड़े चाव से पढ़ता रहा हूँ। जनरल बी.एम. कौल की अनटोल्ड स्टोरी से लेकर कितनी ही किताबें पढ़ीं। नतीजतन मैं सेना के कठोर जीवन से आरम्भ से ही प्रभावित हो गया। मुझे ख़ुशी ही हुई जब मेरी टीम को जनरल जोशी की मर्दुमशुमारी का काम सौंपा गया।

मैं सेना में नहीं रहा लेकिन युवावय से क्रान्तिकारी जीवन का सपना देखता रहा हूँ। नागरिक जीवन में रहकर भी मैं अपने को देश का एक सैनिक ही समझता रहा हूँ। इसी कारण जनरल जोशी के लान में बैठा मैं उत्सुकता एवं प्रसन्नता से उनकी प्रतीक्षा कर रहा था। एक फ़ौजी अर्दली आकर तीन-चार कप चाय देकर इस सूचना के साथ विदा हो गया कि पाँच मिनट में साहब आयेगा। दस मिनट गुज़रे, तब कुछ दरवाज़े की खटकन हुई। दूसरा अर्दली दो बड़े विशालकाय कुत्ते लेकर उन्हें वायुसेवन कराने बाहर निकला। या ख़ुदा, ये कुत्ते तो भैंस की नस्ल के लगते थे। मालिक जाने कि दोनों कितना गोश्त खाते होंगे।

आख़िरकार जनरल जोशी बाहर आये। वे ख़ासे लम्बे थे लेकिन कुछ झुककर चल ऐसे रहे थे गोया कोई आदमी काफ़ी देर से कुर्सी पर बैठा रहे तथा एकदम उठकर चलना चाहे तो बैठे-बैठे अकड़न के कारण कमर कुछ टेढ़ी पड़ जाती है और आदमी आगे झुक जाता है। जनरल के स्वागत में हम उठकर खड़े हो गये। जनरल ने सम्मान से बैठाया, तब हमने उन्हें ग़ौर से देखा। सफ़ेद मूँछें, हलके फ़ौजी बाल, भरा रोबीला चेहरा, अच्छा क़द, आँखों के नीचे का माँस कुछ सिकुड़ा काला-सा। बैठै भी तो जनरल कुछ भसककर बैठे। कुछ देर यूँ ही मौसमी बातें होती रहीं, फिर हमने मर्दुमशुमारी के काग़ज़ात पूरे करवाकर जनरल जोशी से हस्ताक्षर करवाये। फिर एक राउण्ड चाय का आर्डर दिया गया तथा जनरल अपने बारे में बताने लगे।

उनका पूरा नाम लेफ्टिनेण्ट जनरल पी. एस. जोशी यानी पंकज शिवराम जोशी था। वे मराठी ब्राह्मण थे। जैसा कि मराठियों में परम्परा है, पंकज उनका नाम, शिवराम उनके पिता का नाम और जोशी उनका कुलनाम था। उनके दो बच्चे थे जो अब सेटिल हो चुके थे। लखनऊ में साथ में पत्नी रहती थीं। सन् 1971 के युद्ध में एक बम के धमाके में उनकी दोनों टाँगें

उड़ गयी थीं। वे अपंग हो गये थे, जो किसी का सहारा पाकर भी चलने-फिरने में लाचार थे। मगर जनरल ने हिम्मत नहीं हारी। कृत्रिम पैर लगवाये तथा उनसे चलने का अभ्यास किया। जनरल हलके-फुलके तरीके से अपने जीवन के बारे में बता रहे थे और हमसे सिविलियन ज्ञान की जानकारी भी लेते जा रहे थे। आर्मी में फ़ौजी और सिविलियन दो ही जीवन होते हैं। फ़ौजी अनुशासन के कारण उनका सिविलियन ज्ञान कमज़ोर होता है, जिसे जानने के प्रति उनकी स्वाभाविक रुचि होती है।

साल भर अस्पताल में रहकर जनरल जोशी अपने कृत्रिम पाँवों पर चलने लगे। युद्ध के जख़्म अगर फ़ौजी को स्थायी अयोग्य न कर दें तो फ़ौज उसे रिटायर नहीं करती। जनरल जोशी भी रिटायर नहीं हुए। यदि चाहते तो रिटायरमेण्ट ले लेते, जनरल जोशी चहके, लेकिन यदि आदमी में लड़ाई का माद्दा बाक़ी है तो वह पलायन क्यों करें। जनरल जोशी भी अपने पैरों से मुठभेड़ करते रहे और आख़िर क़ामयाब हुए। उनकी लड़ने की अटूट लालसा, उनकी अपराजेय संकल्प शक्ति, उनकी प्रबल जिजीविषा उन्हें अपाहिज होने के बावजूद मैदान में खींच लायी। वे ऊँचे ओहदे की सीढ़ियाँ चढ़ते रहे। आज वे लेफ्टिनेण्ट जनरल हैं। कल भारत के आर्मी चीफ़ भी हो सकते हैं। मैंने तनिक हलके लहज़े में पूछा। जनरल मुस्कराने लगे, बोले, 'यस, आफ कोर्स'। हमने अपनी शुभकामनाएँ दीं, जो जनरल ने गम्भीरता के साथ स्वीकार की।

हमने महाराजाओं के सेनापतियों के बारे में पढ़ा, सुना, आधुनिक सेनाधिकारियों के सम्बन्ध में पढ़ा-सुना किन्तु किसी सेनाधिकारी से मैं व्यक्तिगत रूप से नहीं मिला था। मुझे लगता है कि ऐसी ही ऊर्जा, संकल्प, जिजीविषा हर फ़ौजी में होती है जैसे जनरल जोशी में थी। तभी तो मैं फ़ौज का इतना सम्मान करता हूँ। यह ऊर्जा नहीं समाज के लिए उपयोगी बने रहने की जद्दोजहद है और जब इन्सान समाज के लिए उपयोगी है, वह मैदान छोड़कर भाग नहीं सकता। यह है जीवन जो संघर्ष में खिलता है, लोगों पर अपना प्रभाव छोड़ता है। जनरल के चेहरे से अपने पैर गँवा देने का कहीं कोई अफ़सोस नहीं लग रहा था। वे अपने कर्त्तव्यों के प्रति सजग, सतर्क लग रहे थे तथा उस बड़ी जिम्मेदारी के लिए भी तैयार थे जो देश उन्हें आगे दे सकता था। ऐसे आदमी के प्रति मन श्रद्धावान् हो उठा। इस

जवान जनरल का पैर भी तो कोई नहीं छू सकता, उसके तो पैर ही नहीं हैं।

जनरल जोशी को सन् 1971 के पहले के अपने जीवन की याद नहीं, उसके बाद के अपने जीवन का अफ़सोस नहीं, उनकी निगाहें तो भविष्य की ज़िम्मेदारियों पर टिकी हैं कि वे समाज के लिए कब तक उपयोगी रह सकते हैं। उन्हें आज भी अपने गाँव, अपने खेत-बाग़ की याद है, जहाँ वह पिछली बार दस बरस पहले गये थे। उन्हें अपने कॉलेज डेज़, अपनी मिलिटरी ट्रेनिंग की याद है, उन्हें देश-विदेश के यात्राओं की भी याद है, इकहत्तर की जंग की भी याद है। अगर याद नहीं तो महज़ यह बात कि वे सर्वथा विकलांग मानव हैं। वे आज भी अपने को शोल्जर कहते हैं और अपने शोल्जर को जीते हैं।

चलने का समय हो गया। सेन्सस की ख़ानापूरी हो चुकी थी। जनरल ने अपने काग़ज़ पर हस्ताक्षर किये तथा अपनी पत्नी के हस्ताक्षर कराने काग़ज़ भीतर भेज दिया। बच्चे बाहर थे, उनकी सेन्सस जहाँ भी वे हैं, वहाँ होगी। जनरल के परिवार की इस समय गणना महज़ दो शख़्स की है। हमारे अनुरोध पर उन्होंने सब एरिया कमाण्डर बिग्रेडियर वीरपाल सिंह को फ़ौजियों की मर्दुमशुमारी में हमें पूरा सहयोग देने का आदेश दिया। कर्नल भवानी सिंह, मेजर भाग़मल का भी हमें बाद में पूरा सहयोग मिला।

अलविदा जनरल जोशी। लेकिन अलविदा क्यों। हम तुम दो शख़्स थोड़े ही हैं। हम तुम्हारी ऊर्जा, तुम्हारी संकल्पशक्ति, तुम्हारे समाज के उपयोगी होने का संघर्ष लेकर जा रहे हैं, जो हम नयी पीढ़ी को बयान करेंगे। हम नयी पीढ़ी को बतायेंगे कि हम एक ऐसे आदमी से मिले थे जिसके पैर नहीं थे मगर जिसका जिस्म फ़ौलाद का बना था। दिल मोम का था, जिसने चिड़ियों की हँसी चुरा ली थी, मगर जिसकी अशोक के लाट पर जमीं निगाहें कभी नीचे नहीं उतरीं। जनरल जोशी, तुम हमें भूल सकते हो, हम तुम्हें कभी न भुला पायेंगे।

घर आकर मैंने अपनी डायरी में टीप लिखी—

Lt. Gen. Pankaj Shivram Joshi
GOC in Central Command
Lucknow
Census: Dated............2001

•

दद्दा ठेकेदार

ग्यारह बरस का बालक चार पसेरी बाजरे की गठरी सिर पर लादे अपने घर आ रहा है। हाल ही में उसके पिता मरे थे। दो दिन पहले तेरहवीं थी। घर में सिर्फ़ एक रुपया था, जिसका बाजरा ख़रीदकर वह घर लाया था। घर में दो छोटे भाई और माँ थी। उसके नाक के आगे एक हेकड़ मक्खी भिनभिनाती है, मगर उसे भगाने की कोई जुगत नहीं, क्योंकि दोनों हाथ बाजरे का बोझ साधे हैं। राजा सोच रहा था कि अब घर में एक खोटी इकन्नी भी नहीं है। यह बाजरा पन्द्रह दिन में निपट जायेगा, तब क्या खायेंगे। यही चिन्ता इस वक़्त उसके ऊपर सवार है, जिसका बोझ बाजरे की गठरी से भी ज़्यादे है।

गठरी आँगन में पटककर राजा दो मिनट सुस्ताने लगा। उसे देखकर उसकी माँ के आँसू निकल आये। आज इसके बापू होते तो वह क्यों इतनी कम उमर में चौथे दर्जे की पढ़ाई छोड़कर घर-गृहस्थी के जंजाल में पड़ता। गृहिणी ने अपने आँसू आँचल से पोंछ लिये और बच्चे को एक गिलास पानी दिया। यदि वह ख़ुद हिम्मत हार गयी तो इन नन्हें बच्चों का ढाढ़स कौन बँधायेगा। उसके पति के दो भाई द्वारिका प्रसाद और झम्मन थे। मगर वे मुश्किल से ही अपनी गृहस्थी की गाड़ी खींच पा रहे थे, इनकी मदद क्या करते।

सुस्ताकर राजा बोला—"अम्माँ आज तो निभ गया। कल क्या होगा। घर में अब कुछ नहीं बचा, सारे पैसे क्रिया-करम में ही उठ गये। अपने तईं तो बिस्वा भर खेत भी नहीं है।

अम्माँ बोली, "लल्ला, डर की कोई बात नहीं। बाज़ार में तुम्हारी एक दुकान है, जिस पर बैठकर तुम्हारे बापू हलवाई का काम करते थे, अब तुम करो। मिठाई हम पहले भी बनाते रहे। अब तुम दुकान पर बैठब। बाभन को मीठा बेचने में कोई ऐब नहीं। तक़लीफ़ बस इत्ती-सी है, तुमारी पढ़ाई बीच माँ छूटि गयी।" अम्माँ की जैसे रुलाई छूट गयी।

"अम्माँ हमारी पढ़ाई छूटी सो छूटी। अब तो सुन्दर, छोटे पढ़ि जाय, जेई चिन्ता है।"

दो-तीन दिन बाद लोगों ने देखा कि मुन्नालाल की मिठाई की दुकान पर राजा बैठा है। एक-दो नयी मिठाइयाँ, जो उसकी अम्माँ ने बनायी थीं, सामने थालों में सजी हैं। पढ़ाई छोड़ने का राजा को कोई अफ़सोस नहीं क्योंकि यह ज़रूरी था, मिठाई बेचने में कोई संकोच नहीं क्योंकि यह मजबूरी थी। पहले दिन से ही अम्माँ ने आदत डाल दी थी कि वह स्नान-पूजा कर दुकान में बैठे। यह आदत उसे आजीवन रही। माँ के मरने के बाद ज़रूर वह बिना नहाये-धोये किन्तु बिना खाये-पिये दुकान खोलता था और दोपहर में स्नान-पूजा के बाद खाता-पीता था।

उस ज़माने में जाति-पाँति, छुआछूत का बन्धन मज़बूत था। हलवाई ज़्यादातर ऊँची जाति के होते थे क्योंकि छोटी जाति के लोगों की मिठाइयाँ कौन ख़रीदता, राजा भी इस व्यवस्था में खप गया। वैसे जाति-पाँति, छुआछूत के बन्धन आज भी हैं, मगर आज कमज़ोर पड़ते इन बन्धनों के मुक़ाबले मज़बूत होती परस्पर वैमनस्यता कहीं ज़्यादे बढ़ गयी है। राजा की माँ के हाथों का हुनर कहिये या उस घर का भाग्य कि राजा की दुकान चल निकली। शादी ब्याह में बननेवाले बूँदी के लड्डुओं को बनाने के लिए राजा का दूर-दूर के गाँवों से बुलावा आने लगा। लौटते बखत राजा रुपया-अठन्नी मज़दूरी और सेर-आध सेर बूँदी के लड्डू लेकर लौटता।

अपनी आमदनी बढ़ाने के लिए राजा ने एक काम और किया। बैसाख के दिनों में इन गाँवों में मेले बहुत लगते हैं। इन मेलों में तक़रीबन पन्द्रह रोज़ तक राजा अपनी दुकान लगाता था। एक गाँव में यह मेला अमूमन दो-तीन दिन ठहरता है। इन मेलों में आज भी भारी भीड़ होती है। अपने पहले ही मेले में राजा ने पैंसठ रुपये की आमदनी की। फिर तो उसे साल भर बैसाख के इन मेलों का इन्तज़ार रहता था। अन्य मिठाइयों की तुलना

में इन मेलों में सबसे ज़्यादे बिक्री आज भी जलेबी की होती है। राजा की जलेबी दस कोस के दूर-दराज़ गाँवों में मशहूर हो गयी।

इधर दो-तीन सालों से राजा की माँ उसमें एक गम्भीर परिवर्तन नोट कर रही थी। जब से बापू मरे, राजा ने कैसी भी शिकायत करना छोड़ दिया। बापू के आख़िरी दिनों में राजा सिन्धीरामपुर के प्राइमरी स्कूल में दर्जा चार में पढ़ता था। घर लौटकर जब आता तो खाने में नुक्स निकालता था, भाइयों से लड़ता-झगड़ता। और अब, उसे किसी से कोई शिकायत नहीं। शादी ब्याह की मिठाइयाँ बनाने के बाद आसामी सेर-आध सेर मीठा घर के लिए दे दें तो घर ले आये, न दें तो कोई गिला नहीं, अपनी मज़दूरी में ख़ुश। एक बार तो जेठ की प्रचण्ड गर्मी में राजा चार घण्टा कड़ाहे के सामने बैठा रहा और गृहिणी ने पानी पीते बख़त मीठे का एक टुकड़ा तक नहीं दिया, मगर राजा के मुँह पर शिकायत का एक शब्द तक नहीं आया। और मुँह खोलकर माँगना बापू की मौत के साथ ही राजा छोड़ चुका था। क्या हो गया इस लड़के को, जिसे अपना बचपन भूल गया हो। एक दायित्व-बोध ओढ़कर असमय ही प्रौढ़ हो गया है।

सोलह के होते न होते राजा का ब्याह हो गया। राजा के पास पुश्तैनी ज़मीन न के बराबर थी। उसने अनुभव किया कि समाज में सम्मान ज़मीनवाले का ही है। अपनी चार-पाँच सालों की बचत से राजा ने दो एकड़ ज़मीन, कुछ बाग़ ख़रीद लिया। शादी के चार साल बाद राजा के बेटी हुई।

छोटे भाई सुन्दर पढ़ तो नहीं पाये, राजा की दुकान में हाथ बँटाने लगे। छोटे पुत्तूलाल को राजा ने प्राइमरी की पढ़ाई के बाद मिडिल क्लास में पढ़ने के लिए एक रिश्तेदार के यहाँ फ़िरोज़ाबाद में रख दिया। दैवयोग से सन् 1911 में राजा अपने गाँव के डाकख़ाने में ब्रांच पोस्टमास्टर हो गया। तनख़्वाह ठहरी पाँच रुपया। इसी साल सुन्दर का ब्याह हो गया। मिडिल करने के दो साल बाद छोटे भी फ़िरोज़ाबाद में पोस्टमास्टर लग गये। अगले दो-तीन साल राजा के परिवार की प्रगति के थे। राजा अब डाकख़ाना करते थे, सुन्दर दुकान करते थे, मेले करते थे और शादी-ब्याह में लड्डू बनाते थे, छोटे फ़िरोज़ाबाद में नौकरी करते थे।

हालाँकि सुन्दर तुनुक़मिज़ाज थे, मगर बड़े भाई के सामने भीगी बिल्ली बन जाते थे। राजा उन्हें समझाते थे, ब्याह के लड्डू हम मज़दूरी पर बनाते

हैं, चलती बेर कोई हमें पानी पिलाये या न पिलाये, हमें तो मज़दूरी से मतलब। जिस साल राजा को बेटी हुई, उसी साल सुन्दर का ब्याह हुआ। आमतौर पर दो बहुओं में नहीं बनती मगर यहाँ उलटा था। सुन्दर की अपनी भौजाई से नहीं बनती थी। लेकिन सुन्दर क्या करते, भौजाई अम्माँ की प्रिय थी। अम्माँ अभी ज़िन्दा थीं जिनकी गाँव की औरतों में ज़बरदस्त धाक थी। वे छोटे क़द, गठे बदन की हिम्मतवर औरत थीं जिसने जवानी में अपने आदमी की मौत के बाद बिना किसी के सामने हाथ फैलाये अपने दम पर गृहस्थी की नैया तक़रीबन पार लगा दी थी। बापू जब मरे थे, चालीस के थे। उनकी मौत के तुरन्त बाद वे मज़बूरन पर्दा करके बाहर निकलती थीं, बाज़ार जाती थीं मगर राजा के बड़े होने के बाद वे घर के बाहर कम ही निकलती थीं।

राजा का अम्माँ से सिर्फ़ एक बार विरोध हुआ। माँ का कहना था कि राजा को पुरोहित का काम करना चाहिए ताकि घर की आमदनी बढ़े। बाभन के पूत को पुरोहिताई से कैसी शरम। राजा का कहना था कि ब्राह्मण को तो यूँ ही लोग भिखारी कहते हैं, जो उसे बहुत बुरा लगता है, अगर पुरोहित का काम वह करेगा तो लोग न जाने उसे क्या कहेंगे। वह अपनी लगन और मेहनत के दम पर पुरोहितों से ज़्यादे आमदनी कर दिखायेगा। मेहनत-मज़दूरी में शर्म की बात नहीं। आदमी को शर्म, झूठ, फ़रेब, जालसाज़ी से आना चाहिए न कि मेहनत-मज़दूरी से। लाचार अम्माँ को राजा की बात माननी पड़ी क्योंकि वे ख़ुद तो पुरोहिताई के लिए बाहर जा नहीं सकती थीं। राजा ने जीवन में श्रम को सम्मान किया और जो कुछ अम्माँ से कहा, अगले दस वर्षों में जीतोड़ मेहनत करके उसे सही साबित कर दिया।

समय निकलता गया और एक दिन राजा की अम्माँ को मौत ने आ घेरा। उसके तीनों बेटे उसके सामने थे। मरने के पहले राजा का हाथ पकड़कर वे केवल इतना ही कह सकीं "रजिया, छोटे को तुम्हें सौंप जाती हूँ।"

"अम्माँ, परलोक में चिन्ता मत करना। जब तक रजिया ज़िन्दा है, छोटे को तक़लीफ़ न होगी। नौकरी लग गयी है, शादी हो जायेगी। आराम से उसकी बसर होगी।

"अच्छा, बेटा।" अम्माँ की चेतना लुप्त होने लगी। बेटों ने मिलकर अम्माँ को ज़मीन पर ले लिया। मुँह से घरघराती आवाज़ निकल रही थी, राजा ने तुलसी गंगाजल मुँह में डाला, बछिया की पूजा करायी। कुछ देर में अम्माँ स्वर्ग सिधार गयीं।

कितना फ़र्क़ था बापू और अम्माँ की मौत के बीच। इस बीच कितना पानी गंगा जी से गुज़र गया था। गाँव के पास बहती गंगा माँ की गोद में बापू के पास अम्माँ की चिता धू-धूकर जल रही थी और रजिया सोच रहा था, उसकी अम्माँ कैसी हिम्मतवर, कड़ियल, मर्द क़िस्म की औरत थी। जाड़े के दिनों में चोरी के भय से दुकान पर राजा अपनी अम्माँ के साथ सोता था। एक दिन काफ़ी रात गये दरवाज़े पर आहट हुई, ढिबरी जल रही थी। राजा डर गये मगर अम्माँ बोली "रजिया, डरने की कोई बात नहीं, दरवाज़ा खोल दे। एक-एक का मूँड़ न काट दूँ तो मैं मुन्नालाल की बेवा नहीं। "राजा ने देखा, अम्माँ नंगी तलवार हाथ में लिये खड़ी कड़क रही थी। सब कुछ समझकर चोरों की हिम्मत दग़ा दे गयी मगर राजा को रात-भर नींद नहीं आयी। वही अम्माँ आज जल रही थीं।

कितनी पुण्यवान् थी अम्माँ कि बापू की मौत के बाद घर में महज़ एक रुपया था, मगर आज वे दस एकड़ भूमि के स्वामी थे। टूटा-फूटा घर नया बन चुका था। दो भाई नौकर थे। चलती हुई दुकान थी। दो भाइयों का ब्याह हो चुका था। राजा नौकरी के साथ नहर महकमे की ठेकेदारी भी करते थे। एक दिन था, जब राजा बूँदी के लड्डू बनाकर मजूरी करते थे। आज उनके खेत में मज़दूर काम करते हैं। घर में अन्न भरा रहता है। अब वे रजिया नहीं, दद्दा ठेकेदार या पण्डित राजाराम थे।

अम्माँ चली गयीं लेकिन राजा को संस्कार देती गयीं। मुसीबत में आम लोगों की मदद करना, सरकारी अमले का सम्मान करना, ईश्वर पर अचल निष्ठा रखना। ग़रीब-गुरबे की मुसीबत में मदद करने के कारण ही राजा दद्दा कहलाते थे, नहर महकमे में ठेकेदारी करने के कारण राजा ठेकेदार कहलाते थे। सरकारी अमले जैसे दारोग़ा, इलाक़ेदार, क़ानूनगो, नायब साहब के गाँव में घुसते ही एकमात्र लक्ष्य होता था—ठेकेदार के पोस्ट-आफिस का दफ़्तर जहाँ ख़ातिर भी होती थी (ठेकेदार की मिठाई की दुकान थी ही) और काम भी। जाने कितने छोटे मुल्ज़िमों को दद्दा ने पुलिस के चंगुल से निजात दिलायी।

डाकख़ाने में रहकर दद्दा 'गीताप्रेस' की मासिक पत्रिका 'कल्याण' से परिचित हुए। फिर तो उनका गीताप्रेस से आजीवन संवाद रहा। गीताप्रेस से उन्होंने तुलसीकृत मानस, महाभारत, रामायण पढ़ी। तब दद्दा अम्माँ का कहा ठीक से समझ पाये कि मुसीबत हर आदमी पर कभी-न-कभी आती है मगर मुसीबत में आपा खोने से नहीं धीरज रखने से मदद मिलती है।

आपदकाल परखिअउ चारी।
धीरज धरम मित्र अरु नारी।

मानस तो उन्हें ऐसे कण्ठस्थ थी कि प्रायः हर मौक़े पर उनके पास कहने के लिए 'मानस' के उद्धरण मौजूद थे। सत्संग में रुचि होने के कारण ठेकेदार हर साधु-महात्मा, दीन-दुःखी की सेवा करते थे, किन्तु घर छोड़कर वे सत्संग को कभी नहीं गये। वे कहते, पहले घर को साधो, तब दुनिया सधेगी।

चुनांचे, राजा के छोटे भाई की शादी बड़ी धूमधाम से हुई। सालभर पहले तो अम्माँ गयी थी। अम्माँ के जीवन में ही छोटे के रिश्ते आने लगे थे, मगर उनकी आकस्मिक मौत ने शादी को एक बरस टाल दिया। सुन्दर को एक बेटी देकर उनकी पत्नी चल बसी थी। छोटे को बेटा होने के सालभर के भीतर राजा को बेटा हुआ। इस बेटे के लिए राजा की घरवाली ने कितनी तपस्या की थी, यह वही जानती थी। वर्ष के कितने दिन निर्जला उपवास रखा या जेठ की दोपहरी में निर्जल व्रत करते हुए कितनी बार सूरज को अर्घ्यदान दिया, उसका कोई हिसाब नहीं।

छोटे नौकरी तो बाहर करते ही थे, ब्याह के बाद घरवाली को भी साथ लेते गये। घरवाली के साथ न रहने से नौकरी पेशा मरद को कितनी दिक़्क़त होती है, यह कोई भुक्तभोगी ही समझ सकता है। कुछ अरसे बाद राजा और छोटे को एक-एक बेटी और मिली। राजा ने सुन्दर से सलाह लेकर छोटे के खेत तथा बाग से उसका हिस्सा अलग कर दिया जो छोटे हर साल बिला-नागा ले जाते थे।

उस ज़माने का आम आदमी सरल, अशिक्षित, सहिष्णु, दरिद्र एवं उत्पीड़ित था। उसकी प्रतिक्रियाएँ भी सरल थीं। जार की सज़ा-मौत-वह स्वयं निर्धारित कर देता था और प्रेम का प्रतिदान प्रगाढ़ मुहब्बत। एक-दूसरे को सहन कर लेने की बहुत क्षमता थी उस आदमी में। जाति-पाँति, छुआछूत

का कारण अशिक्षा ही था। अन्धविश्वास समाज में डेरा जमाये हुए थे। अपने समाज के लोगों की तरह ठेकेदार का खाना, कपड़ा बहुत साधारण था, चार पैसा मुसीबत के लिए बचाकर रखना ज़रूरी था। आज लोगों के पास धन, शिक्षा, अधिकार का ज्ञान, वैज्ञानिक सोच तो है मगर क्या ये सब चीज़ें मुहब्बत और सहनशीलता की विरोधी हैं। आज अगाध स्वार्थों की पूर्ति में आत्मा मर गयी। राजा कहता था, मुहब्बत मार के अमीर हुआ, उसे लानत है।

उस ज़माने की तुलना में आज हम कुछ अधिक प्रगतिशील हो गये हैं। शिक्षा के नाम पर स्तरहीनता मिली। बी.ए. पास ग्रामीण युवक ठीक से अर्ज़ी नहीं लिख सकता। बढ़ती जनसंख्या तथा बेरोज़गारी के कारण दरिद्रता यथावत् है। जाति-पाँति, छुआछूत व्यावहारिक कम सैद्धान्तिक बहुत ज़्यादे बढ़ गयी है। ज़ार की सज़ा अब कोर्ट करता है तथा प्रेम का प्रतिदान विनम्र गोपनीय द्वेष। सहनशीलता को गुलामी का प्रतीक मानकर आज़ादी के बाद समाप्त कर दिया गया लगता है। चौराहों/तिराहों पर फूल/पानी डालकर पूजा कर आज भी मन्नत मानी जाती है। हम किस अर्थ में प्रगतिशील हो गये।

राजा यह भी नहीं भूल पाया कि बापू के किरिया-करम के बाद उसके घर में महज़ एक रुपया था। उसे मेला, दशहरा, तीज-त्योहार, शादी-ब्याह किसी का शौक न था। आख़िर इन चीज़ों में समय और धन ख़र्च होता है। वह उस धूप में बैठकर गर्मी ले सकता था, जो उसे कुछ आमदनी कराये। उसका बचपन दो पैसा बचाने की जद्दोजहद में लगा रहा। उसे याद है जब कड़कती दोपहर में चार कोस दूर के किसी गाँव में बूँदी छानकर वह पैदल लौटता था। लडडू की बूँदी बनाना तैसे भी बड़ा गरम काम है। बड़ा-सा कड़ाहा, खौलता तेल, उसमें बूँदी छानता पसीने से तरबतर हलवाई। तब बिजली नहीं होती थी कि पंखा चला लिया जाये। राजा का जैसे एक ही लक्ष्य था, काम और सम्मान। सबसे दबकर आँखें नीची कर बात करना तथा किसी भी शख़्स की चौखट पर प्रवेश कर हाथ न फैलाना। उसे भुलाये नहीं भूलता जब बापू की मौत के बाद वह चार पसेरी बाजरा सिर पर लादे घर की ओर बढ़ रहा है।

इस बीच एक अनहोनी घट गयी। गाँव में एक मर्डर हो गया। मर्डर के पीछे अवैध रिश्तों का कुहासा था। राजाराम का परिवार दिन-ब-दिन मेहनत करके प्रगति कर रहा था। प्रायः हर गाँव का वातावरण बहुत विषाक्त है—ऐसे लोग गाँव में अब कम मिलेंगे जो किसी कि बढ़ती देखकर सुख का अनुभव कर सकें। क़त्ल की तहरीर में छोटे भाई सुन्दर को मुल्ज़िम नामजद कर दिया गया। राजाराम की नेक और विनम्र इन्सान की छवि थी। सुन्दर तुनुक़मिज़ाज होने के कारण ज़रूर बकझक देते थे, लेकिन इतना नहीं कि वे क़त्ल करने लगें। यह महज़ गाँव के वातावरण में हवा में दुर्गन्ध की भाँति घुली ईर्ष्या के कारण हुआ था। गाँवों में कहावत भी है कि हरे पेड़ पर दफ़ा 302 का मुक़दमा कर दो, वह सूख जायेगा। तब राजाराम की क्या बिसात।

अवैध रिश्ते गाँव में (और हर जगह, गाँव हो या शहर) तब भी होते थे, और आज भी होते हैं। अवैध रिश्ते मोटे तौर पर तीन तरह के हो सकते हैं—अविवाहित लड़की से, शादीशुदा औरत से, जवान विधवा से। यदि आसामी घोर दरिद्र एवं आपके ऊपर निर्भर है तो तीनो तरह के रिश्ते खप जायेंगे। लेकिन यदि आ़सामी ठीक-ठाक है, तो शादीशुदा से हुआ रिश्ता सबसे सुरक्षित मगर सबसे ख़तरनाक है। यह विचित्र किन्तु सत्य है। सुरक्षित इसलिए कि अनचाहे गर्भ का डर नहीं, ख़तरनाक इसलिए कि आसामी पकड़े जाने पर सज़ाए-मौत दे सकता है। लड़की और विधवा के रिश्ते अनचाहे गर्भ के कारण जल्दी उजागर हो जाते हैं। उस ज़माने में अधिक मृत्युदर के कारण विधवाएँ ज़्यादे होती थीं, अब नहीं। विधवाओं से रिश्ते कम सुरक्षित मगर कम ख़तरनाक होते हैं। समझदार विधवा सालों निकाल सकती है। आज हम प्रगतिशील हैं, टीवी देखते हैं। इस नाते कुछ ज़्यादे अक़लमन्दी से इन्हें निबाहते हैं। अनचाहे गर्भ की भी अब उतनी समस्या नहीं। इसी पर एक विहंगम दृष्टि डालते हुए कविता में कहा गया है—

इसी नक़्शे पर कहीं
मेरा गाँव रोशनाबाद है
जहाँ ढिबरी की काँपती
पीली रौशनी में
नौजवानों के मुँह से

घबराये हुए लफ़्ज़ निकलते हैं
और दिन निकलते ही वे लफ़्ज़
'राम-राम' में बदल जाते हैं।

सरकारी अलहकारों से निकट सम्बन्ध होने के कारण सुन्दर की नामज़दगी की पूर्व सूचना मिलते ही सुन्दर फ़रार कर दिये गये। महीनों सुन्दर रिश्तेदारियों में भटकते रहे और जब सहअभियुक्तों की ज़मानत हो गयी, तब वे कोर्ट में सरेण्डर हुए, जहाँ उसी दिन उनकी ज़मानत मंजूर हो गयी। सुन्दर एक दिन भी जेल में नहीं रहे। राजाराम ने सुन्दर की फ़रारी, कुर्की और ज़मानत में पानी की तरह पैसा बहाया। बड़े-से-बड़ा वकील खड़ा किया। चार साल मुक़दमा चला और सारे मुल्ज़िमान बरी हो गये। आला वकीलों ने क़ानून के बाल में ऐसी खाल निकाली कि पुलिस की कहानी के धुर्रे उड़ गये। इस मुक़दमे की बहस भी अत्यन्त रोचक थी।

अभियोजन का कहना था कि अमुक रात मक़तूल जब खलिहान की रखवाली के वास्ते वहाँ सो रहा था, मुल्ज़िमान ने एक राय होकर उसे लाठियों से इतना मारा कि वह मर गया। मारने की वजह आपसी रंजिश थी। घटना के गवाहान ने सफ़ाई वकील की जिरह में बताया कि उन्होंने मुल्ज़िमों को चाँद की रौशनी में मक़तूल को लाठियों से पीटते देखा। उन्होंने यह भी कहा कि रात के ग्यारह-साढ़े ग्यारह का टाइम था, चाँद खिला हुआ था जिसकी रौशनी में उन्होंने क़त्ल होते देखा। सबसे बड़ा डर यह था कि अंग्रेज़ी अमलदारी में क़त्ल की सज़ा फाँसी होती थी। कोई गाँव ऐसा नहीं था जहाँ के 4-6 लोग क़त्ल में फाँसी न पाये हों। हाईकोर्ट तक अपील में कोई विरला ही जा पाता था। मगर इस मुक़दमे में वकील सफ़ाई मुल्ज़िमों को यह कहकर ढाढ़स बँधाता था कि तुम चिन्ता मत करो। मुकदमे में एक ऐसी घुण्डी मेरे हाथ में है, जो मैंने अभी तक नहीं खोली है। बहस के समय इजलास में जब यह खुलेगी, सारा मामला फिक्स हो जायेगा। ठीक वैसे ही हुआ, जैसा उसका दावा था। उसने अदालत में यह निर्विवाद साबित कर दिया कि गवाहों ने जिस रोज़ चाँद की रौशनी में क़त्ल होते देखा, उस दिन अमावस्या थी और चाँद आसमान में होना सम्भव नहीं था। गवाह झूठे हैं। मामला छूट गया। ठेकेदार ने उस ज़माने में सुन्दर की पैरवी में चाँदी का तीस हज़ार रुपया ख़र्च किया।

मुक़दमा चार-पाँच साल चला। जैसा कि विपक्षियों को आशा थी, इन चार-पाँच सालों में ठेकेदार की प्रगति रुक गयी। गाड़ी को ठीक से ढर्रे पर आने में तीन-चार साल और लग गये। राजा ने किसी विपक्षी के प्रति कभी कोई दुर्भावना व्यक्त नहीं की। मुक़दमे के दौरान भी उनका वही कार्यक्रम बना रहा, जो पहले था। हाँ, मुक़दमे की तारीख़ के दिन तड़के उठकर स्नान-पूजा कर फतेहगढ़ कचेहरी को निकल पड़ते थे और देर रात घर वापस लगते थे, जहाँ से सीधे विश्वेश्वर महादेव के मन्दिर में दीपक जलाना वे उन कठिन दिनों में भी नहीं भूलते थे। मुक़दमे में छोटे भाई ने सामर्थ्य के बावजूद पैसे-कौड़ी से ठेकेदार की कोई सहायता नहीं की और ठेकेदार का स्वभाव नहीं था कि वे किसी के आगे हाथ फैलायें—

मँगिबों भलो न बाप को,
जो प्रभु राखै टेक

गाड़ी लीक पर आते-आते सुन्दर 45 साल के विधुर थे। मुक़दमे के पहले राजा अपनी बेटी की शादी कर चुके थे, मुक़दमे के बाद सुन्दर की बेटी की शादी करवा दी। अब सुन्दर ने ज़िद पकड़ ली कि वे अपनी शादी करेंगे। यह भी विपक्षियों की चाल थी कि राजा के घर में फूट पड़ जाये। सुन्दर को लाख समझाया कि पैंतालीस की उमर में ब्याह का कोई मतलब नहीं मगर वे न माने। आख़िरकार दुहाजू सुन्दर पड़ोस के कस्बे से नयी दुल्हन ले आये। जो विपक्षी चाहते थे, वही हुआ, घर में बँटवारा हो गया। दोनों भाई अलग-अलग रहने लगे। दैवयोग से इसी साल राजा की घरवाली का देहान्त हो गया और वे एक बेटा, एक बेटी नाबालिग़ छोड़कर चल बसीं।

राजा पर बच्चों को पालने की बड़ी जिम्मेदारी आ गयी। राजा किसी के हाथ का खाना खाते नहीं थे। गाँव की एक विधवा कहार ने राजा के घर की जिम्मेदारी उठा ली। वह आटा गूँथ देती थी, दोपहर में राजा रोटी ठोंकते थे, शाम को पराठा बनता था। चुनांचे तंग आकर राजा ने लड़के को पढ़ने छोटे के यहाँ फ़िरोज़ाबाद तथा छोटी लड़की को बड़ी लड़की के ससुराल भेज दिया।

ख़ुद अर्द्धशिक्षित होने के बावजूद ठेकेदार को बच्चों की पढ़ाई में बहुत रुचि थी। जब छोटे पुत्तूलाल का बेटा लल्ला पढ़ने इलाहाबाद गया तो दो

साल बाद ही ठेकेदार ने अपना बेटा नन्हें उच्च शिक्षा के लिए कानपुर भेज दिया। फ़िरोज़ाबाद तक की पढ़ाई के दौरान छोटे चाचा के घर नन्हें को जो मानसिक यातनाएँ झेलनी पड़ीं, वे कल्पनातीत हैं। उस संघर्ष की गाथा आजीवन नन्हें के शिशु-मस्तिष्क पर अंकित बनी रही। वह एक अलग कहानी है। जो लड़के अपनी रिश्तेदारियों में रहकर पढ़ते हैं, बिरला ही कोई होगा जो इस संघर्ष से न गुज़रा हो। ऐसे घरों में उनकी स्थिति उस सौतेले बेटे जैसी हो जाती है जिसके माँ-बाप दोनो पराये हों। अपने कैशोर की नासमझी के चलते वह अपने भाई-बहनों के बराबर के अधिकार की अपेक्षा करता है लेकिन उसे मिलती है उपेक्षा और उत्पीड़न। ऐसी स्थितियों से ऊर्जा लेकर मज़बूत होने का माद्दा दद्दा में तो था, उनके लाड़ले नन्हें में नहीं था। मातृहीन नन्हें का जो मन टूटा वह आजीवन नहीं जुड़ सका, टूटा ही रह गया। इस बर्ताव पर वह आज भी इतने उत्तेजित हो जाते हैं कि उन्हें सँभालना मुश्किल।

कुछ और वक़्त गुज़रा। ठेकेदार ने खेती की सम्पत्ति में और इज़ाफ़ा किया। माली हालत भी सुधरी। इलाहाबाद के बाद लल्ला रुड़की पढ़ने चला गया और नन्हें एम.ए. में पहुँच गया। इस दौरान दोनों के ब्याह हो गये। सुन्दर चार बच्चों के पिता बन चुके थे। दो साल बाद लल्ला इंजीनियर बनकर हरिद्वार में तैनात हुआ और नन्हें अध्यापक होकर हल्द्वानी में तैनात हो गया। जीवन का पहिया धीमी गति से घूम रहा था।

दद्दा में कुछ अजीब गुण थे। अर्द्धशिक्षित होने के बावजूद वे बच्चों की बेहतर तालीम के समर्थक थे। जहाँ दरिद्रता, ईर्ष्या के कारण गाँव में मुट्ठी भर अनाज के लिए लाठियाँ चल जाती हैं, मगर स्वयं दरिद्र होने के बावजूद दद्दा के चरित्र में ईर्ष्या का भाव न्यूनतम था। वे गाँव के उन बिरले लोगों में से एक थे जो किसी के पुत्र की उन्नति देखकर या उसकी मेहनत की अच्छी फ़सल देखकर हृदय से प्रसन्न हो सकते थे। संकटग्रस्त परिवार की मदद को ठेकेदार हमेशा तैयार रहते थे, तभी तो निम्न तबके का हर आदमी दद्दा का गुणगान कर विपक्षियों को ईर्ष्या की विषयवस्तु उपलब्ध करा‌ता था। दद्दा कहते थे, हमारे भोजन में सारे प्राणियों का भाग होता है। जब हमारे खाने में गाय, कौआ, कुत्ते का हिस्सा है, तो फ़क़ीर और संकटग्रस्त आदमी का हिस्सा क्यों नहीं है। दद्दा ने गुप्त और उजागर दोनों

तरह से निर्धन छात्रों को पढ़ाई में मदद की। फ़ीस की जुगाड़ करना हो या कपड़े, किताबों की व्यवस्था, खाने को अन्न चाहिए या शराबी पति को दारोग़ा से छुड़वाने की ग़रीब औरत की गुहार हो, दद्दा हमेशा उपलब्ध थे। दद्दा के घर में कोई चाहता तो बड़े आराम से सूद का धन्धा कर सकता था मगर दद्दा सूद लेना और ख़ून पीना, दोनों एक ही बात समझते थे। दद्दा की रोटियाँ ही धर्म नहीं थीं, चरित्र भी धर्म था। विधुर होने के बाद दद्दा चाहते तो ऐयाशी कर सकते थे, लेकिन दद्दा के मस्तिष्क में कदाचित् इसके लिए कोई गुंजाइश नहीं थी।

अपने परिवार की दरिद्र एवं भयावह स्थिति के कारण अनाथ दद्दा आज़ादी की लड़ाई में प्रत्यक्ष हिस्सा तो नहीं ले सके मगर आज़ादी के इन दीवानों की दद्दा ने गोपनीय ढंग से मदद की। इनके मुक़दमो के वकीलों को फ़ीस दी। कपड़े-लत्ते सिलवाये, बच्चों के लिए फ़ीस भेजी। आज़ादी के बाद अंग्रेज़ी अमलदारी का प्रबल समर्थक यह वृद्ध अंग्रेजों का समर्थक कभी नहीं हो सका।

दद्दा में एक अजीब-सा अहंकार था। सम्भवतः यह अहंकार न होकर स्वाभिमान था। वे ईश्वर को छोड़कर किसी के सम्मुख हाथ नहीं फैला सकते थे। मेहनती, ईमानदार, स्वाभिमानी। मुक़दमे के समय घोर अर्थ संकट के बावजूद उन्होंने अपने उस छोटे भाई से कभी कुछ नहीं माँगा जिसे उन्होंने अपनी मेहनत से ख़रीदी खेती तथा बाग़ में हिस्सेदार बनाया था। किसी के सम्मुख हाथ फैलाने के विरुद्ध उनके पास इतने तर्क थे कि दंग रह जाना पड़ता है। घाघ की कहावत को उद्धृत करना उन्हें पसन्द था—

उत्तम खेती मध्यम बान
निषिध चाकरी भीख निदान

या कभी मानस को उद्धृत करते थे—

माँगै भीख त्याग निज धरमू
आरत काह न करै कुकरमू।

अम्माँ का दिया भगवद्भक्ति का प्रसाद वे आजीवन खाते रहे। आचार में इतने कर्मकाण्डी कि सारा जीवन स्नान-पूजा के बाद ही जल ग्रहण किया तथा अपने घर के बाहर (रिश्तेदारों में भी) कहीं भोजन ग्रहण नहीं किया। घर में प्याज, लहसुन, सोया, बैंगन-जैसी गन्धयुक्त सब्ज़ियाँ प्रतबन्धित थीं। मेला-दशहरा, होली, दीवाली, तीज-त्योहार, शादी-ब्याह भोज-संस्कार इनमें वे इन्हीं आदतों के कारण सम्मिलित नहीं हो पाते थे तथा अपने बच्चों,

नाती-पोतों को भी ऐसे अवसरों पर हतोत्साहित करते थे। मेले-ठेले में तो उन्हें रुचि नहीं थी—किसी तीर्थ पर अपनी प्रिय सब्ज़ी कद्दू (सीताफल) को त्याग देने की प्रतिज्ञा के बाद भोज-बारात में भी रुचि समाप्त हो गयी क्योंकि गाँव के भोजों में कद्दू ज़रूर बनता है।

गीताप्रेस की किताबों ने उनके चरित्र में निहित भगवद्भक्ति, ईश्वरप्रेम को और पुष्ट किया। सभी प्राचीन ग्रन्थ और पुराणों का अध्ययन उन्होंने गीताप्रेस की किताबों से ही किया। मानस के इतने जानकार थे कि उन्हें मानस-मर्मज्ञ ही कहना पड़ेगा। राम के चरित्र को वे आचरण की वस्तु मानते थे, पूजा की नहीं। महाभारत के मुक़ाबले वे रामकथा को उसके नैतिक गुणों के कारण वरीयता देते थे। उनमें कैवल्य प्रात योगियों जैसी स्थिति प्रज्ञता थी। राजाराम एक जाग्रत व्यक्ति थे। उनकी जागृति का एक क़िस्सा बयान कर रहा हूँ।

सन् साठ की बात है कि इटावा से एक टेलीग्राम उनके लड़के सुरेन्द्र के नाम गाँव पहुँचा कि उनको बेटा हुआ है। इस टेलीग्राम को पढ़कर डाकख़ाने के रजिस्टर में चढ़ाकर दद्दा ने उसे अपने पुत्र को रिसीव कराने हरकारे को भेज दिया। न कोई ख़ुशी व्यक्त की, न कोई ग़म। उस समय उनके तीन पौत्रियाँ थीं और वे दिल से चाहते थे, इस बार उनकी बहू पौत्र को प्रसव करे। लड़का/लड़की का फ़र्क़ वे शायद उस परिवेश में अपने मन से मिटा नहीं सके परन्तु क्या यह फ़र्क़ आज मिट चुका है?

दद्दा तुनुकमिज़ाज थे, मगर उनका ग़ुस्सा दूध में उबाल जितनी देर तक ठहरता था, पलक झपकते ठण्डा हो जानेवाला। प्रायः वे असाधारण परिस्थितियों में भी मौन रहते थे। उन परिस्थितियों के पक्ष-विपक्ष को तब उनका मस्तिष्क तौल रहा होता था। सम्यक् परीक्षण के बाद ही बोलते थे, तब तक मौन रहते थे। उनका समस्या-विशेष पर यह मौन कुछ घण्टे, कुछ दिन, कुछ माह तक रह सकता था। इन अवस्थाओं में वे योगी जैसे प्रतीत होते थे। अगम्य, अगोचर, अतीन्द्रिय। राजा जनक की भाँति गृहस्थ वैरागी। गीता-उपदेश की भाँति क्या खो गया है, जो रो रहे हो। 'मानस' के हनुमान की भाँति 'राम काज लगि तव अवतारा।' इसी कारण वे सुख-दुःख से परे दिखायी देते थे। सन् 1911 में पोस्टमास्टरी शुरू की, ठीक 58 साल बाद 1969 में रिटायर हुए मगर सेवानिवृत्ति के दिन भी आम दिन जैसे। नन्हें पोस्टमास्टर लग गया, कोई ख़ुशी नहीं। ख़ुश शायद तब होते थे जब किसी संघर्ष में लगे योद्धा की क़ामयाबी का समाचार मिलता। दुःख के भी कुछ क्षण आये, मगर दुःख उन्हें अभिभूत नहीं कर सका।

तीन सयानी पौत्रियों, चार नाबालिग़ पौत्रों के दादा का सबसे बड़ा दुःख था कि उनके इकलौते पुत्र नन्हें (सुरेन्द्र) अर्थोपार्जन में उतने क़ामयाब नहीं हो सके। सुरेन्द्र में सभी गुण पिता के थे, कुछ ज़्यादे मात्रा में, मगर एक गुण में वे पिछड़ गये। अपनी मेहनत को दिशा नहीं दे सके। खेती-बाड़ी भोजन दे सकती है, आराम नहीं। सुरेन्द्र नये ज़माने के मुताबिक़ ख़ुद को ढालने में असमर्थ रहे। नतीजा घर में धीरे-धीरे फिर दरिद्रता का साम्राज्य फैल गया। राजाराम पचहत्तर बरस बाद एक बार फिर उसी बाजरे की गठरी का बोझ अपने सिर पर महसूस करने लगे जो उन्होंने अपने बापू की मौत के बाद अनुभव किया था।

घोर दरिद्रता के क्षणों में छोटे (पुत्तूलाल) ने एक नादान हरकत की। सुन्दर तब तक मर चुके थे। उनके बच्चे बदायूँ में संघर्ष कर रहे थे। छोटे पेन्शनयाफ़्ता थे, उनका बेटा नरेन्द्र चीफ़ इंजीनियर था, घर में कोई कमी न थी। छोटे ने सोचा कि उनके नाम गाँव में एक खेत तथा एक बाग़ है, क्यों न उसे बेच दिया जाये। यह वही खेत, बाग़ था जिसे दद्दा ने अपनी मेहनत से तीनों भाइयों के नाम ख़रीदा था। सुन्दर का तो उसमें फिर भी योगदान था, छोटे को दोनों भाइयों ने उपहार दिया था। दद्दा को जब ख़बर लगी तो लगा जैसे उन्हें सदमा पहुँचा हो। लगा कि दुःख उन्हें प्रभावित कर सकता है। मगर यह भ्रम था। कुछ ही देर में वे सामान्य हो गये। हाँ, इस प्रकरण पर उन्होंने फिर कोई चर्चा नहीं की।

सन् बहत्तर के क़रीब उनकी आँखों में मोतिये का प्रकोप हुआ। ऑपरेशन हुआ मगर आँखों की ज्योति नहीं बढ़ी। तब वे अपने पौत्र 'भैया' के साथ सायंकालीन दीप प्रज्वलन हेतु बाबा विश्वेश्वरनाथ के मन्दिर की सीढ़ियाँ चढ़ने लगे। बाबा की कृपा से भैया हाईस्कूल और इण्टरमीडिएट में अव्वल दर्जे में पास हुआ तो लगा कि दद्दा ख़ुश हैं। मगर यह भ्रम था। दद्दा कुछ सोच रहे थे। अपने लड़के सुरेन्द्र को बुलाकर कहा—भैया को आगे पढ़ने इलाहाबाद भेजो।

सुरेन्द्र, "बापू तुम देख रहे हो, घर में तीन सयानी लड़कियाँ हैं, भैया के पढ़ने का ख़र्च कहाँ से आयेगा।"

दद्दा "राम करे सो होय। हमने इतनी तकलीफ़ में छोटे को पढ़ाया, तुम्हें पढ़ाया, तब तुम कैसे पीछे हट सकोगे।"

सुरेन्द्र, "बापू सब ख़र्चे की बात है।"

दद्दा "काहे की चिन्ता है। इतनी खेती-बाड़ी है तुम्हारे वास्ते, इसे बेच लड़कियों का ब्याह करो, लड़के को पढ़ाओ।"

सुरेन्द्र—जैसी तुम्हारी मर्ज़ी बापू।

वास्तव में सुरेन्द्र भी भैया को पढ़ाना चाहते थे, मगर बापू की परीक्षा ले रहे थे क्योंकि बापू को खेती से बड़ा मोह था। लेकिन लड़की की शादी और लड़के की पढ़ाई के लिए उसका कोई मोह नहीं, कोई मूल्य नहीं। खेती महज़ साधन थी, परिवार के उच्चतर विकास में।

भैया इलाहाबाद चला गया। अगले वर्ष दैवयोग से ऐसी जुगत भिड़ी कि दस दिन के भीतर दद्दा की दो पोतियाँ निपट गयीं दद्दा के परिवार में तीस वर्षों बाद यह पहली शादियाँ थीं। इसके बाद तीन साल तक दद्दा जिये होंगे। 'भैया' के बी.एस-सी. में अव्वल दर्जे में पास होने की ख़बर सुनकर दद्दा ख़ुश भी हुए होंगे, मगर चेहरे से ऐसा कुछ नहीं लगा कि वे ख़ुश हैं। भैया को रामकथा का संस्कार भी दद्दा ने ही दिया। कहते थे कि जीवन में जब किसी परेशानी में पड़ो, मानस खोलकर पढ़ो, समस्या का समाधान मिल जायेगा।

जीवन के आख़िरी क्षणों तक दद्दा क्रियाशील बने रहे। नाटा क़द, इकहरा बदन, गंजा-सा सिर, भूरी-सफ़ेद आँखोंवाला यह विनम्र, मौन वृद्ध जीवन के अन्तिम क्षण तक अपनी परिस्थितियों से संघर्ष करता रहा। उपेक्षित बचपन, संघर्षशील यौवन, निराश वृद्ध यह सोच रहा था कि यदि भैया व उसके भाइयों को वह कुछ संस्कार दे सका तो समाज में उसकी उपयोगिता बनी रहेगी और जब तक उसकी उपयोगिता है, उसका जीवन क़ायम है, उसका संघर्ष जारी रहेगा।

जीवन के प्रति इतनी गहरी रुचि, संघर्ष के प्रति उनका जज़्बा, समाज में उपयोगी होने की तसल्ली उनके जीवन को खींचती रही, अन्यथा वे कहते थे कि अब मेरे प्रायोपवासन व्रत का समय है। अपनी क्रियाशीलता के चलते दद्दा अपना सारा दैनिक कामकाज ख़ुद करते थे। अपने नहाने का पानी कुएँ से ख़ुद भरना, अपने कपड़े ख़ुद साफ़ करने से लेकर अपने पूजा-पाठ की व्यवस्था तक। उनके सभी दाँत अन्त तक क़ायम थे। भोजन अत्यन्त सादा, सात्त्विक, नियमित था। नींद में कुछ कमी ज़रूर आ गयी थी। आख़िरकार तो एक दिन दद्दा का बुलावा आना ही था। वह दिन आ गया, मगर उस दिन भैया इलाहाबाद में था।

सुरेन्द्र ने दद्दा को ज़मीन पर ले लिया। दद्दा तन्द्रा में थे। कभी बोल पड़ते थे, कभी मौन रहते थे। उनकी तन्द्रा में जैसे पिछले नब्बे बरस का जीवन सिनेमा के रील-सा घूम रहा था। सुरेन्द्र ने आवाज़ दी—बापू। दद्दा की तन्द्रा टूटी—हूँ हँ। सुरेन्द्र बोला—बापू सारे लोग मौजूद हैं, भैया नहीं है। तार देकर बुलवाय लें। कामकाज में बुलाना, आज ठीक नहीं। और नन्हें...

"हाँ बापू। 'सुन्दर काण्ड सुनाव।' दद्दा की काँपती आवाज़ निकली। सुरेन्द्र ने 'मानस' का गुटका मँगवाया और सुन्दरकाण्ड सुनाने लगे—

जामवंत के बचन सुहाए
सुनि हनुमंत हृदय अति भाए।

उधर दद्दा की तन्द्रा में सिनेमा की रील फिर चलने लगी। कितनी अजीब बात है कि मौत के वक़्त जब आदमी मोहित, जीवन के प्रति लालायित होता है, तब अर्द्धशिक्षित दद्दा उच्चकोटि का सबर, तीव्र वैराग्य का प्रदर्शन कर रहे थे। पढ़ाई का हर्जा उन्हें किसी क़ीमत पर बर्दाश्त नहीं था। कितने दुनियादार थे कि कामकाज के मौक़े पर भैया को बुलाना ठीक होगा, दोहरा ख़र्च नहीं होगा। जिस मृत्यु के आलिंगन की प्रतीति होने पर बड़े-बड़े वैरागियों का धैर्य टूट जाता है, वही मृत्यु दद्दा को स्थाणुवत् निस्पृह-सी प्रतीत होती है।

अपनी तन्द्रा में दद्दा देख रहे हैं कि आँखें खुलते ही एक तरफ़ उनके सभी पुराने साथियों के चेहरे कुछ और सजीव होकर उनकी ओर देखकर मुस्करा रहे हैं, तो दूसरी तरफ़ राम, कृष्ण, महादेव खड़े उस कर्मजीवी को अपने लोक में ले जाने को तैयार खड़े हैं। किन्तु जब दद्दा आँखें बन्द करते हैं तो उन्हें एक दुबला-पतला बालक एक पगडण्डी पर जाता दिखायी देता है, जिसके सिर पर वही बाजरे की गठरी लदी है जिसे उन्होंने अपने बचपन में ढोया था, किन्तु उसका बोझ उसे अब काफ़ी हलका लग रहा है।

जागृत कर्मयोगी दद्दा का कैमरे से खींचा केवल एक ही फ़ोटो उपलब्ध है। उस जमाने में कैमरों का चलन बहुत कम था। मगर दद्दा की छवि आज भी हमारे मन-मस्तिष्क पर अंकित है और हमेशा अंकित रहेगी। दद्दा के एक घनिष्ठ मित्र थे बाबूराम, जिनका रेखाचित्र व्यंग्य-संग्रह 'कन्फेशन' में 'तातीलनामा' शीर्षक से खींचा गया है।

●

स्मृति-शेष

वे वर्ष 1930 में शहर इटावा के क़स्बे औरैया से कुछ दूर गाँव खानपुर के डॉ. के. डी. पाठक के दो बेटे, चार बेटियों में चौथे स्थान पर थीं। उन्होंने औरैया से तब हाईस्कूल पास किया था, जब लोग गाँव में लड़कियों को पढ़ाने का मतलब पेशा कराने के बराबर समझते थे। महज़ उन्नीस साल की उमर में शादी होकर फ़र्रूख़ाबाद ज़िले के गाँव रोशनाबाद में आ गयी। ससुर विधुर थे, घर में एक चाची भर थी जिनका खाना अलग पकता था। जो इन्हें देखकर ही दाँत किटकिटाने लगती थी और मन-ही-मन कहती थी, "इसे हैजा हो जाये, इनफ्लुऐन्जा हो जाये, इसे टी. बी. हो जाये ताकि यह मर जाये और बड़े (अपने जेठ) के कोई वारिस न पैदा हो।" यदि, कोई बीमारी न हो तो जैसे ईश्वर से समझौता करते हुए कहती थी कि कम-से-कम इसे मिर्गी आ जाये ताकि गाँव में डंका तो पीट सकें कि बहू पागल है।

चाची को उनके पति सुन्दरलाल 'लिल्ली घोड़ी' कहते थे। उनके एक बेटी चार बेटे थे, जब शन्नो ब्याह कर इस घर में आयी थी। 'लिल्ली घोड़ी' फ़र्रूख़ाबाद की तरफ़ गाँवों में शादी-ब्याह में एक मनोरंजक तमाशा है। इसमें बिना पैर के काठ के घोड़े के आकार को बीच में खोखला करके एक आदमी उसी खोखले हिस्से में घुसकर उसे अपनी कमर पर एडजस्ट कर लेता है। फिर घोड़े को रंगीन आकर्षक वस्त्र पहनाकर सारी बारात में घोड़े की तरह मटकता फिरता है। सुन्दर इसी सेन्स में अपनी घरवाली को लिल्ली घोड़ी कहते थे, क्योंकि शन्नो की चचिया सास इसी तरह सारे गाँव में मटकती फिरती थी। दैनिक जनसत्ता की तरह सबको ख़बर दे, सबकी ख़बर ले। ख़बरों के बिना उनके पेट में मरोड़ें उठने लगती थी। एक-से-एक ताज़ा

टटकी गोपनीय ख़बरें उनके दिमाग़ में भरी रहती थीं। वे गाँव की चलती-फिरती इनसाइक्लोपीडिया थीं।

आज वे नहीं हैं, भगवान् उनकी आत्मा को शान्ति दे, मगर उस बख़्त उन्नीस बरस की शन्नो से उन्हें इतनी खुन्दक थी कि उनका बस चलता तो उसका क़त्ल करके वे उसका ख़ून पी जातीं। इस खुन्दक का कारण था। बड़े (उनके जेठ) और उनके पति में 10 बरस पहले चाची के कारण ही बँटवारा हुआ था। बड़े विधुर थे, उनकी चार रोटी सेंकना चाची को भारी पड़ गया था। इसलिए चौका-चूल्हा अलग हो गया था। 'बड़े' कर्मजीवी व्यक्ति थे, गाँव के डाकख़ाने में नौकर थे। बीस एकड़ ख़ेत के स्वामी थे, जबकि सुन्दरलाल अकर्मण्य, बेरोज़गार, तुनुक़मिज़ाज फलतः दरिद्र थे। चौका-चूल्हा अलग होने के बाद चाची को 'बड़े' के महत्त्व का पता चला कि उनके साथ साझे में रोटियों का कितना आराम था। मगर अब साझा किस मुँह से करतीं। यह बन्दरबाँट तो उन्होंने ही कराया था। उन्होंने पति से फिर साझा करने को कहा, किन्तु सुन्दर ने मना कर दिया।

अलग्योझा हो गया तो क्या, 'बड़े' उनके जेठ थे। ज़रूरत पड़ने पर वे उनसे राशन-पानी माँगने में कोई संकोच न करती थीं। 'बड़े' का घर अन्न से भरा रहता था, दोनों का आँगन एक था, 'बड़े' विधुर थे, उनके डाकख़ाने जाते ही चाची कुछ चीज़ें 'बड़े' के यहाँ से पार कर देती थीं। यह चोरी नहीं थी, चोरी तथा विवशता के बीच का कुछ था। यूँ कुछ ले भी लिया तो क्या, 'बड़े' उनके जेठ जो थे। मुनासिब तो यह होता कि अलग होने के बाद 'बड़े' से पूछकर लेती। ऐसा नहीं कि 'बड़े' इस बात को नहीं जानते थे मगर वे बहुत दूरन्देश थे, इसे तरह देते थे। यह सब-कुछ होने के बावजूद चाची 'बड़े' के इकलौते पुत्र के शीघ्र स्वर्गवासी होने की कामना करती थी। ताकि उनके अपने पुत्र 'बड़े' के उत्तराधिकारी होकर अपना भविष्य उज्ज्वल करें। चाची का अघोषित परम शत्रु भतीजा "नन्हें" न केवल नहीं मरा बल्कि कानुपर में एम.ए. में पढ़ते समय मुगदर घुमाकर एक चुस्त कड़ियल बदन का निर्माण कर रहा था। उस जमाने में समाज में नौजवानों को शरीर बनाने पर बहुत ज़ोर दिया जाता था।

अब चाची समझ गयी यह मरेगा तो नहीं, हाँ, बाहर पढ़ रहा है। कोई इश्क़-मुश्क हो जाना बड़ी बात नहीं। अगर मेहरिया ग़ैर जाति की हुई तो

पाखण्डी 'बड़े' तो इसे घर में रखेंगे नहीं। तब 'बड़े' की यह प्रापर्टी अन्त में हमीं को मिलेगी। ''इस प्रकार चाची के मन में आशा की क्षीण किरण विद्यमान थी और यह निराधार भी नहीं था। चाची ने ज़रूर सच्चे दिल से दुआ माँगी होगी जो कुबूल तो हुई मगर आधी ही कुबूल हुई। सुरेन्द्र का प्यार अपनी एक क्लासमेट से था तो ज़रूर, जिसका फ़ोटो चाची ने उसके सामान को एक बार तगड़ी जासूसी करके उलट-पुलटकर खोजा था, देखा था और फिर वहीं रख दिया था।

लेकिन सुरेन्द्र निरे पोंगा पण्डित थे। बाप के हुक्म के सामने हथियार छोड़कर भागनेवाले। इसी बात का खुटका चाची को हर वक़्त रहता था। चाची सुरेन्द्र का ब्याह लेकर आनेवाले लोगों से इतनी नफ़रत करती थी, जितना कोई ब्रह्मचारी किसी वेश्या से कर सकता है। वे हिकारत से उन्हें देखकर मुँह फिरा लेती थीं या थूक देती थीं और कहती थीं कि कमीने रोज़-रोज़ यहीं चले आते हैं, दुनिया के जैसे सारे लड़के मर गये। जिस दिन डॉ. कृष्णदत्त पाठक 'बड़े' से मिले, चाची की दायीं आँख बड़ी ज़ोर से फड़की। वैसे तो सुरेन्द्र को देखने आनेवालों की ख़बर सुनकर उनकी दायीं आँख फड़कती ही थी, मगर इस बार कुछ ज़ोर की फड़की।

चाची की आशंका सच निकली। 'बड़े' ने सुरेन्द्र को डाँट दिया, उनका प्रेम तेल लेने कानपुर चला गया। छह महीने बाद सुरेन्द्र शन्नो को ब्याहकर घर ले आया। 'बड़े' और सुरेन्द्र पर तो चाची का बस नहीं था। बेचारी कमसिन शन्नो को देखकर मल्लाही गालियाँ चाची देती थीं कि बहू के आ जाने से बड़े के आँगन से गाहे-बगाहे जो सामान वे सरका लेती थीं, वह बन्द हो गया। हैजा हो जाये इस कमीनी नासपीटी को, जो मेरी छाती पर मूँग दलने आकर बैठ गयी। अब तो 'बड़े' की तरफ़ देखना भी गुनाह हो गया।

चाची के सृजित इस विषाक्त वातावरण में शन्नो के तीन वर्ष कट गये। बहू के आ जाने से 'बड़े' को रोटियों की सुविधा हो गयी। चाची के होंठों पर उनकी स्वाभाविक मुस्कान लौटने लगी। अब वे गाँव में कुछ अधिक आत्मविश्वास से मटकने लगीं। गाँव की औरतें जब बहू का हाल-चाल लेतीं, बाल-बच्चे की बात पूछतीं तो चाची कहती मैंने तो मन्नत मानी है शंकर जी की कि इसकी गोद जल्दी भर जाये, 'बड़े' पोते का मुँह देखें, मगर क़िस्मत का लिखा कौन टाल सकता है। बहू तो बाँझ लगती है। तीन साल

बीत गये, अभी तक पाँव भारी नहीं हुआ। अब 'बड़े' को पानी (तर्पण) कौन देगा। हमारे तो भाग फूट गये। इस कलमुँही को पाकर। मैं तो कहीं मुँह दिखाने लायक़ नहीं रही। मेरे तो ब्याह के साल भर के भीतर सावित्री भयी थी।

ईश्वर को शायद चाची का यह दुःख देखा नहीं गया। सन् बावन में शन्नो ने पहली बेटी को जन्म दिया। चाची सन्न रह गयी। यह क्या ग़ज़ब हो गया। उनका स्वाभाविक आत्मविश्वास उनके चेहरे से उड़ गया। अपनी खिसियान छिपाने के लिए मटरगश्ती करते हुए उन्होंने कहा—निपूती को बच्चा जनते पहली बार सुना है। बहू तो ठीक थी, नन्हें में ख़राबी थी। तभी तो तीन बरस से आज तक औलाद नहीं हुई। बहू सुनते-सुनते जब पक गयी, तब उसने यह जोगाड़ करी। जाने किसकी औलाद राँड़ ने लायके 'बड़े' के गले मढ़ दी। सन् चौवन में दूसरी, सन् छप्पन में तीसरी और अट्ठावन में शन्नो को चौथी बेटी हुई जो महीने भर की होकर मर गयी।

भगवान् की इस हरकत का ठीक-ठीक अर्थ चाची नहीं समझ सकीं। वे खुश थीं कि अभी तक उत्तराधिकारी (बेटा) नहीं हुआ। दुःखी भी थीं कि इनकी शादी में सब ख़ेत-पात बिक जायेगा, तब हमारे बेटों का क्या होगा। ख़ैर, जब तक साँस तब तक आस। यह बहू बिटनारी है, पूत पैदा करने की इसकी कोख में कूबत ही नहीं है। अभी चार-पाँच छोरियाँ और हगेगी, तब ठण्डी पड़ जायेगी।

ईश्वर लगता था कि चाची की अब हर बात को अनसुनी करने पर उतारू था। भाड़ में जायें ये राधाकिशन, सीताराम, गौरा-महादेव। सुनके नहीं देते। सचमुच ईश्वर ने चाची को सुनना अब बन्द कर दिया था और एक धमाके के साथ सन् साठ में शन्नो ने एक बेटे को जन्म दिया। चाची की आँखों के आगे अँधेरा छा गया। उस दिन सारा दिन उनके सामने बच्चे भूख से बिलखते रहे, चाची मूँड़ पिराने के बहाने सोग मनाती बिस्तर पर पड़ी रही। जब सुन्दर ने उन्हें एक-से-एक टटकी गालियाँ सुनायीं और लकड़ी का चैला लेकर उन्हें बिस्तर तक मारने पहुँचे, तब वे भुनभुनाते हुए गाली देती उठीं और खाना बनाया। सुन्दर की आँखें अपनी घरवाली पर अंगारे बरसा रही थीं।

भैनचोद, लिल्ली घोड़ी, कुँवार की कुतिया, हमें मालूम है, तेरो मूँड़ काहे पिरात है। साली परे-परे मकर कर रही है। अब्बी ये चैला तेरे पेट में डालते

हैं, तेरी मूँड़ की पीर सही हुई जायेगी। बदजात सीधे उठिके रोटी बनाव, नाही तो तेरा मूँड़ ही काटिके फेंक देंगे जो पिराय रहा है। दद्दा की ख़ुशी पे तेरे करेजे पर साँप लोटि गयो है। तै चार-चार बेटन की अम्माँ है, बंशीवारे से डर राँड़, पतुरिया कहीं की, मुँहज़ोर घोड़ी।

सुन्दर तुनुक़मिज़ाज तो थे ही लेकिन उनके आज के रौद्र रूप का कारण दूसरा ही था। यह बात सही है कि उस दिन चाची का मूँड़ क्या सारा ज़िस्म पिराय रहा था, पेट में मरोड़ें उठ रही थीं मानों आँव के दस्त लग रहे हों। भुनभुनाते हुए खाना चढ़ाया। मेरा क्या, तुम्हीं पक्ष लो इनका। अरे एक बेटा हुआ तो क्या हो गया। मेरे सारे बेटे सयाने हो गये हैं, वाकों मारि के फूँक देंगे। सुन्दर ने फिर चप्पल उठायी, मगर आज चाची मार खाने के मूड में क़तई नहीं थी, चुप मार गयी। सुन्दर का भी इतना रौद्र रूप किसी ने नहीं देखा था। ईश्वर भी मारे और ख़सम भी, दोहरी मार कौन बरदाश्त करे। खाना खिलाकर बिना ख़ुद खाये चाची फिर लेट गयी। आज ग्राम भ्रमण का कार्यक्रम भी स्थगित कर दिया। अरे जब उनके जीवन का कार्यक्रम ही स्थगित हो गया तो गाँव भ्रमण और गाँववाले जायें भाड़ में।

इसी कटखने वातावरण में शन्नो ने चौदह बरस गुज़ार दिये। अब उन्हें चाची पर दया आती थी। गाहे-बगाहे वे दया करती भी थीं। शन्नो अब कोई उन्नीस साल की छोरी नहीं तैंतीस साल की तन्दरुस्त चार बच्चों की अम्माँ थी। चाची अब उनसे बराबर से पेश आती थीं। समय धीरे-धीरे गुज़रता गया और चाची को आघात-दर-आघात पहुँचता रहा। सन् सत्तर में जब शन्नो ने अपना लगातार चौथा बेटा जना तो चाची ने अपना ही मुँह नोच लिया। 'बड़े' की जिस प्रापर्टी पर उनकी आँख लगी थी, वह सपना हो चुकी थी। वे अपने जीवन की एक ग़लती पर लाखों बार पछतायी थीं कि बड़े से अलगाव क्यों किया। कुछ न मिलता, दो बख़त की रोटी तो कहीं नहीं गयी थी। पर अब क्या हो सकता था। छूटा तीर, मुँह से निकली बात वापस नहीं आती।

जब शन्नो को पहला बेटा हुआ था, चाची ने हर मुमकिन कोशिश की यह बच्चा मर जाये। सम्भवतः परिवार की आपसी ईर्ष्या के कारण ऐसे कुछ बच्चे मर भी जाते होंगे। हुआ यह कि सुन्दर के कमरे में एक साँप निकला जिसे उन्होंने लाठी से पीटकर अधमरा कर दिया और अपने बेटे को हुक्म

दिया कि लाठी पर लटकाकर बाहर फेंक आओ। बच्चा जब तक हुक्म की तामील करता, तब तक सुन्दर ने देखा कि उनकी घरवाली अधमरे साँप को लटकाकर वहाँ फेंक आयी, जहाँ 'नन्हें' का तीन बरस का बेटा खेल रहा था। सुन्दर यह नहीं देख पाये। संयोग ही था कि वे घर के बाहर गये। देखा दरवाज़े पर वही हरे रंग का अधकुचला साँप धीरे-धीरे रेंग रहा है, जहाँ 'भैया' खेल रहा था। भैया की नज़र पड़ी तो वह रेंगते साँप को कौतुक समझ उससे भी खेलने लगा। यह देखकर सुन्दर की साँस ऊपर टँगी-की-टँगी रह गयी। तत्काल उन्होंने एक लाठी बरामद की और साँप को ले जाकर घर से काफ़ी दूर फेंक आये। लौटने पर चाची को उन्होंने वे विकट मादरजात नंगी गालियाँ दीं कि चाची की सिट्टी-पिट्टी गुम हो गयी।

जब भैया छोटा था तो रोते-रोते उत्तेजना में बेहोश हो जाता था और मुँह पर पानी के छींटे मारने पर दो-चार मिनट बाद होश में आ जाता था। चाची ने इस प्रक्रिया को ग़ौर से देखा तो मन में कुछ आस बँधी कि शायद इसकी चल-चल हो जाये, मगर जब यह क्रम दो साल चलता रहा तथा भैया की बेहोशी कम होने लगी तो चाची निराश होने लगीं। उन दिनों बहू का पाँव भारी था। कुछ महीने बाद उसे फिर बेटा हुआ और आज तो ईश्वर ने अन्याय की सभी सीमाएँ लाँघकर उसे चौथा बेटा दे दिया। हालाँकि वह अभी भी गाँववालों से कह सकती है कि उसकी बहू, बहू नहीं है, कुतिया है, जो 8-8 बच्चों को जन्म दे चुकी है। मगर गाँव में तो लोगों के बारह-बारह बच्चे तक हुए हैं। बहरहाल चाची ने अनुभव कर लिया कि बहू के बारे में कुछ भी उलटा सीधा बोलने से ईश्वर उससे निरन्तर नाराज़ होता जा रहा है।

चाची के बच्चे सयाने हो चुके थे, बिटिया से निपट चुकी थी। ''बड़े धूमधाम से सावित्री की शादी करा दी थी। उनके दो लड़के बदायूँ में सेटिल हो गये। उनकी देखा-देखी चाची, सुन्दर और बचे दोनों बेटे भी बदायूँ चले गये। शहर जाकर चाची ने छोटे बच्चों को ट्यूशन पढ़ाना शुरू कर दिया। वे अन्त समय तक आत्मनिर्भर बनी रहीं। गर्मियों की छुट्टी में गाँव आती थीं और अपने खेत-बाग़ की आमदनी लेकर जुलाई में फिर बदायूँ चली जाती थीं। इस प्रकार शन्नो के तेईस साल के दुःस्वप्नों का अन्त हो गया। चाची अपने समस्त दुर्गुणों के बावजूद बहुत गुणी महिला थीं। हाथ के काम

जैसे सिलाई-कढ़ाई में उन्हें महारथ थी, उनका गाँव में नाम था। ढोलक बजाने, गीत गाने, नाचने में चाची बेजोड़ थीं। स्मरण-शक्ति इतनी तेज़ थी कि सैकड़ों जच्चगी के गीत, शादी के गीत, हज़ारों भजन उसे मुँहज़बानी याद थे। एक-से-एक स्वादिष्ट व्यंजन बनाने में चाची उस्ताद थीं। अधीनस्थों पर अनुशासन करने में उनका सानी नहीं था। बदायूँ जाकर ट्यूशन पढ़ाकर वे अपनी वृद्धावस्था में आत्मनिर्भर हो गयीं तथा कभी अपने बच्चों के सामने हाथ नहीं फैलाया। हाथ इतना साफ़ था कि आपकी आँख का सुर्मा बिना आपकी जानकारी के निकाल लें। भाव बदलने में इतनी निपुण कि आपको गालियाँ दे रही हों और आप उसके ही सामने पहुँच जायँ तो तुरन्त उनके मुख से आशीर्वाद की बरसात होने लगती थी। खेद है कि वे आजन्म दरिद्रता से जूझती रहीं और दरिद्रता चेतना को विकृत कर देती है। उनमें दूसरों पर विश्वास करने की क्षमता बहुत कम थी। किसी पर विश्वास और समर्पण कदाचित् उनके स्वभाव के प्रतिकूल था।

चाची गोरी-चिट्टी, खुले हाथ-पैर की, लोगों से जल्दी घुल-मिल जानेवाली, अपने पति की दूसरी औरत थीं। यह ठीक है कि उनमें चरित्र की उदारता बिलकुल नहीं थी, लेकिन इसका दोष उनके पिता व पति की दरिद्र अवस्था को अधिक था। अपनी जवानी की चंचलता में उन्होंने 'बड़े' से अलगाव करके एक ऐसा ग़लत फ़ैसला ले लिया जिसका पछतावा उन्हें आजीवन रहा। उन्होंने स्वच्छन्दता वरण की, लेकिन उसी के साथ दरिद्रता उनके गले में पड़ गयी। 'बड़े' के साथ साझा रहने से 'बड़े' उनकी मटरगश्ती की प्रवृत्ति पर अंकुश रखते। यह उन्हें बर्दाश्त नहीं था और उन्होंने नादानी में ग़लत निर्णय ले लिया। सुन्दर ने अलगाव को इसलिए स्वीकार कर लिया क्योंकि वे नहीं चाहते थे कि उनके बड़े भाई की दो रोटियों को लेकर यह बदज़ात औरत उनसे रोज़ किचकिच करे। इसी कारण जब दो-तीन साल बाद चाची को अपने निर्णय की त्रुटि का ज्ञान हुआ तो सुन्दर ने दुबारा साझे की बात चलाने से साफ़ मना कर दिया।

सुन्दर अपने दद्दा के स्वभाव को अच्छी तरह जानते थे। सुन्दर ने कहा था कि दद्दा तुम लोगों जैसे चंचल नहीं हैं, जो आज कुछ कह दें और कल बदल जायें। वे पानी नहीं लोहे के बने इन्सान हैं। महारानी! तुम क्या समझती हो कि तुम दो रोटी उन्हें नहीं दोगी तो वे भूखे मर जायेंगे। अरे

जब उनका बाप ही उन्हें रोटी नहीं खिला सका, तो तुम क्या खिलाओगी। जब हमारे बापू मरे, तब दद्दा ग्यारह साल के थे। तब से वे ही हमारा पेट भर रहे हैं। अपनी मेहनत के दम पर इस आदमी ने बीस एकड़ खेत खरीदा, घर बनवाया, पाँच-पाँच लड़कियों की शादियाँ कीं, इतना नाम कमाया, उस आदमी की मूँछ के बाल तुम तराशने चलीं। मेरे ऊपर क़तल का मुक़दमा चला। दफ़ा 302 हरे पेड़ पर लग जाये तो सूख जाता है। लेकिन यह दद्दा की छाती थी कि मैं एक दिन जेल नहीं रहा, बाइज़्ज़त बरी हुआ। इस आदमी ने चाँदी के तीस हज़ार रुपये मेरी ख़ातिर, वकीलों, अहलकारों, कारकूनों, मुन्शियों, किराये-भाड़े, गवाहों के ऊपर बहा दिया। तिस पर अलगाव के लिए मैंने दद्दा को कहा था। वे तो मुझे समझाते ही रहे कि सुन्दर साझे में रहोगे तो दो रोटी मैं भी खा लूँगा। अब मैं कौन-सा मुँह लेकर उनसे साझे की बात करूँ। तैने तो मेरे मुँह पर ही कालिख पोत दी है।

उस दिन की याद कर राँड़, जब तूने मुझसे दद्दा को कहलवाया था कि दद्दा आज से हमारे-तुम्हारे चूल्हे अलग जलेंगे। दद्दा को हमने आज तक रोते नहीं देखा, मगर उस दिन उनकी आँखों में आँसू आ गये, वे कुछ नहीं बोले। सिर्फ़ इतना कहा, 'अच्छा, सुन्दर।' उसके बाद वे सीधे डाकख़ाने नहीं गये, कलावती के घर गये। उसे घर की चाबी सौंपकर बिना कुछ कहे डाकख़ाने चले गये। दद्दा को उस दिन इतना दुःखी देखकर कलावती मेरे पास दौड़ी आयी तो मैंने उसे पूरी बात बतायी। हीरा तेरे घर में था, तूने पत्थर समझकर ठोकर मार दी। करोड़ों आदमियों के बाद एक आदमी को भगवान् राजाराम बनाता है, तूने उसे क्या अपने मैकेवालों की तरह छिछोरा समझा है। दूर हो जा मेरी नज़रों से बेग़ैरत। मुझे थूककर चाटने को कह रही है।

सुन्दर की गालियाँ और फटकार चाची चुपचाप सुनती रहीं। सचमुच 'बड़े' जैसा आदमी उन्होंने आज तक नहीं देखा। जब वे ब्याह कर आयीं थीं तब भी 'बड़े' बूढ़े नहीं हुए थे। लेकिन उन्होंने एक बार भी नज़र उठाकर उसे देखने की कोशिश नहीं की। इतना आत्मनिष्ठ, तपोनिष्ठ कर्मयोगी बिरले ही हैं। आज भी जब चाची खींसें निपोड़कर उनसे किसी चीज़ की फ़रियाद करती है, वह चीज़ हाजिर हो जाती है। अलगाव में चाची की प्रमुख भूमिका के बावजूद 'बड़े' ने उनके ख़िलाफ़ एक भी शब्द गाँव में

किसी से नहीं कहा। अपनी सारी योग्यता के बावजूद चाची ने यह आत्मघाती निर्णय ले लिया। बड़े-बड़े हैं, उन्हें परास्त कर पाना नामुमकिन है। धनुष से तीर छूट चुका था। चाची काँपती प्रत्यंचा-सी आजीवन पीछे खड़ी रहीं।

चाची के जाने के बाद घर में चिरप्रतीक्षित शान्ति आयी, शान्ति के साथ समृद्धि भी आयी। जीवन में पहली बार शन्नो के पति का रोज़गार अच्छा चल रहा है। आटा-चक्की, सरसों, कोल्हू, ट्यूब-वेल, थ्रेसर और न जाने क्या-क्या। यह दो-तीन-चार बरस शन्नो के सुख के थे। भरा-पूरा परिवार, बेटे-बेटियाँ, पति का चलता रोज़गार, ससुर की पेन्शन। लेकिन एक अमंगल छाया धीरे-धीरे शन्नो को ग्रस रही है। पति के प्यार में न जाने क्यों एकदम कमी आ गयी है। बात-बात पर झगड़ा करने लगते हैं। कारणों की तह तक शन्नो भी पहुँच गयी थी, इसी कारण जान-बूझकर वह झगड़ा कर बैठती थी। घर में रोज़-रोज़ की किच-किच शुभ नहीं होती। आदमी औरत को एक-दूसरे की प्रवृत्ति समझकर, कुछ तालमेल, कुछ समायोजन बैठा लेना ही ठीक होता है। पुरुष चंचल है, इसलिए औरत से धीरज की उम्मीद करना ही उचित है। वक़्त की हर शै गुलाम। महाभारत को जीतनेवाले अर्जुन के सामने भीलों ने गोपिकाओं को लूट लिया, अर्जुन खड़े देखते रहे—

भीलन लूटी गोपिका, वही अर्जुन, वही बाण

ख़ैर, दो-तीन वर्ष में इस दृश्य का पटापेक्ष भी होना ही था। शन्नो के पति को राजरोग (टी.बी.) हो गया। डॉक्टरों ने काम से मना कर दिया। उस समय भी राजरोग की दवाएँ थीं मगर अच्छी खुराक, काम पर प्रतिबन्ध डॉक्टर पहले लगा देते थे। दवा खाते, इन्जेक्शन लगवाते शन्नो के पति दो साल घर पर लेटकर ग़िज़ा खाते रहे। स्वस्थ तो हो गये, मगर चलता हुआ व्यवसाय एकदम चौपट हो गया। डाकख़ाने से बापू के रिटायरमेण्ट के बाद सुरेन्द्र पोस्टमास्टर हो गये। मगर उनकी टी. बी. और स्वेच्छाचारिता के कारण यह नौकरी भी हाथ से चली गयी। खेती-बाड़ी से खाना तो मिल जाता था मगर हाथ का नक़द पैसा चला गया। सुरेन्द्र नया व्यवसाय जमाने में नाकाम रहे। घर का वह दौर प्रारम्भ हो गया तो अगले पन्द्रह बरस तक चलता रहा।

आज सोचता हूँ कि शुरू का यह आकलन ग़लत लगता है कि ख़ानपुर की यह औरत अपने बच्चों को प्यार नहीं करती थी या कि उसमें प्यार करने

की क्षमता ही नहीं थी। उसके जीवन के क्रम को देखें तो आप समझ जायेंगे कि उसे प्यार करने की फुर्सत नहीं थी। सन् बावन से अरसठ तक उसे प्रति तीन वर्ष एक बच्चा हुआ। उसे फुर्सत ही नहीं थी, किसी को प्यार कर सके। फिर इतने बड़े घर का सारा काम निपटाना। उसके प्यार की गर्माहट उसके बच्चों को शायद तब महसूस होती थी जब वे बीमार पड़ते थे। तब शन्नो का सच्चा प्यार अपने बच्चों पर उमड़ता था।

तीन लड़कियाँ धीरे-धीरे जवान हो रही थीं। ख़ुद हाईस्कूल होने के बावजूद शन्नो ने अपनी बेटियों को बी.ए. और एम.ए. कराया। बड़े बेटे को पढ़ने इलाहाबाद भेजा। आख़िरकार अमंगल छाया छँटनी प्रारम्भ हुई। अगले ही वर्ष एक साथ दो लड़कियों की डोली उठी। गृहस्थी में दरिद्रता का साम्राज्य बदस्तूर क़ायम था, क्योंकि घर में खेती-बाड़ी को छोड़कर आय का कोई साधन नहीं था और खेती-बाड़ी नियमित धन मुहैया नहीं करा सकती। इसी कारण ही बहुतेरे खेतिहर खेती का काम छोड़कर शहर में नौकरी के लिए भाग रहे हैं।

सन् '80 में भैया के साथ दो छोटे भाइयों को भी पढ़ने इलाहाबाद भेज दिया गया। घर की माली हालत और ख़राब हो गयी। सुरेन्द्र के जीवन का जोश तो जैसे टी.बी. के साथ ही चला गया। किसी नये व्यवसाय को जमाने की बात तो दीगर, वे नये के बारे में सोचना तक भूल गये। उन्हें धुन थी तो केवल एक कि कैसे तीसरी बेटी के हाथ पीले कर दें। चुनांचे यह शुभ मुहूर्त्त सन् 1984 में आया। तब तक उनके सारे लड़के बेरोज़गार थे, वे स्वयं बिलकुल पैसा-कौड़ी से हीन थे। उन्होंने एक बार तीन वर्ष तक ही कमीज पहनी थी, तब दो धोतियाँ ही उनके पास रह गयी थीं। जाड़े के लिए एक पुराना कोट था। बस यही कुल सम्पदा थी। उनके 'बापू', चाची के 'बड़े' सुन्दर के 'दद्दा', शन्नो के 'ससुर' अपनी बड़ी दो पोतियों के विवाह देखने के बाद 1980 में ही स्वर्ग सिधार चुके थे।

सन् 1985 में भैया बैंक में अफ़सर हो गया तथा माँ के साथ घर में ही रहकर बैंक जाया करता था। यह टर्निंग प्वाइण्ट था। दो छोटे भाई इलाहाबाद में पढ़ रहे थे, सबसे छोटा घर पर पढ़ रहा था। घर पर तमाम क़र्ज़ लदा था। भैया नौकरी करके दोनों छोटे भाइयों को पैसे की मदद करता था, छोटी लड़की कलकत्ता में ब्याही थी, वह भी इलाहाबाद में पढ़ रहे भाइयों की मदद करती थी। भैया ने तीन साल में घर का सारा क़र्ज़ चुकता

कर दिया और ख़ुद भी पढ़ता रहा, इम्तिहान देता रहा। आख़िरकार वह डिप्टी क्लेक्टर हुआ। शन्नो जानती थी कि भैया को डिप्टी क्लेक्टर की दुआ उसकी चचिया सास देती थी। यद्यपि चाची बेमन से दिखावे के लिए ऐसा कहती थी लेकिन फिर भी बुज़ुर्गों की दुआओं में ताक़त होती है।

भैया के दोनों छोटे भाई इलाहाबाद से हायर एजुकेशन प्राप्त किये। यद्यपि चरम दरिद्रता के संकट को तो हर भाई ने एक जैसा झेला किन्तु दोनों छोटे भाइयों के बालपन पर इसका नकारात्मक असर कुछ अधिक गहराई से पड़ा। उन्हें जैसे पैसा बनाने की मशीन नौकरी से ही नफ़रत हो गयी। वे यह भूल गये कि नौकरी साधन नहीं साध्य है। वे यह भूल गये कि नौकरी छोड़ देना तथा उसे पाने का प्रयास न करना दो अलग-अलग बाते हैं। वे तंगहाली से तंग आकर अपनी यूटोपिया में रम गये। सतत अर्थ संकट में व्यक्ति विश्वसनीयता, मानसिक क्षमता सभी को संकट में डाल दिया। वे कटुतर होते गये।

हम कह सकते हैं शन्नो का सुख मुख्यतः 1985 से 91 तक अपने दो बेटों के विवाह तक ही रहा। बाद के पाँच वर्ष उनके मानसिक सन्ताप में अधिक गुज़रे। शुगर उन्हें पहले ही हो चुकी थी। अन्तिम दिनों में गम्भीर सोच-विचार के कारण बी.पी. ने भी पकड़ लिया। अन्ततः 22 मई, 1996 को इस महान् महिला ने इस फानी दुनिया को अलविदा कह दिया।

गोरा रंग, गठा सन्तुलित जिस्म, दरम्याना क़द, सुन्दर गोल चेहरा, होंठों पर शरारती हास्य, किसी त्रुटि पर चिकोटी काटने को तैयार उनका सरल मन और बाहरी और भीतरी अटूट सुन्दर तन/मन, यही तस्वीर बनती है शन्नो की। वालीवुड की सारी ख़ूबसूरत महिलाओं के जिस्म के सबसे ख़ूबसूरत हिस्से को मिलाकर जो औरत बनती है, शन्नो उसी से मिलती-जुलती तस्वीर थी। अन्तिम समय में पति सुरेन्द्र की लगातार नाकामी से कुछ कटु तो ज़रूर थी मगर उनकी आन्तरिक सुन्दरता कभी नहीं घटी। कदाचित् वे अपने पति की परिस्थितियों का ठोस आकलन नहीं कर सकीं। वे व्यावहारिक कम थीं लेकिन उनका सरल हृदय इस कमी को भुला देता था।

अब शायद आप शन्नो से अपरिचित नहीं रहे होंगे। उनकी शख़्सियत ही ऐसी थी—सरल, सुन्दर, कर्मठ।

●

लाइट हाउस

29.09.2009 मंगलवार

फ़र्रूख़ाबाद

एक दृढ़ता जो न केवल Character का अभिन्न अंग थी, बल्कि व्यवहार में भी दिखती थीं, सहज मानवीय गुण जैसे पीड़ित की सहायता, ईर्ष्यारहित व्यक्तित्व, देनदारी-लेनदारी में चौकस, मितव्ययी किन्तु पारखी दृष्टि। यही सब-कुछ तो उनमें समाहित था जो मेरे दूसरे पिता थे। व्यक्तित्व में सन्तुलन, व्यवहार में धीरता, चरित्र में उदात्तता, गम्भीर आत्मसंयम इन सबका समेकित नाम है—चन्द्रप्रकाश दीक्षित, मेरी पत्नी के पिता।

दो पुत्र, चार पुत्रियों का यह पिता इतने अनुशासित व्यक्तित्व का स्वामी था कि कभी मुझे एक दिन छुट्टी और बढ़ाने या दो घण्टे देरी से Office join करने या मेरे तयशुदा Programme में किसी भी बदलाव के लिए अपवाद स्वरूप भी कभी नहीं कहा। शासकीय सेवक रहे, तो उसकी गुरुता, शुचिता के प्रति अन्तिम समय तक सजग रहे। पथ से विचलन को कभी प्रोत्साहन नहीं दिया।

मेरी साहित्यिक यात्रा के एकमात्र राहगामी। विशेषकर मेरे रामायण के दीर्घकालीन अध्यवसाय को—निरन्तर निकट से निरखते-परखते रहे। मानस उनके व्यक्तित्व में बसी थी, उससे स्खलन उन्हें सहन नहीं था, फिर भी रामकथा के प्रति उत्सुकता ने उन्हें लगातार मेरे आधुनिक काव्यनाटक 'रामायण' एवं उसकी पृष्ठभूमि से जोड़े रखा। रामायण को उन्होंने अपने पिता से पाया, जो उन्होंने मुझे अन्तरित कर दिया। आज रामायण का जो स्वरूप है, उसमें उनका बड़ा योगदान है। मैं कहता था कि यह अगले दो सौ वर्षों की रामायण है, वे मौनभाव से इसकी ताईद करते थे।

इसके पूर्व महाभारत पर आधारित मेरा खण्डकाव्य 'आशंका के द्वीप' जब छपकर आया तो उन्होंने कई किश्तों में मेरी लम्बी क्लास ली। लिखना एक बात है। आप उसके स्वामी हैं। मगर लिखकर उनसे बच पाना सम्भव नहीं। मेरी क़लम इसी एक तथ्य के कारण सैकड़ों बार फिसलने से बची। मैं उनका शुक्रिया अदा करके ऐसे आदमी की तौहीन नहीं कर सकता।

हम सब जैसे एक पिता की छतरी के नीचे सक्रिय थे। उनके देहान्त की ख़बर सुनकर उपमा ऐसी चीख़ी जैसे ओलों की बारिश में किसी के सिर से ओढ़नी खींच ली जाये। ठीक यही मैंने महसूस किया। हमारा प्रणेता, हमारा सलाहकार, हमारा मार्गदर्शक, हमारा आलोचक, हमारी सक्रियता, हमारे कर्मों का निर्देशक, हमारा पिता अब नहीं रहा।

आना-जाना एक सतत प्रक्रिया है। नियति के इस नियम में बदलाव मुमकिन नहीं। कल 10 बजे रात फ़ोन से सूचना मिली थी। मैं लखनऊ में था। रात-भर सो नहीं सका। उनके चित्र बायस्कोप की तरह नेत्रों में घूमते रहे। प्रातः 04 बजे फ़र्रूख़ाबाद को निकल पड़ा। आज उसी स्थल पर ये संस्मरण लिख रहा हूँ, जहाँ से उनका पार्थिव शरीर गंगा की क्रोड में भस्मीभूत होने ले जाया गया था। नियति की बिडम्बना देखिये। दामाद साथ नहीं जा सकते। हम तीनों लोग लुटे-पिटे जुआरियों की भाँति गंगा की ओर उन्मुख होकर प्रतीक्षा करते रहे, लेकिन किस बात की?

ऐसा नहीं कि मानवीय सुख-दुःख उन्हें विचलित न करता हो, पर सब-कुछ समभाव से, सहजता से वे सहन करते थे। न तो ख़ुशी और न ग़म के मौक़े पर किसी ने उन्हें सहजता का अतिरेक करते हुए देखा। उनके सहज कड़क स्वभाव से कई बार उनके बच्चे दुःखी हो जाते थे। उनके दृढ़ विचारों के सम्मुख हम नतमस्तक थे। एक ठेठ ख़ुद्दार उत्तर भारतीय आत्मा जिनकी उत्पत्ति अब स्थानीय प्रदूषण के कारण प्रकृति ने कम कर दी है। जी हाँ, ख़ुद्दारी और तल्ख़ी मध्य पश्चिम उ. प्र. की जान है। ख़ुद्दरी का सीधा कारण अपने पर भरोसा और तल्ख़ी विपरीत परिस्थितियों में मुठभेड़ होते रहने के कारण स्वभाव की स्थायी विशेषता। आज पता नहीं इस क्षेत्र को क्या हो गया है, जो दोआब की ज़मीन पाकर, ख़ुदद्दारी से पका होने के बावजूद भुरभुरा हो गया है, भिखमंगे के स्तर पर आ गया है।

शौक के नाम पर केवल सक्रियता, ग़ज़ब का आत्मविश्वास, वृद्धावस्था के बावजूद खुद किसी की सहायता न लेने की दृढ़ता, अपने ही नहीं अपने गाँववाले की पीड़ा के सहयात्री इस महानायक का एलबम देखते हुए यह एहसास होता है कि यदि साहित्य भी कुछ देखना चाहता है तो अपने दर्पण का नाम चन्द्रप्रकाश दीक्षित रख सकता है।

मुझे गंगा के किनारे उनका पार्थिव शरीर भस्मसात् होते अपनी कल्पना में दिख रहा है, परन्तु क्या सचमुच ऐसा है? क्या हुआ जो वे मिट्टी में मिल गये? मिट्टी तो मिट्टी में ही मिलती है। लेकिन जो प्रेरणा, जो कर्म, जो शुचिता, जो सहजता, जो शब्द वे हमें दे गये, क्या वे भी मर गये, न—कुछ हो गये। वे तो जीवित हैं और हमारे ज़रिये अपनी अगली पीढ़ी में अन्तरित हो जायेंगे। लोग कहेंगे—ये शब्द एक ख़ुद्दार, सहज अभिमानी शख़्स के हैं, जिसने कभी हार नहीं मानी, जिसने कभी जीत को जश्न-जैसा नहीं लिया। जो दृढ़ता से आम आदमी का बाजू थामे रहा। क्या यह वही कुछ तो नहीं, जिसका उद्घोष सहस्रों वर्ष से महान् भारतीय करते रहे।

वे कहीं से नहीं आये, वे कहीं नहीं गये। वे यहीं हैं, यहीं तब तक बने रहेंगे, जब तक एक भी आम आदमी पीड़ित रहेगा। आख़िरी हिन्दुस्तानी की आँखें पोंछने तक वे यहीं रहेंगे और यदि सब लोग खुशहाल हो भी जायें तो भी वे यहीं रहेंगे क्योंकि भूमि की प्रकृति स्थायित्व की होती है। हमने महज़ 1935 से 2009 तक उनसे जीवन्त होकर बात की है।

बेशक वे किसी अपरलोक में जा बसे। वे वहाँ भी पीड़ित मानव पर करुणा की बारिश कर देंगे। अँधेरे में जूझते लोगों को प्रकाश की ओर खींचने का उद्योग करेंगे। वे सारे संसार की सहायता करेंगे, लेकिन स्वयं अपने लिये कभी याचना नहीं कर सकते। वे मौन रहकर सन्मार्ग का जयघोष करेंगे। उन्हें न कोई प्रिय है, न अप्रिय। ऐसे सख़्त, सक्रिय, मौन प्रकाश-स्तम्भ की सारे भारत में ज़रूरत है। मैं कामना करता हूँ कि भारत भूमि के कण-कण में वे बार-बार जन्म लें और बार-बार उनकी देहगाथा हम लोग जनगण को सुनावें। आमीन!

●

उस्ताद बिस्मिल्ला खाँ

जून, 2002 के किसी रोज़ हमारी उस्ताद बिस्मिल्ला खाँ से भेंट हुई थी। पिछले साल ही उन्हें स्वर साम्राज्ञी लता मंगेशकर के साथ भारतरत्न मिला था। उस्ताद श्रमजीवी एक्सप्रेस के ए. सी. कोच में दिल्ली से वाराणसी जा रहे थे। हम भी उसी कोच में मुरादाबाद से लखनऊ के लिए चढ़े। जब हम अपनी सीट पर बैठ गये तब एक अशक्त जर्जर व्यक्ति किसी नौजवान का सहारा लेकर पड़ोस से गुज़र गया। हमारी आँखों को लानत कि वे भारतरत्न बिस्मिल्ला खाँ को पहचान नहीं सकीं। उस्ताद बाथरूम गये थे जहाँ से लौटने पर हमने उन्हें फिर देखा, पहचान नहीं सके।

उस दिन बहुत गर्मी थी। फुटबाल विश्वकप दक्षिण कोरिया में चल रहा था। हम इंग्लैण्ड-ब्राजील के बीच क्वार्टर फाइनल का मैच देखकर सीधे स्टेशन आ गये थे। पासवाली बर्थ के नौजवान मुसाफ़िर ने फुटबाल पर चर्चा छेड़ दी, तभी उस्ताद बिस्मिल्ला खाँ किसी का सहारा लिये हमारे सामने से गुज़रे थे। हमने अपने नौजवान हमसफ़र को बताया कि आज तो ब्राजील के रोनाल्डिन्हों ने तक़रीबन 20 खिलाड़ियों के पीछे पैंतीस गज़ की दूरी से ऐसा गोल दागा कि अगर मैदान खाली करा लिया जाये और दोबारा रोनाल्डिन्हों ऐसा प्रयास करे तो उसकी क़ामयाबी पर मुझे सन्देह है। वह गोल था ही ऐसा।

बहरहाल बीसेक मिनट तक फुटबाल छाया रहा। फुटबाल इतना जुनूनी खेल है कि एक ही टीम का समर्थन करनेवाले दो लोगों के बीच तत्काल प्रगाढ़ मित्रता हो जाती है। हम दोनों ब्राजील के समर्थक थे और अपने भूतपूर्व शासकों को हारते देखना चाहते थे। मेरा मित्र कुछ देर बाद बाथरूम

गया। लौटकर उसने बताया कि बनारस के उस्ताद बिस्मिल्ला खाँ इसी डिब्बे में सफ़र कर रहे हैं, जाकर उनसे मिल लो। चुनांचे हम भी उस्ताद की तरफ़ सरक लिये।

उस्ताद अपने शारीरिक तक़लीफ़ों से पीड़ित दिखे। लेकिन उससे भी ज़्यादे पीड़ित वह इस बात से दिखे कि हिन्दुस्तान में इतनी दहशत, मज़हब के नाम पर अहंकार, अपने स्वार्थ के लिए दूसरे को फाड़ खाने की इतनी ज्वलन्त अभिलाषा, आख़िर कब तक ज़ारी रहेगी। एक हमसफ़र ने कहा कि जनाब, अभी तो यह इब्तिदा है, आगे तो बहुत-कुछ बाक़ी है। उस्ताद बोले, "ख़ुदा का शुकर है कि मेरे जीवन का सफ़र कम रह गया है। अंजाम देखने को मैं ज़िन्दा नहीं रहूँगा। इस मुल्क के लोग हमेशा से ऐसे नहीं थे। मैंने बड़ा ज़माना देखा है। अंग्रेज़ों ने हर ख़ासोआम फ़िरकाबाराना मुख़ालफ़त को हवा दी है। जिसे आज हमारे रहनुमा हवा दे रहे हैं, जिनकी रोटी इसी मुख़ालफ़त पर टिकी है।

देश की वर्तमान हालात, बढ़ती आबादी, तालीम की कमी, हुक्काम का पब्लिक के ख़िलाफ़ रवैया, बदइन्तज़ामी, पब्लिक के बेवकूफ़ाना हरकतों पर एक-दूसरे से भिड़ने के रवैये से उस्ताद बहुत ख़फ़ा दिखे। बोले, मैं तो इसलिए कहता हूँ कि संगीत को अपनाओ, भूल जाओगे कि हिन्दू हो या मुसलमान। मेरी शहनाई के लिए तो दोनों बराबर हैं। महाशिवरात्रि को हर साल मैं बाबा विश्वेश्वरनाथ को रिझाता हूँ तो मुहर्रम पर शहनाई ग़म का इज़हार करती है। मैं कहता हूँ कि रहनुमाओं की हरकतों पर अगर नौजवान पीढ़ी पैनी नज़र नहीं रखेगी तो देख लेना, यह मुल्क मुल्क न रहकर एक दिन मसान हो जायेगा। आख़िर जाहिलियत की भी कोई हद होती है।

ख़ैर देश की स्थिति के बाद उस्ताद से मौसीकी पर कुछ हलकी-फुलकी बातें हाने लगीं। उस्ताद होकर भी उनकी बच्चों-जैसी सरल मुस्कान जैसे मन मोह लेती थी। उन्होंने स्वर, राग के बारे में बताया कि जिसे मेरे जैसा खरदिमाग़ तनिक भी न समझ पाया। उन्होंने अपनी संगीत-साधना के बारे में भी बताया। अपनी नौजवानी के दिनों की बातें भी कीं। मुझे हर वक़्त यह अनुभूति होती रही है कि ये शब्द किसी साधारण इन्सान के नहीं, भारतरत्न के हैं। कोई भारतरत्न ही इतना सरल, सहृदय हो सकता है या कोई संगीतकार ही इतना सरल होता है। आप मुझे बताइये क्योंकि मैं तो संगीत जानता नहीं।

उस्ताद बनारस की नहीं, देश की अमूल्य धरोहर हैं। लेकिन यह धरोहर अब बीत चुकी है। वे 4-6 साल और जियेंगे। लेकिन जो वे कह रहे हैं, उसे सुनने की ज़रूरत है। जो उनका दर्द, है, उसे महसूस करना होगा। जो उनका सपना होगा, उसको फिर से देखना होगा। सुनना, महसूसना, देखना—सब पीड़ादायक है। आज आराम से कहा जा सकता है कि उस्ताद अपना ज्ञान अपने पास रखें—एक गवैये ही तो हैं वे। उन्हें देश की नब्ज़ की क्या पहचान। सारे बूढ़े ऐसे ही कहते हैं कि उनके ज़माने में यह था, वह था, घण्टा था उनके ज़माने में।

ऐसा भी सोचा जा सकता है कि उनके बारे में। देखना होगा कि उस्ताद भारत के सीनियर सिटीजन हैं, बुजुर्ग हैं। जाहिर है कि अपने बाल धूप में सफ़ेद तो नहीं किये। ट्रेन में उस्ताद नहीं, उनका तजुर्बा बोल रहा था। देश के वर्तमान हालात से इतने दुःखी—क्यों है उस्ताद, ज़रा सोचिये। मैं तो समझ नहीं पाया। हो सकता है कि आप उनके दर्द की थाह पा जायें।

●

दस द्वार

यौगिक क्रियाओं में दस द्वारों का बड़ा महत्त्व है। स्व. बच्चन के आत्मकथात्मक उपन्यासों में से एक का नाम 'दस द्वार से सोपान' तक है। मगर यहाँ इनका ज़िक्र हम इन वजूहात से नहीं कर रहे हैं। यहाँ इंगित दस द्वार दस न होकर एक ही द्वार है। यह गुरु का द्वार है, जो घर में, जीवन में प्रवेश का रास्ता सुलभ कराता है। सिख गुरुओं के बारे में हम यूँ भी बहुत कम जानते हैं। कोई व्यक्ति सम्पूर्ण नहीं होता। उसे सम्पूर्णता की ओर गुरु ही ले जाता है। सभी दस गुरु उच्च नैतिक चरित्र रखनेवाले शूरवीर, प्रतिभासम्पन्न और अध्यात्म के शिखर पुरुष थे जो धर्म की रक्षा, सेवा के अधिकार, समाज की असमानता और उसके खोखले अन्धविश्वासों से लड़ते रहे और कितने ही शहीद हो गये। इन्होंने एक नया विश्वास, नयी दृष्टि, नया समाज, नयी संस्कृति विकसित करने में जान की बाजी लगा दी।

प्रायः बचपन से ही उत्सुकता थी। नानक, तेगबहादुर गोविन्द सिंह, बन्दा बहादुर, रंजीत सिंह के नाम सुने। गुलेरी जी की कहानी 'उसने कहा था', जो हिन्दी की आरम्भिक कहानियों में से एक है, में पंजाबी रहन-सहन, उनका फ़ौलादी जज़्बा, उनके संघर्ष, बलिदान और मुहब्बत की दास्ताँ पढ़ी। वैसे भी पंजाब मुहब्बत और मज़बूती के लिए जाना जाता है। गुरु नानक के जन्म के पूर्व उनकी माता तृप्ता द्वारा देखे गये सपनों को आधार बनाकर अमृता प्रीतम की एक प्रसिद्ध कविता पढ़ी—नौ सुपने। अन्ततः जपु जी साहिब पर ओशो की पुस्तक—इक ओंकार सतिनाम, ख़ुशवन्त सिंह की चन्द पुस्तकें पढ़कर लगा कि वाक़ई हम सिख गुरुओं के बारे में कुछ भी नहीं जानते।

सिख परम्परा में कुछ शब्दों को शायद समझने की ज़रूरत है, गुरु का अर्थ अध्यापक से है। 'सिख' का तात्पर्य 'शिष्य' है। शिष्य यानी चेला। गुरु

का चेला। 'सत' का मतलब 'सत्य'। 'अकाल' से तात्पर्य अकाल पुरुष या निरंकार यानी ईश्वर से है। प्रकाश समय का अर्थ जन्म से है, ज्योति-ज्योत यानी मृत्यु। ओंकार ओम है तो निशान साहिब गुरुद्वारे के ऊपर लकड़ी या लोहे की छड़ के सहारे ठहरा त्रिशूल जैसा निशान है। पातिशाह यानी आध्यात्मिक बादशाह। पीर यानी आराध्य, मीर यानी मालिक। वाहे गुरु का सम्बोधन ईश्वर के लिए है। खालसा यानी खालिश/शुद्ध। प्रकाश-उत्सव जन्मदिवस के लिए प्रयुक्त किया जाता है। कार सेवा धार्मिक कार्य के लिए की गयी सेवा है। तनखैया धर्म से बहिष्कृत लोगों की संज्ञा है। ग्रन्थी गुरुग्रन्थ साहिब के वाचक को कहते हैं।

ग़ज़ब की शख़्सियत थे गुरुनानक। सन् 1469 से 1539 के बीच रहे गुरु नानक पिता कालू राय मेहता और माता तृप्ता के घर तलबण्डी (लाहौर से 30 मील दूर—अब पाकिस्तान में ननकाना साहिब के नाम से प्रसिद्ध) में जन्मे। बड़ी बहन का नाम नानकी था। उसी से उन्हें नानक नाम मिला। उन्होंने शुरू से ही सूफ़ियाना अन्दाज़ पाया था। उनके पास सत्य (सत् या सति) के अतिरिक्त कोई ईश्वर नहीं। सेवा के अतिरिक्त कोई धर्म नहीं था। न कोई हिन्दू, न कोई मुस्लिम। सब एक मालिक की औलाद हैं। जाति-पाँति, छुआछूत, पाखण्ड-चमत्कार, स्नान-कर्मकाण्ड, अन्धविश्वास सभी को पीछे छोड़कर वे न केवल सारे भारत में घूमे बल्कि कहते हैं कि अफ़गानिस्तान, ईरान, इराक़, सऊदी अरब तक गये। कबीर और फ़रीद दोनों सन्तों से वे प्रभावित थे।

भाई बाला निम्न जाति के हिन्दू और भाई मरदाना मुस्लिम थे, जो शुरू से ही नानक के साथ थे और नानक-वाणी को मधुर स्वर में सुनाया करते थे। नानक का समय एक-ईश्वर के अनुकूल था। हिन्दुओं में भक्ति आन्दोलन का प्रवाह तो मुस्लिमों में सूफ़ियों की प्रतिष्ठा। कहते हैं कि सऊदी अरब में एक बार काबे की ओर पाँव करके लेटने पर जब एतराज किया गया तो वे बोले कि मेरे पाँव उधर कर दो, जिधर ख़ुदा न हो। आपत्तिकर्त्ता निरुत्तर हो गये। यह भी कहा जाता है कि ख़लीफ़ा ने उन्हें एक चोग़ा दिया था जिस पर कुरान की आयतें लिखी थीं तथा जो आज भी डेरा बाबा नानक के गुरुद्वारे में रखा है। वे बाबर के समकालीन थे।

दो सौ वर्षों तक चली इस गुरु परम्परा में वे पहले गुरु थे जिन्होंने अपने एक शिष्य गुरु अंगद (पूर्व नाम लहणा) को मृत्यु के पूर्व गुरु गद्दी सौंप दी

और अपने दो पुत्रों श्रीचन्द्र और लक्ष्मीदास को निराश कर दिया जो स्वयं गद्दी पर बैठना चाहते थे। बाद में बाबा श्रीचन्द्र जी महाराज ने उदासीन सम्प्रदाय चलाया और लक्ष्मीदास से बेदी गोत्र की शुरुआत हुई। नानक पर हिन्दू-मुस्लिम दोनों की श्रद्धा थी—

गुरु नानक शाह फ़कीर,
हिन्दू का गुरु मुसलिम का पीर,

गुरु अंगद 1504 से 1552 तक पृथ्वी पर रहे। उन्होंने शुद्ध गुरुमुखी लिपि आरम्भ की, नानक-वाणी को संगृहीत करवाया। नानक का जीवन-चरित लिखवाया, नानक की शिक्षाओं के प्रचार हेतु मंजी का शुभारम्भ कराया, अखाड़े बनवाये तथा मानव-सेवा को अपने धर्म में सर्वोच्च रखा। अंगद सती-प्रथा के विरुद्ध थे तथा नानक की भाँति ही अपने पुत्रों को गुरुगद्दी न देकर अपने समधी (बेटी के चचिया ससुर) को तिहत्तर साल की उम्र में गुरुगद्दी सौंपकर अकाल चलाना कर गये।

अमरदास का जीवन 1479 से 1574 तक रहा। लंगर-प्रथा तो नानक से चली आ रही थी, इन्होंने नये बसे गोयन्दवाल क़स्बे में लंगर के 4 नियम निर्धारित किये। गोयन्दवाल में वाऊली साहिब (बावड़ी नहाने का स्थान) स्थापित की। ये अकबर के समकालीन एवं बेहद धैर्यवान् व्यक्ति थे। मृत्यु के दिन ही इन्होंने गुरुगद्दी अपने दामाद एवं योग्य शिष्य रामदास (पूर्व नाम जेठा) को सौंप दी। पहली बार गुरुगद्दी घर में आयी। यहाँ से सोढ़ी वंश का आरम्भ होता है।

चौथे गुरु रामदास (1534-1581) ने अमृतसर बसाया। पहले इसका नाम 'गुरु का चक्क' था, बाद में रामदासपुरा और अन्त में अमृतसर पड़ा। बारिश न होने से दुःखी लोगों के लिए यहीं रामसरोवर बनवाया। रामदास ने हरमन्दिर साहिब का सपना देखा जिसे उनके तीसरे पुत्र अर्जुनदेव ने पूरा किया। इस निर्माण में हजारों लोगों ने कार सेवा की। इन्हीं अर्जुनदेव को वे गुरुगद्दी सौंपकर अमरज्योति में समा गये। अर्जुनदेव के दो बड़े भाई पृथ्वीचन्द और महादेव थे। इनमें पृथ्वीचन्द का बहुत महत्त्व है क्योंकि गुरुगद्दी न मिलने के कारण उन्होंने कितने ही षड्यन्त्र रचे और गुरुओं के लिए मुसीबतें खड़ी कीं।

वे 1563 से 1606 के बीच रहे। अर्जुनदेव पाँचवें और पहले गुरु हैं जिन्होंने अपनी शहादत दी। इन्होंने हरमन्दिर साहिब की नींव की ईंट लाहौर

के सूफ़ी सन्त साईं मियाँ मीर के हाथ से रखवायी। भारत के सन्तों की वाणियों को एकत्र कराकर 'पोथी साहिब' का निर्माण करवाया। इसे ही बाद में गुरु ग्रन्थ साहिब नाम दिया गया। बाबा बुड्ढा जी इसके पहले ग्रन्थी बने। सिख समुदाय को एक में पिरोने का उपाय किया। बड़े भाई पृथ्वीचन्द के सौजन्य तथा शरणागत बाग़ी ख़ुसरो की मदद के चलते बादशाह जहाँगीर ने उन्हें लाहौर बुलवाया। लाहौर जाने के पहले अर्जुनदेव ने सिखों की पगड़ी बाँधने, तलवार धारण करने, धर्म की आन के लिए संगठित रहने तथा संघर्ष करने का आवाहन किया तथा अपने ग्यारह वर्ष के पुत्र हरगोविन्द को गुरुगद्दी सौंप दी क्योंकि उन्हें मालूम था कि अब वापस लौटना मुमकिन नहीं। मरने के पहले इस्लाम कबूलने को लेकर यातनाएँ दी गयीं और निर्दयतापूर्वक तपती लोहे की चादर पर बैठाकर उन्हें शहीद कर दिया गया। वे अविचल सहते रहे, उफ़ तक नहीं की।

बाबा बुड्ढा जी की कृपा से 1595 में जन्मे हरगोविन्द 1664 तक जिये। लेकिन जब तक जिये, शान से जिये। गुरुगद्दी पर बैठते वक़्त एक परम्परा से हटकर उनके एक के बजाय दो तलवारें बाँधी गयीं। एक पीरी की, एक मीरी की। पीरी-मीरी का यह मालिक अपने ताऊ पृथ्वीचन्द की करतूतों से तंग रहा। सिख सेना का निर्माण इन्हें करना था, इसलिए कुछ समय जहाँगीर से मेल बनाये रखना वक़्त की माँग थी। पृथ्वीचन्द के दोस्त दीवान चन्द शाह के भड़काने पर जहाँगीर ने इन्हें दिल्ली बुलवाया। फिर सन्तुष्ट न होकर ग्वालियर जेल में बन्द कर दिया। साईं मियाँ मीर ने लाहौर से दिल्ली आकर जहाँगीर को समझाया तो उसने इन्हें रिहा किया मगर इन्होंने शर्त रखी कि ख़ुसरो की बग़ावत में सम्मिलित लोगों को भी रिहा किया जाय। वे भी रिहा हुए, तब इनका नाम बन्दी छोड़ पीर पड़ गया। वर्षों तक जहाँगीर ने हरगोविन्द को अपनी आँख के सामने रखा, गुरु धीरज से काम लेते रहे। लोगों को शान्ति और संगठित रहने का आदेश देते रहे। इस बीच जहाँगीर मर गया तथा शाहजहाँ गद्दी पर आया। उसने हरगोविन्द का सम्मान किया मगर कुछ ग़लतफ़हमियों के चलते वे दोनों आमने-सामने आ गये। छोटी-बड़ी कई लड़ाइयाँ हुईं और गुरु सेना विजयी रही। वस्तुतः सिख सेना अब पहाड़ी क्षेत्रों में मारक सेना बन गयी थी। अन्तिम समय सिख संगत के सम्मुख अपनी पहली बीवी के बड़े पुत्र गुरदित्ता के बेटे हरिराय को

गुरुगद्दी सौंप दी। स्मरण रहे कि दूसरी बीवी से दो पुत्र थे, जिसमें से एक तेगबहादुर थे जो नौवें गुरु बने। तीसरी बीवी से भी उन्हें एक पुत्र मिला था।

1630 को जन्मे हरिराय को 14 साल की उम्र में गुरुयाई मिली और 31 साल की उम्र में वे 1661 को रुख़सत हो गये। उनके समय औरंगजेब गद्दी पर बैठा तो उसने शाहजहाँ को पाँच युद्धों में हरानेवाले गुरु हरगोविन्द के पौत्र हरिराय को दिल्ली बुला भेजा। हरिराय स्वयं तो नहीं गये, अपने पुत्र रामराय को दिल्ली भेज दिया। कहते हैं गुरु ग्रन्थ साहिब के एक दोहे पर औरंगजेब ने रामराय से स्पष्टीकरण माँगा—

मिट्टी मुसलमान की पेड़े पई घुमिआर

रामराय ने बादशाह को नाराज़ न करने की ग़रज़ से कहा कि सही दोहा इस प्रकार है—

मिट्टी बेईमान की पेड़े पई घुमिआर

रामदास ने बादशाह को समझाया कि इसमें बेईमान की जगह ग़लती से मुसलमान हो गया है। रामराय ने बादशाह के सामने सच न बोलकर जो ग़लती की, हरिराय ने सज़ा के तौर पर उसे अपने निकट आने से मना कर दिया और अपने पाँच वर्ष के बेटे हरिकृष्ण को गुरुगद्दी सौंप दी।

आठवें गुरु हरिकृष्ण केवल 08 साल ही जिये। इससे ऐसा न समझना चाहिए कि उनमें दैवीय शक्तियाँ नहीं थीं। फिर भी सिखों की बढ़ती शक्ति से भयभीत औरंगजेब ने उन्हें दिल्ली बुलाया। हरिकृष्ण का प्रण था कि बादशाह से नहीं मिलेंगे। इसी कारण दिल्ली पहुँचकर भी उनका बादशाह से मिलना टलता रहा। बादशाह पहुँचे, इसके पहले हरिकृष्ण 1664 में अमर ज्योति में विलीन हो गये। मरने के पहले उत्तराधिकारी के रूप में उनके मुँह से मात्र दो शब्द—बाबा बकाले—निकला।

हरिकृष्ण के मुख से बाबा बकाले निकलते ही सोढ़ी वंश के कितने ही लोगों ने अपने को गुरु घोषित करते हुए अपना अड्डा बकाले में जमा लिया। लेकिन व्यापारी मक्खन शाह जो व्यापार करके गुरु-दर्शन को बकाले पहुँचा, उसने वास्तविक गुरु को पहचान लिया। ये गुरु तेगबहादुर थे, जो छठे गुरु हरगोविन्द की छठी सन्तान थे। ये अपनी नाम-साधना में लगे रहते थे। इसीलिए हरगोविन्द ने गुरुगद्दी अपने पौत्र हरिराय को सौंपी थी।

स्वार्थ की इन्तिहा देखिये कि गुरुगद्दी पर विधिवत् आसीन होने के बाद तेगबहादुर जब अमृतसर आये तो हरिमन्दिर के पुजारी ने मन्दिर का द्वार ही बन्द करा दिया। उन्होंने प्रतिवाद किये बिना बाहर एक बेरी के पेड़ के नीचे विश्राम किया, जहाँ आज गुरुद्वारा थड़ा साहिब बना है।

गुरु तेगबहादुर सिख गुरुओं में दूसरे शहीद थे। उन्होंने वर्षों तीर्थाटन किया। प्रयाग, पटना, ढाका, बंगाल, असम, शिलांग। कहाँ-कहाँ नहीं घूमे। उन दिनों बलात् धर्म परिवर्तन को लेकर औरंगजेब ने सारे देश में अत्याचारों की धूम मचा दी थी। मन्दिरों का ध्वंस, हिन्दू औरतों से सामूहिक बलात्कार। पंजाब और कश्मीर सरहद पर होने के सबब सर्वाधिक पीड़ित थे। यह भी प्रचार किया जा रहा था कि गुरु ने भयभीत होकर खुद को देश निकाला दे दिया है। भला गुरु अब कैसे बाहर रहते। वे पंजाब लौटे ही थे कि कश्मीरी पण्डितों ने उनसे अरदास की। गुरु को लगा कि वक़्त किसी महान् व्यक्ति की कुर्बानी माँग रहा है। वे अपने पुत्र गोविन्दराय को उत्तराधिकारी घोषित कर दिल्ली पहुँचे। भयानक यन्त्रणा के बीच तेगबहादुर और उनके कुछ शिष्यों को चाँदनी चौक में 11 नवम्बर, 1675 ई. को औरंगजेब ने क़त्ल करवा दिया।

कहते हैं कि गुरु की शहादत के वक़्त दिल्ली में काली आँधी आयी थी। जिसका फ़ायदा उठाकर भाई जैता गुरु का सिर अपनी चादर में लपेटकर भाग निकला और आनन्दपुर साहिब में गुरुपत्नी को सौंप दिया । उसी दिन गोविन्दराय गुरुगद्दी पर अभिषिक्त हुए। इस स्थान पर दिल्ली में गुरुद्वारा शीशगंज बना हुआ है। गुरु का धड़ लक्खीशाह अपनी भूसे की गाड़ी में लेकर अपनी झोंपड़ी पर पहुँचा और भूसा, झोंपड़ी सबको आग लगा दी। यहीं गुरुद्वारा रकाबगंज बना है। गुरु के सिर का अन्तिम संस्कार जहाँ हुआ, वहाँ गुरुद्वारा आनन्दपुर साहिब बनाया गया है। सारे भारत और विशेषकर पंजाब में औरंगजेब के प्रति लोगों में नफ़रत की आग फैल गयी। उनकी शहादता पर कहा गया–

ठीकरि फोरि दिलीस सिरि, प्रभु पर कीया पयान
तेग बहादुर सी क्रिया करी न किनहू आन।
तेग बहादुर के चलत, भयो जगत को सोक
है है है सब जग भयो जै जै जै सुरलोक।

गोविन्दसिंह का जन्म गूजरी देवी के गर्भ से 22 दिसम्बर, 1666 में पटना (बिहार) में हुआ। औरंगजेब के अत्याचारों से पीड़ित जनता को देखकर दुःखी पिता की आकृति उन्हें भूल न सकी। उन्होंने सिख सेना के गठन की ज़रूरत समझ ली। उन्होंने संस्कृत, फ़ारसी, पुरानी हिन्दी का अध्ययन किया। साहित्य उनके हृदय का एक अंश था। कितनी ही किताबें उन्होंने लिखीं। सिख समुदाय को ख़ालसा (ख़ालिस यानी शुद्ध) का नाम उन्होंने 1699 की बैशाखी के दिन आनन्दपुर साहिब में दिया, जहाँ उन्होंने पंच प्यारों से सिर माँगे थे। पाँच करार—कड़ा, कृपाण, कंघी, केश, कच्छा—धारण करने का निर्देश दिया। नाम के आगे सिंह लगाने का निर्देश देते ही गोविन्दराय गोविन्दसिंह बन गये। कितने ही क़िले बनवाये, कितने ही युद्ध किये, कितने ही नारे बने—

बोले सो निहाल
सत श्री अकाल,
वाहे गुरु जी दा ख़ालसा,
वाहे गुरु जी दी फतेह।

उनके दो बेटे युद्ध में वीरगति को प्राप्त हुए तथा दो बेटों ने देश और धर्म के नाम पर दीवार में अपने को ज़िन्दा ही चिनवाकर अपनी शहादत दी। इनके बारे में उक्तियाँ मशहूर हैं (दूसरा दोहा सन्त कबीर का है) :

सवा लाख से एक लड़ाऊँ,
चिड़ियन ते मैं बाज तुड़ाऊँ
तब गोविन्द सिंह नाम कहाऊँ।

सूरा सो पहचानिये, जो लड़े दीन के हेत,
पुरजा पुरजा कटि मरै, कबहु ना छाड़ौ खेत।

गोविन्दसिंह जब दक्षिण में थे, तब उन्होंने माधोदास नाम के एक वैरागी को पंजाब भेजा। हम उसे बन्दासिंह बहादुर या बन्दाबहादुर के नाम से जानते हैं। उसने ख़ालसाओं की विकट सेना गठित कर पंजाब में सरहिन्द के सूबेदार को मार डाला। लाहौर के सूबेदार को मार डाला। गुरु के सारे क़िले मुग़लों से छीन लिया। वह ग़ज़ब का निर्भीक और फ़क्कड़ था। उसके जीवन को पढ़ना रोमांचकारी है। उधर गुरु एक पठान के ख़ंजर से घायल

अपना इलाज करवा रहे थे। आख़िर उन्हें लगा कि अकाल पुरुष उन्हें बुला रहा है। सिख संगत के सामने उन्होंने 04 अक्टूबर, 1708 को गुरु ग्रन्थ साहिब को गुरुगद्दी पर अभिषिक्त कर दिया, तीन दिन बाद ज्ञान और शक्ति का यह साकार पुंज अकाल पुरुष से मिलने निकल पड़ा। उसके पहले ही औरंगजेब इस फानी दुनिया से कूच कर चुका था।

कितनी रोमांचकारी है, यह तकरीबन दो सौ वर्ष की सतत यात्रा की परम्परा। क़ौम को उसका तेवर, उसका लड़ाकूपन, उसका पौरुष वापस दे दिया गुरुओं ने। अकाल पुरुष के सामने अपने लिये कुछ नहीं माँगा। क़ौम के लिए झोली फैलायी। अर्जुनदेव और तेगबहादुर की शहादत कौन भूल सकता है। अपने ही भाई मुग़लों से मिलकर षड्यन्त्र करते रहे, मगर गुरुओं ने कुमार्ग पर पैर नहीं रखा, धीरज को कभी नहीं छोड़ा, मानव-सेवा को सबसे ऊपर रखा, सन्मार्ग पर चलने को प्रेरित किया। इसीलिए तो छोटा आदमी भी गुरुदर्शन कर बड़ा बन जाता था, निहाल हो जाता है, निर्भय हो जाता था, सत्कार्य का संकल्प ले लेता था। ऐसे थे ये गुरु!

●

'बा' से 'कस्तूरबा'

गाँधी उन्हें 'बा' कहते थे। वे अत्यन्त साधारण महिला थीं। बहुत अधिक पढ़ी-लिखी भी नहीं थीं। लेकिन कस्तूरबा के रूप में वे एक असाधारण महिला थीं। 'बा' से 'कस्तूरबा' का उनका सफ़र बहुत जटिल, तकलीफ़देह और लम्बा रहा है। वे एक साधारण महिला से देश के नेता की सहधर्मिणी कैसे बन सकीं, यह एक रोचक कहानी हो सकती है।

अपनी आरम्भिक युवावस्था में गाँधी जी को उनसे बहुत यौन आसक्ति थी। यह स्वाभाविक था। विवाह के प्रारम्भिक दिनों में सभी स्त्री-पुरुषों को एक-दूसरे के प्रति गम्भीर यौनाकर्षण रहता है। जैसे-जैसे गाँधी का जीवन आगे बढ़ता गया, यह आसक्ति कुछ कम होती गयी। यह भी स्वाभाविक है। धीरे-धीरे गाँधी जी ने अपने सत्य के प्रति प्रयोग प्रारम्भ किये, तब उनका पत्नी स्वरूप बदलने लगा। अभी हाल में ही गाँधी जी के सत्य के प्रति प्रयोग को लेकर एक विवादित रचना प्रकाशित हुई है, जिसमें कहा गया है कि ये प्रयोग 'बा' की मृत्यु के बाद भी चलते रहे।

यहाँ मैं 'बा' के जीवन की कुछ घटनाओं का उल्लेख करूँगा। एक घटना दक्षिण अफ्रीका की है। यहाँ गाँधी जी ने एक आश्रम स्थापित किया था। इसका नाम फ़ीनिक्स आश्रम था। दक्षिण अफ्रीका में अपना काम कर लेने के बाद जब गाँधी जी भारत चलने लगे तो स्थानीय भारतीयों ने उनके सम्मान में एक सभा की। सभा में ज़ाहिर है कि भाषण हुए, माला पहनायी गयी तथा उपहार दिये गये। उपहार में कुछ सोने, चाँदी के ज़ेवर भी 'बा' को भेंट किये गये।

सारी समस्या इन ज़ेवरों को लेकर थी। गाँधी जी का कहना था ये ज़ेवर हमारी व्यक्तिगत सम्पत्ति नहीं है, समाज-सेवा के बदले में हमें सम्मान-स्वरूप भेंट दी गयी है, अतः उचित होगा कि उच्च नैतिक मर्यादा के तहत ये गहने फीनिक्स आश्रम को दान कर दिये जायें। गाँधी जी की सोच निस्सन्देह

नैतिकता की पराकाष्ठा थी। 'बा' का कहना था कि समाज-सेवा में तुमने जो समय, धन और श्रम लगाया है, यह उसका प्रतिदान है, और इसलिए ये गहने हमारी व्यक्तिगत सम्पत्ति हैं। मैं तो जीवन भर गहना ठीक से नहीं पहन सकी, इन्हें अपनी बहुओं को दे दूँगी। 'बा' की बात भी उचित थी।

पति-पत्नी में बहुत तर्क-वितर्क हुआ। 'बा' रोयी-धोयीं भी, किन्तु गाँधी जी अपने तर्क पर अडिग थे। गाँधी जी जानते थे कि भारतीय महिलाओं को गहनों से असीम प्रेम होता है। 'बा' को मनाना आसान नहीं था। आख़िर उन्होंने अपने बच्चों को पटाया। पहले अपने तर्क से उन्होंने अपने बच्चों को राजी किया तब बच्चों ने अपनी माँ को कहा कि इन गहनों की हमें ज़रूरत नहीं है। सार्वजनिक सेवा के ऐवज़ में दिये गये उपहार व्यक्तिगत नहीं हो सकते। 'बा' अन्ततः राज़ी हो गयीं और उन्होंने ख़ुद वे गहने अपने हाथों से फ़ीनिक्स आश्रम को दान कर दिये।

एक दूसरी घटना मुझे स्मरण आ रही है। एक सार्वजनिक सभा में गाँधी के साथ 'बा' भी थीं। सभा के बाद गाँधी जी को लोगों ने उपहार दिये, 'बा' को भी उपहार मिले। गाँधी जी ने अपने उपहारों को वहीं पर नीलाम कर दिया और रुपया एकत्र कर लिया। आख़िर वे जाति से बनिये थे और रुपया इकट्ठा करने की कला उन्हें ख़ूब आती थी। यहाँ तक कि अपने बनियेपन पर उन्हें गर्व भी था। साथ ही वे अपने को सबसे बड़ा भिखारी भी समझते थे। अपने सम्पर्क में आनेवाली हर स्त्री को वे देश की दुहाई देकर उसके गहने उतरवा लेते थे।

जैसा कि नियम था, यह सारा धन बाद में कांग्रेस के कोष में जमा करा दिया जाता था। जब सभा ख़त्म हुई तो सारे लोग आश्रम वापस आ गये। आश्रम में नियम था कि हर सदस्य को एक दिन सबके कपड़े धोने होते थे। जिस दिन गाँधी जी की बारी थी, उनके सामने कपड़ों का ढेर लगा था और वे इत्मीनान से सभी कपड़ों की जेबें चेक कर रहे थे।

कस्तूरबा पुरानी क़िस्म की महिलाओं की भाँति कमीज़नुमा ब्लाउज़ पहनती थीं जिसमें जेबें भी लगी होती थीं। आजकल ऐसे ब्लाउज़ों का चलन नहीं है। दूर देहात में कुछ बुज़ुर्ग महिलाएँ ज़रूर ऐसे ब्लाउज़ आज भी पहनती हैं। कस्तूरबा की जेब में गाँधी जी को दो या तीन रुपये मिले तो गाँधी जी ने उनसे उन रुपयों की कैफ़ियत पूछी। 'बा' बड़ी शर्मिन्दा हुईं कि ग़लती से उस सार्वजनिक सभा में दिये गये उन रुपयों को वे कांग्रेस-कोष में जमा करवाना भूल गयी थीं। गाँधी जी एक क्षण को अनमने हो गये।

'यंग इण्डिया' के अगले ही अंक में गाँधी जी का एक अग्रलेख प्रकाशित हुआ जिसका शीर्षक था—कस्तूरबा गाँधी चोर है। इस लेख को लेकर गाँधी जी की बहुत लानत-मलामत हुई। गाँधी जी का सीधा-सा तर्क था—सार्वजनिक जीवन में की गयी ऐसी ग़लती क्षमा योग्य नहीं है। यदि कस्तूरबा शर्मिन्दा हैं, तो सार्वजनिक माफ़ी माँगे। कस्तूरबा का सीधा-सा तर्क था कि उन्होंने अक्षम्य ग़लती की है, गाँधी जी ने उन्हें बस रास्ता दिखाया है। गाँधी जी के इतिहासकार कहते हैं कि पति-पत्नी का उनमें अत्यन्त विरल क़िस्म का सामञ्जस्य था। जितनी समझदारी उनमें एक-दूसरे के लिए थी, वह दुर्लभ थी। इसी समझदारी ने तो उन्हें 'कस्तूरबा' बना दिया।

एक तीसरी घटना और भी मार्मिक है जिसने कस्तूरबा को सारे भारतवासियों की माँ बना दिया। हुआ यूँ कि बिहार के एक युवा नेता रामानन्द तिवारी गाँधी जी से कुछ आवश्यक परामर्श लेने आश्रम में रुके हुए थे। जब गाँधी जी से बात हो गयी तो उन्होंने पटना जाने का कार्यक्रम तय कर लिया। तय हुआ कि रामानन्द सवेरे तड़के गाड़ी पकड़कर पटना जायेंगे। गाँधी जी बहुत सवेरे उठते थे। उस दिन उन्होंने देखा कि तिवारी स्टेशन जाने के लिए अपना सन्दूक तैयार कर रहे थे। गाँधी जी प्रातः टहलने को जाते थे। जाते-जाते उन्होंने पूछ लिया कि 'बा' ने रास्ते के लिए तुम्हें खाने का कुछ सामान रखा है या नहीं। तिवारी के चेहरे पर एक हिचक आकर रुक गयी। वे बोले, बापू, रास्ते में खाने की कोई दिक़्क़त नहीं है।

गाँधी जी समझ गये कि रामानन्द के साथ रास्ते में खाने के लिए कुछ भी नहीं है। वे पास आये और बोले, इस तरह तुम्हारा जाना नहीं होगा, मेरे साथ आओ। आश्रम की रसोई खोली गयी। तिवारी ने पूड़ियाँ बेलीं, गाँधी जी सेंक रहे थे। कदाचित् पूड़ियों की खुशबू से या किसी अन्य वजह से कस्तूरबा की नींद खुल गयी। वे रसोई की ओर गयीं तो देखा कि गाँधी जी पूड़ियाँ सेंक रहे थे। कस्तूरबा की आँखों में आँसू आ गये। पूड़ियाँ लगभग सिंक चुकी थीं। गाँधी जी ने चटपट पूड़ियों के साथ अचार रखकर उन्हें एक काग़ज़ में लपेटकर तिवारी को दे दिया।

कस्तूरबा को गाँधी जी ने सिर्फ़ इतना कहा कि अगर तुम्हारा बेटा इतने सवेरे यात्रा पर जा रहा होता तो क्या तुम उसे रास्ते के लिए खाना न देती। हम देश की आज़ादी की लड़ाई लड़ रहे हैं। यहाँ देश का जो भी आदमी आता है, हमारा बेटा है, रामानन्द भी हमारा बेटा है। पति-पत्नी का एक ही मतलब है। तुम सो रही थी इसलिए मैंने तुम्हें जगाना मुनासिब नहीं

समझा, ख़ुद ही उसके लिए खाने का बन्दोबस्त कर दिया। इस घटना के बाद आश्रम से जानेवाले या आनेवाले सारे कार्यकर्त्ताओं को भोजन की व्यवस्था करना 'बा' कभी नहीं भूलीं।

'बा' अब कस्तूरबा बन चुकी थीं। एक बार एक प्रदर्शन के पहले ही रात में बापू को पुलिस ने गिरफ़्तार कर लिया। सवेरे प्रदर्शन तो तय था। भीड़ जुटने लगी। गाँधी जी की गिरफ़्तारी पर कार्यकर्त्ता उत्तेजित थे। प्रश्न यह था कि गाँधी जी की अनुपस्थिति में प्रदर्शन का नेतृत्व कौन करे। 'बा' का स्वास्थ्य ठीक नहीं था। उसके कुछ दिन बाद ही 'बा' का देहान्त हो गया था। लेकिन 'बा' ने कड़ककर कहा—मैं सबके आगे चलूँगी। लोगों ने ख़राब स्वास्थ्य की दुहाई देकर प्रदर्शन में चलने से विरत करना चाहा, मगर 'बा' नहीं मानीं। बोलीं—गाँधी को गिरफ़्तार करने से प्रदर्शन नहीं रुक सकता, यह अंग्रेज़ सरकार समझ ले। मैं चलूँगी। और आख़िर उन्होंने प्रदर्शन का नेतृत्व किया।

गाँधी के जीवनीकार लुई फिशर ने अपनी किताब में एक जगह लिखा है कि गाँधी अगर डरते थे, तो मात्र कस्तूरबा से। जब वे उपवास कर अपनी सेहत ख़राब कर लेते थे, तब कस्तूरबा के आगमन पर उनसे निगाह नहीं मिला पाते थे। उनकी ख़ुशामद करने के लिए छोटे बच्चों-जैसी हलकी-फुलकी बातें किया करते थे। वास्तव में 'बा' जब पत्नी रूप में होती थीं, तब गाँधी का चुम्बकीय आकर्षण उन पर प्रभाव नहीं डालता था। वे तत्काल स्थितियों को अपने नियन्त्रण में कर लेती थीं और गाँधी सहित सारे लोगों के पास उनके निर्देशों पर अमल करने के अलावा कोई चारा नहीं होता था।

मुझे स्मरण नहीं आ रहा है, ऐसा लगता है कि 'बा' सम्भवत सन् 1941 के इर्द-गिर्द दिवंगत हुई होंगी। उनके मरने के 60-70 वर्ष बाद का भारत देखिये। क्या उनके स्तर की कोई महिला या पुरुष दिखता है यहाँ? गाँधी जी जैसा व्यक्तित्व तो सहस्राब्दियों में कभी होता है, ठीक वैसे ही भारत में 'बा' को ढूँढ़ना मुश्किल है। ऐसा नहीं कि वर्तमान युग में 'बा' और गाँधी जी एक अरब की आबादी में नहीं होंगे। वे हैं तो सही मगर हाशिये पर हैं और गाँधी जी कभी हाशिये पर नहीं रहते, वे संघर्ष के बीच रहते हैं। यह एक विरोधाभास है जिसका हल मैं नहीं निकाल सका।

●

टिलियावाले

नाम रामचन्दर वल्द नामालूम क़ौम कुर्मी साकिन रोशनाबाद ज़िला फ़र्रूख़ाबाद, यही टिलियावालों का परिचय है। उनकी बैठक कुछ ऊँचाई पर टीले पर बनी थी, सम्भवतः जिसके कारण उन्हें टिलियावाले (टीले से टिलिया बन गया) कहा जाता था। दरम्याना क़द, इकहरा जिस्म, अनाकर्षक शक्ल-सूरत, खिचड़ी बाल सफ़ेदी की ओर बढ़ते, साधारण कमीज़-धोती, पैरों में चप्पल या जूता। छह लड़के थे। खाना खाने भर को दो बार घर जाते थे अन्यथा अपनी बैठक में ही बैठते थे या खेत पर काम करते थे।

मुझे मालूम नहीं कि टिलियावाले कितने पढ़े-लिखे थे। पढ़े भी होंगे तो ज़्यादे नहीं पढ़े होंगे। वे बात कुछ कम करते थे, बस ज़रूरत भर की बात। केवल दूसरों की बात सुनते थे। जैसा कि गाँव में होता है, पढ़े कम थे गुने ज़्यादे थे। फ़सल में सही समय पानी लगना, सही वक़्त पर आदमी की मदद करना, राइट टाइम रिश्तेदारियाँ करना सब-कुछ उनमें था। लेकिन सबसे पहले अपना काम खेती-बाड़ी, जहाँ से दो जून की रोटी मिलती है।

देहात के सीधे सरल मेहनतकश खेतिहर थे, टिलियावाले, जिनका काम ही पूजा थी। उन्हें व्रत, पूजा, मन्दिर, मेला, दशहरा करते मैंने कम ही सुना। युवावस्था तक तो ख़ुद ही हल-बैल चलाते थे। उम्र ढलने पर उनके लड़के बड़े होकर यह काम करने लगे। सादा खाना, सादा पहनावा, ज़रूरत के मुताबिक़ घर-गृहस्थी और गाढ़े वक़्त पर ख़र्च के लिए घर में दो पैसे। अपनी शान के लिए कभी उन्होंने धेला ख़र्च नहीं किया, जो किया सब अल्प ज़रूरत के मुताबिक़। ज़रूरतें भी इतनी नहीं बढ़ायीं कि चादर से पैर बाहर निकल जाये।

आज हम टिलियावाले को क्यों याद कर रहे हैं। दो कारण है। रामचन्दर ने उस चीज़ को कभी हस्तगत करना नहीं चाहा जो उन्होंने अपनी मेहनत से पैदा न की हो। यह गुण उन्हें आम गाँववालों से अलग करता था।

दूसरा यह कि रामचन्दर उन विरले लोगों में से गाँव में एक थे जो किसी की मेहनत की अच्छी फ़सल को देखकर किसी लड़के को मेहनत करके इम्तिहान में या नौकरी में क़ामयाब होते देखकर या किसी परिवार के किसी सदस्य के सद्व्यवहार को सुनकर उसकी हृदय से तारीफ कर सकते थे। यह गुण भी उन्हें आम गाँववालों से अलग करता था। उन्होंने कभी किसी का हक नहीं दबाया। तारीफ़ के हकदार हो तो तारीफ़ सुनो, मज़दूरी के हकदार हो तो मज़दूरी लो। रामचन्दर दोनों स्थितियों में एक-से थे।

रामचन्दर स्वभाव से बोलते कुछ कम थे, इसलिए उनकी कही बात में बड़ा वज़न माना जाता था। खुद दर्जा दो-चार ही पढ़े होंगे मगर गुने होने के कारण उनके दिमाग़ में यह बात कूट-कूटकर भरी थी कि शिक्षा बच्चों की उन्नति में सहायक है। अपने सारे बच्चों को उन्होंने पढ़ाने की कोशिश की। दो-तीन अच्छे भी निकले। आज रामचन्दर नहीं हैं उनके पौत्र, पौत्रियाँ अपनी बेहतर स्थिति के लिए संघर्ष कर रहे हैं। मुझे उम्मीद है कि वे क़ामयाब भी होंगे क्योंकि उनका पितामह साधारण होते हुए भी एक साधारण इन्सान नहीं था। ऐसा व्यक्ति देवकोटि में होता है और अपनी सन्तति के लिए उसके दिल से निकला आशीर्वाद कभी व्यर्थ नहीं जाता।

आप अपनी ऐंठ में उन्हें राम-राम करो, न करो, वे आपके प्रति कोई धारणा नहीं बनायेंगे। आपके विरुद्ध कुछ करेंगे भी नहीं। वे आपको कई दृष्टियों से परखेंगे। वे आपके संघर्ष और आपकी क़ामयाबी का आकलन करेंगे, तब जाकर वे एक लाइन में अपनी बात कह देंगे कि फलाने का लड़िका बहुत मेहनती है या मेहनत का फल मीठा होता है। अच्छी फ़सल को देखकर कहेंगे कि फलाने ने बहुत मेहनत करी है। फ़सल तो अच्छी होयगी। बेशक आप उनके धुर विरोधी रहे। अच्छे काम पर रामचन्दर की तारीफ़ से आप बच नहीं सकते।

आज किसी को क़ामयाब होते दूसरा देखता है तो उसके पेट में मरोड़ें उठने लगती हैं, मूँड़ पिराने लगता है, ईर्ष्या उसे जैसे रेत के तपते कड़ाहे में भून-सा देती है लेकिन रामचन्दर आपकी मेहनत से सबक लेकर खुद वैसा ही करने का संकल्प करते थे। ऐसा करके रामचन्दर क़ामयाब भी हुए। उन्हें अपनी ही नहीं दूसरे की क़ामयाबी भी उतनी ही सुखद लगती थी। वे नकल उसी की करते थे जिसकी क़ामयाबी पर उन्हें तनिक भी शंका न हो। उन्होंने शिक्षित बच्चों को उन्नति करते देखा था, इसलिए अपने बच्चों को तालीम दिलवायी।

एक ज़माना रहा होगा जब इस देश में रामचन्दर जैसे लोग बहुत ज़्यादे रहे होंगे, अब बहुत कम हैं। यह भारत का ग्रामीण सत्य है कि गाँव में रोज़गार का बढ़ता अभाव, शौक करने में प्रतिस्पर्द्धा की इच्छा, परम्परागत ईर्ष्या और जुगुप्सा के भाव ने गाँव की स्वायत्त एवं सन्तुष्ट इकाई को तक़रीबन नष्ट कर दिया है। इससे बड़ा देश का दुर्भाग्य क्या हो सकता है जहाँ प्रतिस्पर्द्धा मेहनत और दूरन्देशी की नहीं, शौक और सेक्सी गालियों की होती है। गाँव में कहा भी जाता है कि यहाँ कोई आपकी कटी उँगली पर मूतेगा भी नहीं यानी बिना मतलब आदमी आपसे बात करना भी पसन्द नहीं करता। रामचन्दर की पीढ़ी चली गयी। इसी कारण तो आज हम उन्हें याद कर रहे हैं।

•

बायस्कोप

- सोनागाछी
- जुरासिक पार्क
- सिक्स्थ सेन्स
- फ़ोर ज़ीरो नाइन
- 'द्विचश्मी है' का सफ़र
- सफ़रनामा
- पत्थर बाग़
- रामकृष्णपुरम्
- बायस्कोप
- रक्तबीज
- अन्दर की बात

सोनागाछी

सोनागाछी कोलकाता के एक रेड लाइट एरिया का नाम है। ज़ाहिर है कि यहाँ तवाइफ़ें रहती होंगी। मुझे मौक़ा नहीं लगा कि मैं कभी सोनागाछी जा सकता। यदि यह मौक़ा लग भी जाता तो भी बेकार था क्योंकि मेरी मातृभाषा बँगला नहीं थी, जिस कारण मेरे द्वारा उनसे सम्पर्क का कोई अर्थ नहीं था। लेकिन इतना सुना था कि कभी सोनागाछी में तवाइफ़ों की एक पूरी संस्कृति विकसित हो चुकी थी। ये वेश्याएँ न केवल शिक्षित होती थीं बल्कि यहाँ तक कि वे बंकिम, रवीन्द्र और शरत् के साहित्य पर भी चर्चा कर सकती थीं।

मेरी बात पर भरोसा न हो, तो शरत् साहित्य पढ़िये। विष्णु प्रभाकर का लिखा हुआ 'आवारा मसीहा' पढ़िये। रंगून में अपनी नौकरी के दौरान शरत् जब कोलकाता आते थे, तब सोनागाछी में ही रुकते थे। वे तवाइफ़ों के हमदर्द, पथ-प्रदर्शक और सबसे ऊपर, उनसे घृणा के बजाय समानता के स्तर पर व्यवहार करनेवाले शख़्स थे। वे शरत् को 'दादा' कहती थीं और अपने बच्चों को कहती थीं कि वे 'दादा' की भाँति दो-चार दर्जे पढ़ लें, ताकि बड़े होकर 'दादा' की भाँति गल्प (कहानी) लिखकर अपना पेट भर सकें।

बुरी औरतों का अपने में अगाध विश्वास का ऋण शरत् चन्द्र चट्टोपाध्याय ने अपने साहित्य में पूरा-पूरा चुका दिया। वे पहले साहित्यकार थे, जिन्होंने साफ़ किया कि सतीत्व और नारीत्व दोनों पृथक् चीज़ें हैं। किसी औरत में सतीत्व समाप्त होने के बाद भी नारीत्व बना रह सकता है। चरित्र का एक बार स्खलन व्यक्तित्व को एकदम से शून्यवत् नहीं कर सकता।

कितनी ही बुरी औरतों को उन्होंने अपने साहित्य में ऊपर उठते दिखाया। बुरे व्यक्ति के अन्ततः सुधारने के सारे मार्ग जो बँगला साहित्य ने बन्द कर रखे थे, शरत् ने उनमें कई खिड़कियाँ और रौशनदान खोल दिये। उनकी उद्घोषणा है—सम्पूर्ण मनुष्यत्व सतीत्व से बड़ा होता है।

शरत् का एक उपन्यास देवदास उनके लेखन के शुरुआती दिनों का है। वे वर्तमान रूप में इसे छपवाना नहीं चाहते थे, संशोधन के पश्चात् प्रकाशित कराना चाहते थे, मगर अब क्या हो सकता था। इस उपन्यास की कहानी भारत में घर-घर में जानी जाती है। लोग पारो-देवदास-चन्द्रमुखी के त्रिकोण से भली-भाँति परिचित हैं। इस उपन्यास पर निर्माता कई फ़िल्में बना चुके हैं।

प्रथमेश बरुआ से लेकर संजय लीला भंसाली तक कई निर्देशकों ने देवदास पर फ़िल्में बनायीं। सारी फ़िल्में सफल नहीं रहीं। प्रथमेश की फ़िल्म 'देवदास' की रिलीज़ तक शरत् जीवित थे। यह फ़िल्म बंगाल में बहुत सफल रही। दिलीप कुमार अभिनीत देवदास भी सफल रही और संजय लीला भंसाली की देवदास भी सफल रही। देवदास की कहानी में एक स्थिति का विवरण इस प्रकार है कि जिसमें पारो देवी-माँ की मूर्ति की आराधना के लिए सोनागाछी की मिट्टी लाने चन्द्रमुखी के घर जाती है। चन्द्रमुखी उसे अपने आँगन से एक मुट्ठी मिट्टी देती है जिसमें पारो के यहाँ दुर्गा-माँ की मूर्ति बनती है।

बंगाल का एक ही बड़ा त्योहार होता है—दुर्गा-पूजा का। सदियों पुरानी एक परम्परा है बंगाल में कि दुर्गा माँ की मिट्टी की मूर्ति बनायी जाती है जो पूजा के पश्चात् तालाब, नदी या समुन्दर में विसर्जित कर दी जाती है। इस मिट्टी से मूर्ति तभी निर्मित होती है, जब इसमें तवाइफ़ के आँगन की मिट्टी मिला दी जाये, तभी उस मिट्टी से देवी माँ की मूर्ति का निर्माण आरम्भ किया जाता है। यदि तवाइफ़ के आँगन की मिट्टी मिलाये बिना आप किसी अन्य मिट्टी से देवी माँ की मूर्ति बनाकर खड़ी कर दें तो वह परम्परा से पूजित नहीं होगी। उसकी पूजा तभी होगी, जब मिट्टी में एक मुट्ठी 'सोनागाछी' के किसी आँगन से ली गयी हो। यहाँ मैं 'सोनागाछी' शब्द प्रतीक के रूप में इस्तेमाल कर रहा हूँ।

इस वर्ष तवाइफ़ों ने, जिन्हें बंगाल में स्थायी रूप से सेक्स वर्कर भी कहते हैं, मूर्ति के लिए अपने आँगन की मिट्टी देने से इन्कार कर दिया था,

तब इस प्रकरण की काफ़ी चर्चा भी हुई थी। ख़ैर फिर पुजारियों और शिल्पकारों के समझाने-बुझाने से उन्होंने अपने आँगन से मिट्टी दे दी। सेक्स वर्कर अपनी समस्याओं को लेकर विरोध प्रदर्शन कर रही थीं। इस मामले के हाई लाइट होने पर सारे समाज का ध्यान उनकी समस्याओं के प्रति आकृष्ट तो हुआ।

दुर्गा माँ की मूर्ति के निर्माण में प्रयुक्त मिट्टी में तवाइफ़ के आँगन से ली गयी मिट्टी मिलाने का क्या अर्थ है? शक्ति-पूजा का तवाइफ़ों से क्या सम्बन्ध है? ज़रा ग़ौर से देखिये कि वे पुरातन लोग कितने संवेदनशील प्रवृत्ति के थे, जिन्होंने ऐसी व्यवस्था की थी। वेश्या भी एक नारी है इसकी उन्होंने कितने प्रतीकात्मक तरीक़े से अभिव्यक्ति की थी। तवाइफ़ समाज का ही एक अंग है, समाज के बाहर नहीं। समाज से उनकी निकटता, उससे अपनत्व, उसकी उपयोगिता कितनी गहराई लिये हुए है कि उसका सम्मान किये बग़ैर मातृपूजा का कोई महत्त्व नहीं। यह कितनी गहरी सोच है कि कोई भी व्यक्ति वेश्या को घृणित दृष्टि से देखने की हिम्मत न कर सके। इस दृष्टि में एक ही साथ कई समस्याओं के समाधान हुए हैं। सर्वाधिक महत्त्व इस बात का है कि प्राचीन पुरुषों ने समानता एवं समरसता की पक्षधरता की है।

समाज में वेश्याओं की अनिवार्यता है, यदि कोई इस तत्त्व को झुठलाता है तो वह मूर्खों के स्वर्ग में मज़े से रह सकता है। इन वेश्याओं की वजह से समाज की कितनी पीड़ा, कुण्ठा, भूख, जलन, सोनागाछी की गलियों में बह जाती है, चित्त निर्मल हो जाता है। स्पष्ट है कि इस सेफ़्टी वाल्व का भी एक सीमित उपयोग है, तब उससे घृणा की कौन-सी वजह है। घृणा न कर सके, इस कारण उसे एक धार्मिक स्वरूप दे दिया गया है कि दुर्गा माँ की मृत्तिका मूर्ति में सोनागाछी की मिट्टी शामिल करना अनिवार्य होगा।

यह उस अनपढ़, मँजे हुए, पाँच-छह शताब्दी पुराने आदमी की क्रान्तिकारी सोच का परिपाक है जो जाति-बन्धन मानता तो था, मगर इस बन्धन के बावजूद समस्त जातियों में समानता एवं समरसता की भावना क़ायम थी। कालान्तर में यह समानता और समरसता ख़त्म हो गयी और जाति-प्रथा अपने निकृष्ट रूप में बंगाल में ही हमारे सामने आ गयी। ऐसा लगता है कि वे लोग जाति से सम्बन्धित वर्जनाओं के प्रभाव शेष को किसी

धार्मिक प्रथा से नहीं जोड़ सके। इसी कारण जाति-प्रथा, सती-प्रथा एवं अन्य कुरीतियों को अपने निकृष्ट रूप में आने से रोका नहीं जा सका।

सोनागाछी की मिट्टी ने दुर्गा माँ के शरीर में प्रवेश कर यह निर्विवाद साबित कर दिया कि महत्त्व नारीत्व या मनुष्यत्व का अधिक है, सतीत्व का उतना नहीं। शक्ति-पूजा का स्पष्ट निर्देश है कि पहले मानव बनो। यदि आप मानव नहीं हैं तो चाहे जितने बड़े धनवान् हों, चरित्रवान् हों, पहलवान हों सब-कुछ व्यर्थ है, अवसाद है। सोनागाछी की गलियों में चन्द रातें बिताकर शरत् चन्द्र ने वह कालातीत सन्देश पढ़ लिया, जिसे बंगाल के साहित्यकार सदियों से नहीं पढ़ सके, यहाँ तक कि बंकिम, रवीन्द्र भी। हो सकता है कि कालजयी साहित्यकार बंकिम, रवीन्द्र ने उसे पढ़ लिया हो, उसे काग़ज़ पर उतारने की हिम्मत नहीं कर सके हों। शरत् वास्तव में शक्ति के उपासक थे, प्रत्यक्षतः चाहे उन्होंने शक्ति-पूजा न की हो किन्तु अपने अन्तरंग में वे स्पष्ट थे कि यदि तर्क के स्तर पर आप किसी बात से सहमत हैं तो भावना के स्तर पर भी उससे सहमत होने का प्रयास करें।

शक्ति-पूजा में सोनागाछी का यही सन्देश छुपा है, जिसे आज भी पढ़ने, सुनने, मनन करने की ज़रूरत है। यह वह प्रखर सन्देश है कि अपनी बुराई को छुपाने का प्रयास मत करो। अपनी बुराई को स्वीकारने की कोशिश करो। अपनी कमियों का स्वीकरण आपको छोटा नहीं बनाता बल्कि आपको मानव के स्तर से कुछ ऊँचा ही उठाता है। कमियों को स्वीकारना, उन्हें कम करने में मदद करता है। दुनिया में किसी घर से पीली सरसों नहीं मिल सकती, जहाँ कोई मौत न हुई हो। इसलिए तो महाश्रमण गौतम बुद्ध ने अपने जीवन के अन्तिम वाक्य में कहा है—

व्यय धर्माः संस्काराः अप्रमादेन सम्पादयेथाः।

(संस्कारकृत वस्तुएँ नाशवान् हैं, आलस्य त्यागकर जीवन के लक्ष्य का सम्पादन करो।)

•

जुरासिक पार्क

स्टीफन स्पिलवर्ग की फ़िल्म जुरासिक पार्क आपने देखी होगी जिसमें दिखाया गया है कि विश्व के अब तक के सबसे विशालकाय प्राणी डायनासोर कैसे हुआ करते थे। यह बहुत पुरानी बात है, जब इस पृथ्वी पर डायनासोर हुआ करते थे। पृथ्वी पर जीवन का एक चक्र है। कभी डायनासोर होते हैं, कभी मानव, कभी दोनों साथ-साथ होते हैं। यह जीवन-चक्र चलता रहता है, जीवों का कायान्तरण होता रहता है।

एक अन्य दृष्टि से देखें तो लगता है कि डायनासोर एक जीव नहीं, एक प्रवृत्ति का नाम है। अपने असाधारण आकार, पेट की भण्डारण क्षमता, शुद्ध भौतिक संसाधनों को क़ब्ज़े में लेने हेतु संघर्ष, आदर्शविहीनता, जीवन जीने की ललक का प्रदर्शन—डायनासोर की आग उगलती आँखों, शिकार को धराशायी करने की कोशिश में भिचे जबड़ों और झपटने की चुगली करती शरीर की भाषा से होता है। आज उत्तर भारतीय औसत आदमी क्या इस डायनासोर से भिन्न दिखता है? तब क्या इस उत्तर भारत को जुरासिक पार्क नाम से सम्बोधित कर सकते हैं?

आजादी के ठीक पहले लखनऊ के झण्डेवाले पार्क में भीड़ के बीच बैठा एक आम आदमी चुपचाप किसी राष्ट्रीय नेता का भाषण सुन रहा था। वह काकोरी के देहात क्षेत्र में एक प्राइमरी स्कूल में टीचर था, जो साइकिल से झण्डेवाले पार्क तक महज़ नेता जी का भाषण सुनने आया था। नेता जी ने अपनी तक़रीर में नौजवानों, औरतों, खेतिहर मज़दूरों, कारीगरों, सरकारी नौकरों का आह्वान किया कि अंग्रेज़ सरकार के दमनकारी और शोषणकारी नीतियों के ख़िलाफ़ सड़कों पर आ जायें। लोग सरकारी नौकरी, वकालत और अन्य पेशों को छोड़कर चर्खा चलायें। नौजवान राष्ट्रवादी संस्थाओं में

काम करें, राष्ट्रवादी अख़बारों में सम्पादन करें, राष्ट्र के लिए जियें और मरें। सत्य और अहिंसा सबसे बड़ी ताक़त है। यदि हम अहिंसक होकर जेल जाने को तैयार रहें, तो दस बरस में आज़ादी हासिल हो जायेगी।

मास्टरी में उस नौजवान की तनख़्वाह छह रुपये माहवार थी जिसमें उसके घर का ख़र्च बड़े मज़े से चल जाता था। उसके घर में एक विधवा माँ, पत्नी, विवाह योग्य बहन, छह औलादें थीं। गाँधी जी के कहने पर उसने नौकरी को लात मार दी। घर में दरिद्रता का साम्राज्य आ गया। मास्टर कुशलपाल अब चरखा चलाने लगे और कांग्रेस के जलसों में शरीक होने लगे। घर पर कुछ पुश्तैनी खेत था जिससे दो जून की रोटी मिल जाती थी, मगर तीन औरतों, छह बच्चों के तन के कपड़े तार-तार होने लगे।

लाहौर में रावी नदी के किनारे लगे कांग्रेस कैम्प में मास्टर कुशलपाल ने 1929-30 के जाड़ों में देखा कि कांग्रेस सेवादल व अन्य संगठनों के ग्रामीण पृष्ठभूमिवाले बुजुर्ग कार्यकर्त्ता गाँधी जी के निर्देशों के बावजूद फुर्सत के क्षणों में ताश खेलते हैं, बीड़ी पीते हैं, गाली-गलौज कर लेते हैं और कभी-कभी नशा भी कर लेते हैं। बहुत सोच-विचार कर कुशलपाल इस नतीजे पर पहुँचा कि अन्धकार या बुराइयाँ प्रकृति का नियम हैं। प्राकृतिक रूप से मूलतः मानव एक सामाजिक पशु है और इस पशुता पर वह एक लबादा डाले रहता है। जब कोई उच्चतर मानव पृथ्वी पर होता है, वह इस अन्धकार को कम करने का प्रयास करता रहता है। तब यह क्षणिक रूप से लगता है कि हम प्रकाश की ओर बढ़ रहे हैं—तमसो मा ज्योतिर्गमय।

कोई उच्चतर मानव भी इस पशुता को पूर्णतः समाप्त नहीं कर सकता। केवल तालीम ही पशुता को मिटा सकती है। कांग्रेसी कार्यकर्त्ता कुशलपाल पर धीरे-धीरे मास्टर कुशलपाल हावी होने लगा। कांग्रेसी राष्ट्रीय शैक्षिक संस्थाओं के निर्माण की बात करते हैं, करते कुछ नहीं। आज़ादी के लिए प्रतीक्षा की जा सकती है, तालीम के लिए नहीं। जो जातिवादी, मज़हबी ज़हर समाज की नस-नस में फैला है, उसका असर आज़ादी मिलने से कुछ दिन के लिए कम हो जायेगा, मगर आज़ादी के बाद फिर रोग उभर आयेगा।

15 अगस्त, 1947 को मास्टर कुशलपाल ने अपने जीवन के 44 वर्षों के बाद अपने गाँव में आज़ादी से बिना पुलिस के डण्डे खाये तिरंगा फहराया। दोपहर बाद साइकिल से लखनऊ की ओर चल दिया। हज़रतगंज में कई

जगहों पर तिरंगा फहराया गया। यहाँ के कुछ मुसलमानों के घरों में मातम छाया हुआ था। कुछ पाकिस्तान भाग गये थे, कुछ तैयारी कर रहे थे। सालभर से सरहद से ख़ूनख़राबे की ख़बरें आ रही थीं। यह कैसी आज़ादी है जिसने एक ज़िन्दा जिस्म को दो टुकड़ो में फाड़ दिया है। मुसलमानों के घरों में ऐसा ही मातम 1965 की भारत-पाक जंग के दौरान भी देखा गया, जब वे भारत छोड़-छोड़कर भागने लगे।

1980-93 के बीच का समय मास्टर कुशलपाल के लिए आँखें खोलनेवाला साबित हुआ। पुराने तपे-तपाये सब नेता तक़रीबन मर चुके थे। मास्टर कुशलपाल सरकारी पेन्शन तो पाते थे, मगर उसे लेते बख़्त उन्हें ऐसा लगता था कि गोया वे किसी कमज़ोर बूढ़े आदमी का गला घोंट रहे हों। अरे आज़ादी के लिए 4-6 साल जेल रह लिये तो क्या हमने किसी पर एहसान कर दिया। मुल्क के लिए कुर्बानी की क़ीमत वसूल करना कितनी बड़ी शैतानी है, मगर घर में ग़रीबी के साम्राज्य को देखकर पेन्शन ले लेते थे। इस दौरान तेज़ी से बदलती भारत की प्रवृत्तियों को देखकर मास्टर कुशलपाल जैसे थरथरा गये हों। उन्हें लगा कि आज कोई गाँधी नहीं रहा, सो रावी के किनारे अन्धकार में ताश खेलते लोगों का कायान्तरण हो चुका है।

उत्तर भारत में सड़कों पर आदमी नहीं चलते अब डायनासोरों की एक जमात चल रही है। इनमें से कुछ डायनासोर बहुत बड़े हो गये। सरकारी योजनाओं का बहुत बड़ा हिस्सा उनके पेट की भण्डारण क्षमता के समक्ष नतमस्तक हो गया है। कुछ बड़े डायनासोर अन्तरराष्ट्रीय रूप में लोकप्रिय लादेन से प्रेरणा लेते हैं, कुछ लादेन की ख़िलाफ़त में हैं। कुछ दोनों डायनासोरों की पीठ पर गाहे-बगाहे हाथ फेर देते हैं या चुमकार लेते हैं। सरहद के पार से एक-दूसरे को फाड़ खाने का हुक्म देना एक हक़ीक़त है। जब ऐसा हुक्म आता है, सरहद समेत सारे भारत में धमाके होते हैं, डायनासोरों की फ़ौज सड़कों पर, छतों पर, गलियों में एक-दूसरे को फाड़ खाने को दौड़ पड़ती है। एक बड़ा डायनासोर माइक पर कुछ चीख़ रहा है। कहीं गोलियाँ चलती हैं, कहीं छुरे से आँतों की माप की जा रही है। मास्टर कुशलपाल को आज भी शंका है कि क्या तालीम इन डायनासोरों को इन्सान बना सकती थी?

1990 में मास्टर कुशलपाल के पौत्र विपिनचन्द्र पाल को, जो किसी सरकारी महकमें में इंजीनियर था, ठेकेदारों ने दिन-दहाड़े अलीगंज में मार डाला। मामले की रपट पुलिस में दर्ज की गयी। दो साल गुज़र गये, कोई हत्यारा नहीं पकड़ा गया। मास्टर ने बड़ी पैरवी की। विपिन के साथवाले इंजीनियरों से मिले। उसके दोस्तों ने बताया कि विपिन निर्माण कार्यों की गुणवत्ता से समझौता नहीं करता था। ठेकेदार ने कई बार चेताया, उसे लाइन पर आने की सलाह दी। जब नहीं माना तो उसे रास्ते से हटा दिया। विपिन फ्रीडम फाइटर का पौत्र था और देश के साथ विश्वासघात न करने के अपराध में शहीद हो गया। मास्टर कुशलपाल ने ग़ौर से देखा तो समझ गये कि एक अरसे से भारत में कोई उच्चतर मानव मौजूद नहीं है। वे समझ गये कि मोतियाबिन्द से ग्रसित उनकी आँखों को हर उत्तर भारतीय क्यों डायनासोर नज़र आता है। अब मूल्यों का नहीं, साहस और तर्क का ज़माना है। साहस से जो चाहो करो, तर्क से उसे सही साबित कर दो। सबका लक्ष्य है धन का संकेन्द्रण। धन होते ही ताक़त और बुद्धिमत्ता आ जाती है और ताक़त एवं बुद्धि का साथ धन की बरसात कर देता है। यदि धन नहीं तो कुछ नहीं, सम्मान भी नहीं। बेचारा विपिन विपन्नावस्था में ही फ्रीडम फाइटिंग का तमग़ा लगाये शहीद हो गया। लानत है इस फ्रीडम फाइटिंग पर। ऐसी फ्रीडम का ख़्वाब तो उन्होंने कभी नहीं देखा था।

जिस दूसरे पौत्र यशवन्त से वे आज तक घृणा करते रहे, आज उन्हें उससे थोड़ी सहानुभूति-सी हो गयी। मास्टर कुशलपाल के ऊँचे सम्बन्धों का लाभ उठाकर वह राजनीति में घुस गया था। आज वह सुखी है, समृद्ध है और चार लाचारों को रोटी खिलाने की हैसियत में है। क्या हुआ अगर उसने इस जुरासिक पार्क में एक डायनासोर का चोला पहन लिया। सुनते हैं कि उसके सम्बन्ध अपराधी माफ़िया से हैं। तब मास्टर कहा करते थे कि यशवन्त से अच्छे तो मोहर सिंह, माधव सिंह हैं जो कम-से-कम घोषित डकैत हैं, पैसेवाले को लूटकर आम आदमी को रोटी देते हैं, मगर यशवन्त तो केवल लूटता ही है, लुटनेवाला आम हो या ख़ास। तब उन्हें यशवन्त से अपने सम्बन्ध को लेकर लज्जा आती थी। आज उस लज्जा की मात्रा कुछ कम हो गयी लगती है, यह कितनी लज्जा की बात है।

मास्टर साहब को रावी नदी के किनारे बिताया वह समय आज तक याद है जब उन्होंने आज़ादी के सपने बुने थे। घर की औरतों के तन पर

लज्जा ढकने को भी कपड़े नहीं बचे थे। बहन की शादी उन्होंने आज़ादी के बाद उसके अधेड़ होने पर की। दो बच्चे बीमारी से चल बसे, उनके इलाज को घर में कानी कौड़ी भी न थी, जब वे सन् '42 में जेल में थे। इतनी यातना सहकर भी कुशलपाल को लज्जा नहीं आयी। उनका सिर हमेशा गर्व से ऊँचा रहा। आज यशवन्त से उन्हें नफ़रत नहीं जितना एक देशद्रोही से होना चाहिए, यह उनके लिए लज्जा की बात है।

1992 की सर्दियों में देश में एक भूचाल आ गया। अयोध्या की घटना के बाद देश-विदेश में हज़ारों हिन्दू मारे गये, मुसलमान मरे, मन्दिर गिराये गये। आज़ादी के बाद रहनुमाओं में दूरन्देशी की कमी हो गयी साफ़ दिखती है। अगर सियासत में तुम मुसलमानों के घोषित मित्र हो तो दूसरे को कैसे हिन्दुओं के मित्र दिखने से मना कर सकते हो। धर्मनिरपेक्षता का अर्थ भारतीय के मित्र होना है, हिन्दुओं और मुसलमानों के मित्र नहीं। जनतन्त्र भीड़ की गिनती करना है, उसकी क्वालिटी पर नज़र नहीं रखता। यह जनतन्त्र की बुराई है जिसे सभी सियासी जमातों को होशियारी से इस्तेमाल करना चाहिए। इस अपराध में सारे डायनासोर अपने इतिहास की ग़लतियों के शिकार हो गये और जुरासिक पार्क में तब से माइक पर बहस का एक ही मुद्दा है—भारतीय या मज़हबी।

मास्टर कुशलपाल अब जीवित नहीं रहना चाहते। उनकी ख़्वाहिश है कि वे गाँधी जी की मौत के ठीक 45 साल बाद उनके पास पहुँच जायें। कुशलपाल को एक गोडसे की ज़रूरत है जो उस काम को अंजाम दे सके। अपनी वसीयत में उन्होंने अपने तन पर तिरंगा डालने से तथा अन्त्येष्टि के लिए सरकारी सहायता स्वीकार करने से मना किया है। लेकिन उन्हें मालूम है कि उनका नाती यशवन्त ऐसा नहीं होने देगा। उनकी मौत का पूरा ड्रामा करेगा और एक फ्रीडम फाइटर के पौत्र होने का पूरा प्रचार करेगा। भगवान् इसे सद्बुद्धि देंगे। यदि आपकी राह चलते किसी गोडसे से भेंट हो जाये तो कृपया उसे मास्टर कुशलपाल के लिए सुपारी दीजिये। इस काम में कोई मेहनत नहीं होगी। कुशलपाल खुश होकर अपनी छाती खोल देंगे ताकि वे 30 जनवरी, 1993 को गाँधी जी के पास जा सकें।

●

सिक्स्थ सेन्स

यह भी आसान नहीं है–छठी हिस का सफ़र। ध्यान (Meditation) से अपने भीतर का सफ़र किया जाता है। ध्यान की उच्चतम अवस्था में भावी का पूर्वानुमान होता है। मगर इसका छठी हिस से क्या कुछ रिश्ता हो सकता है। आमतौर पर हम शरीर में पाँच इन्द्रियों की गणना करते हैं–आँख, कान, जीभ, नाक, त्वचा जो क्रमशः दृश्य, श्रवण, स्वाद, गन्ध, स्पर्श का एहसास कराती है। सैकड़ों सालों से छठी इन्द्रियों का ज़िक्र बुज़ुर्ग करते रहे हैं। इसे छठी हिस या सिक्स्थ सेन्स भी कहते हैं। मैं इसे आत्मा/मन या मस्तिष्क की चेतना कहूँगा जो पूर्वानुमान का एहसास कराती है। यह सिक्स्थ सेन्स बड़ी मज़ेदार चीज़ है। जिसकी यह जितनी विकसित होती है, वह उतना ही समझदार होता है। कहते हैं कि भगवान् श्रीकृष्ण में इसका पूर्ण विकास हुआ था। इसी कारण कृष्ण को भावी घटनाओं के घटित होने का पूर्व ज्ञान हो जाता था क्योंकि उन्हें इनकी पृष्ठभूमि में चल रही क्रियाओं-प्रतिक्रियाओं के विश्लेषण में अचूक महारत हासिल थी।

आज के भारत को देखिये, आपकी छठी हिस क्या कहती है। भारत की खोज करनेवाले बड़े-बड़े विद्वानों ने इसमें अनेकता में एकता की खोज की है। मुझे खेद है कि मैं दुर्भाग्यशाली हूँ कि जो इस खोज से इत्तेफ़ाक नहीं रख पाया। यह कहना झूठ और इतिहास का एक क्रूर व्यंग्य है कि भारत की विशेषता अनेकता में एकता है। अनेकता में एकता तब हो सकती है, जब विभिन्न जातियों, धर्मों की अनेकता के बीच कोई कॉमन वस्तु होती है जिसे विकसित करके एकता की घोषणा की जाती है। मैं विनम्र साहस के साथ प्रस्तुत कर रहा हूँ कि भारतीय लोगों के मध्य ऐसी

कोई एकता नहीं। यदि किसी में ऐसे एकता खोजी हैं, वह उसकी उदारता, विवशता के कारण हैं, तर्क एवं बुद्धि-विवेक के कारण नहीं। जहाँ तक यह कहना कि भारत के असंख्य जाति, धर्म, वर्ग के लोग सदियों से शान्तिपूर्वक रहते आये हैं, यह उनकी एकता का नमूना नहीं, प्रकृति के नियमों का नमूना है।

इसी तरह यह कहना एक मृगतृष्णा ही है कि भारत की, कोई साझी सांस्कृतिक विरासत भी है। यह अनेकता में एकता के सिद्धान्त का विस्तार या उसका उदाहरण है। हमारी साझी विरासत वस्तुतः नफ़रत के लायक़ है। विभीषण, आम्भिराजा, जयचन्द, दौलत खाँ, आलम खाँ, मीरजाफ़र के कृत्य साझी विरासत के प्रतीक नहीं हैं। साझी विरासत, ख़ुशामद, विश्वासघात, शक्तिअर्जन के पाखण्डी-अहंकारी-त्रिशूल पर टिकी हैं। इससे पृथक् यदि कोई साझी विरासत का प्रमाण है तो वह इस त्रिशूल-नियम का अपवाद है।

मेरी छठी इन्द्रिय कहती है कि भारत महज़ एक शब्द भर है जिसके विस्तृत भूखण्ड पर अनेकता वास करती है। जिसके अन्तरंग एवं बहिरंग द्वन्द्व इस कदर सतह पर आ गये हैं कि वर्तमान सदी में यह नो मेन्स लैण्ड बनकर रह जायेगा, क्योंकि यहाँ क्रास कण्ट्री रेस ज़ारी है, लोग भागकर कहाँ जायेंगे, ज़ाहिर है कि मरेंगे। एड्स, दंगे, ज़हालत, भूख—यह चार पर्वत हैं जो इस मुल्क को इसी सदी के अन्त तक नो मेन्स लैण्ड बना देंगे। हमारी साझी विरासत मूल्यहीनता की कहानी है, मगर आज मूल्यों का जितना पतन हो चुका है, किसी बड़े नरसंहार के अतिरिक्त इसके सुधार का कोई उपाय नहीं।

मेरी छठी हिस को हिन्दी साहित्य का इतिहास सबसे अधिक पसन्द है। हिन्दी साहित्य आरम्भिक कवियों के समय को वीरगाथा काल कहता है, इसमें अपने राजाओं की तारीफ़ (ख़ुशामद) की गयी होती है। उसकी पाखण्डपूर्ण वीरता, उसका पौरुष उसकी उदारता, सम्भोगकला में उसकी गतिमयता, तलवारों की झंकार—यही इन कवियों ने गाया था। आज से तुलना करें तो 'आज' से वीरगाथा काल की झलक दिखती है। आज हमारी पाखण्डपूर्ण वीरता, तथाकथित पौरुषपूर्ण नीचता, रास-रंग में डूबी महफ़िलें, गोलियों की बौछार और बमों के धमाके वीरगाथाकालीन दृश्य ही प्रतीत होते हैं।

हिन्दी साहित्य के दूसरे काल भक्तिकाल की प्रवृत्तियों से भी आज के परिदृश्य की तुलना की जा सकती है। भक्ति युग में कुछ पैदायशी पागल क़िस्म के कवि हुए हैं जो उलटी-सीधी बातें करने में किसी से कम नहीं हैं। कबीर, तुलसी, सूर सब एक से बढ़कर एक हैं। तुलसी कहते हैं–

हम चाकर रघुबीर के, पट्यो लिख्यो दरबार
तुलसी अब का होहिंगे, नर के मनसबदार।

नर यानी सम्राट् अकबर की मनसबदारी को जनाब ठुकरा रहे हैं। एक साहब तो और भी विचित्र हैं, राजा को प्रणाम करते हुए उनका कलेजा फट रहा है–

जाको मुख देखत दुख लागे,
ताको करन पर्यो परनाम
सन्तन को कहा सीकरी सों काम।

सन्त कवियों का यह पागलपन आज भी हमारे समाज में कम नहीं हुआ है। राम से दूर-दूर तक वास्ता न रखनेवाले श्रद्धालु, अखण्ड रामायण का पाठ कराते हैं। फ़िल्मों एवं नारियों से कोई सम्पर्क न रखनेवाले स्वामी जी हारमोनियम पर गाते हैं–

मैं तो मथुरा को जा रही थी,
मैं तो मट्ठा बिलो रही थी।
मैं तो गौओं को दूह रही थी।

मथुरा को जा रही थी, मट्ठा बिलो रही थी, गौओं को दूह रही थी तुमको मिरची लगे तो मैं क्या करूँ।

हिन्दी साहित्य के तीसरे काल–रीतिकाल से आज के समय का साम्य कुछ अधिक ही है। रीतिकवि पराजित राजाओं के सेवक थे। उनके राजाओं में पौरुष तो था नहीं, युद्ध में उनके पूर्वज हार चुके थे। हाँ सम्भोगकला में इन राजाओं को परिपक्वता हासिल थी। खाली समय, राजसी वैभव, राजा लोग मादक दवाएँ पीकर सम्भोग न करें तो क्या करें। कवियों की दृष्टि तन्वंगी नारी की हिरनी-जैसी आँखों, घट-जैसे बड़े-बड़े स्तन, 4-6 इंच की पतली कमर, भारी नितम्ब, हाथी के सूँड़ की मानिन्द जंघाओं तक सिमट गयी–

कनक छरी सी कामिनी, काहे को कटि छीन,

कटि को कंचन काट विधि, कुंचन मध्य धरि दीन।

होठों की मादकता जैसे ज़हर को मात करती थी–

अमिय हलाहल मद भरे श्वेत श्याम रतनार।

जिअत, मरत, झुकि-झुकि परत जेहि चितवत इक बार।

क्या आज हमारी दृष्टि कनकछरी-सी कामिनी के कुंचन मध्य नहीं है? आज सहज दृष्टि कुछ ज़्यादा तीखी हो गयी है। रीतिकाल में कवि यह सब पोथे में लिखकर चुप हो जाता था, आज वेलेण्टाइन डे पर खुलेआम इज़हार करता है।

बच गया हिन्दी कविता का चौथा और अन्तिम काल–आधुनिक काल। वह अभी चल ही रहा है। यह काल पिछले तीन कालों की ख़ुसूसियत लिये है और इक्कीसवीं सदी का हरकारा भी है। जब भारत को जोड़नेवाला कोई एक सूत्र ही नहीं है, जब ख़ुशामद, विश्वासघात, शक्तिअर्जन यहाँ की सांस्कृतिक विरासत रही है, ऐसे मुल्क का आधुनिक काल कैसा होगा, आप सोच सकते हैं। ज़ाहिर है कि अब यह भारत 'इण्डिया' का जुरासिक पार्क बन गया है, जहाँ बृहद्काया, अपार भण्डारण क्षमता से परिपूर्ण, मूल्यहीनता की कलँगी लगाये, आँखों में जीने और ऐश करने की तमन्ना लिये, संसाधनों के लिए संघर्षरत डायनासोरों की फ़ौज एक-दूसरे को फाड़ खाने के लिए सड़क, घर, मोहल्ले, बन्दरगाहों की ओर दौड़ रही है।

मेरी छठी हिस ने एक बड़े डायनासोर को चीख़ते हुए सुना है कि बिगुल बज चुका है। हर बार की तरह यह भी आर-पार की लड़ाई है। छोटे जानवरों! मरने के लिए तैयार हो जाओ। या अपने दड़बे में घुस जाओ, क्योंकि बड़े लोग क्रासकण्ट्री दौड़ रहे हैं। समूचे मुल्क को खाली करके उसे नो मेन्स लैण्ड घोषित कर दो। आज कोई तटस्थ नहीं। हर कोई इस पार या उस पार है, ठीक महाभारत के युद्ध की तरह।

इस ऐलान के होते छोटे जानवर अपने गाँव की ओर चल दिये। शहरी जानवर अपने दड़बों में घुस गये। इस प्रकार उन्होंने विद्वानों के इस सिद्धान्त पर मोहर लगा दी कि ग़रीब-गुरबा भारतीयों की अनेकता में यह एकता है कि जब जान के लाले पड़ जायें, जब भूख बहुत-बढ़ जाये, जब जवाब देने का क्षण हो, तब स्विटजरलैण्ड की भाँति तटस्थ रहा जाये और चुप रहकर

हसरत भरी नज़र से युद्ध क्षेत्र में रणकौशल देखा जाये। भारत नो मेन्स लैण्ड घोषित हो गया है। शीत युद्ध विश्व युद्ध में बदल गया।

सब कोई सुनें। विश्व युद्ध का नाटक ख़त्म हो गया है, मुल्क में इन्सानों की तादाद कुछ और बढ़ गयी है। बहुत थोड़े-से लोग एड्स और दंगे से मरे हैं। ज़हालत, भूख और ख़ुदा इन तीन चीज़ों पर किसी दुनियाबी शख़्स का दख़ल नहीं, केवल तुम अकेले ही इनसे भिड़ सकते हो। मगर मेरी छठी हिस कहती है कि जहालत, भूख और ख़ुदा किसी सड़क पर लगे मील का पत्थर नहीं कि आप हीरो होण्डा पर बैठकर इन्हें फलाँग जायें। ये तीनों सर्कस में दिखाये जानेवाले मौत के कुएँ की बाहरी मुँडेर पर लगे स्टीकर हैं जिन पर अभी तक कोई नहीं पहुँचा।

●

फ़ोर ज़ीरो नाइन

आजादी के पहले जिसे ताज़ीरात हिन्द कहते थे या अंग्रेज़ी में इण्डियन पेनल कोड कहते थे, आज़ादी के बाद उसे भारतीय दण्ड विधान कहने लगे। 409 दण्ड विधान की एक धारा है, ठीक उसी तरह जैसे एक धारा 302 है जो मर्डर या क़त्ल के आरोपी पर लगायी जाती है। 302 एक बड़ी धारा है जिसकी सज़ा अंग्रेज़ी अमलदारी में फाँसी हुआ करती थी। अगर जज को आप पर बहुत दया आ गयी, तब भी वह आपको काले पानी के नीचे नहीं छोड़ता था। आप जानते ही हैं कि आज का अण्डमान निकोबार द्वीप समूह उस ज़माने में काला पानी के नाम से मशहूर था। जिसकी सेल्यूलर जेल में क़ैदी एक बार भीतर गया तो बाहर उसकी लाश ही निकलती थी।

डरिये मत। 409 इतनी बड़ी दफ़ा नहीं कि किसी को अण्डमान के पर्यटन पर भेजा जा सके। यह एक छोटी दफ़ा है जिसे सरल भाषा में कहते हैं—अमानत में ख़यानत। उदाहरण के लिए हमने आपको 100 रुपये अमानत के बतौर रखने के लिए दिये, आपने एक महीने बाद मेरे माँगने पर ताज़्जुब ज़ाहिर करते हुए मुझसे पूछा तुम तो एक महीने पहले मेरे पास आये ही नहीं थे। तब आप 409 के मुल्ज़िम होंगे और साबित हो जाने पर आग एक निहायत मामूली सज़ा के हक़दार होंगे।

1857 की बग़ावत के दौरान दिल्ली में 409 का एक अजीब वाक्या पेश आया। यद्यपि उस वक़्त वर्तमान दण्ड विधान नहीं बना था। हुआ यूँ कि गदर के दौरान अंग्रेज़ अफ़सर, फ़ौजी तथा उनके परिवार अपने घर-बार छोड़कर सुरक्षा के नीयत से अपनी छावनी में सिमट आये। दोनों ओर तनावपूर्ण माहौल था। देशी लोगों ने अंग्रेज़ों के छोड़े गये घर-मकान लूट

लिये। भाग रहे इन अंग्रेज़ परिवारों में से किसी परिवार की जवान छोरी एक साहब दौलत खाँ के हाथ लग गयी, जिसे वे हिफ़ाज़त की नीयत से अपने घर ले आये। अपने घर में उन्होंने उसे तहख़ाने में छिपा दिया ताकि उनकी मौजूदगी का राज पड़ोसी न जान सकें।

उसकी हिफ़ाज़त को लेकर जनाब इतने फ़िक्रमन्द थे कि सुबह, दोपहर, शाम, तीनों वक़्त खाना लेकर ख़ुद ही तहख़ाने जाते थे तथा 24 घण्टे उसका ख़्याल रखते थे। बाहर मारकाट मची हुई थी। ऐसे में किसी तरह उस लड़की को छावनी तक हिफ़ाज़त से पहुँचा पाना मुमकिन नहीं हो पा रहा था। लड़की भी भयभीत थी। देशी लोगों द्वारा अंग्रेज़ों की मारकाट को उसने अपनी आँखों से अपनी कॉलोनी में देखी थी। लाचार उसने महीनों उसी तहख़ाने में गुज़ारे।

यद्यपि जनाब के दो-तीन बीवियाँ पहले से ही थीं मगर उस दोशीज़ा, परी चेहरा, मलिका-ए-हुस्न की पनाह माँगती आँखें, बाली उमर, चढ़ती जवानी, स्वच्छन्द व्यवहार से उनका सबर जैसे टूट रहा था। कहावत भी है कि मर्द की नीयत, सरकारी नौकर की इण्टीग्रिटी कब बिगड़ जाये, कहना मुहाल है कि चुनांचे एक दिन अपनी लड़की की उमर की अंग्रेज़ दोशीज़ा उन्होंने अपने सीने से लगा ली। शुरुआत जब हो गयी, मज़हबी रुकावट भी जाती रही। अब तो यह उनका रोज़ाना का शग़ल हो गया।

शुरुआत में तो उसने विरोध किया, मगर अंग्रेज़ व्यापार में बड़े तेज़ हैं। अपनी जान की क़ीमत पर उस लड़की को यह सौदा सस्ता लगा। आख़िरकार वह गर्भवती हो गयी। जनाब दोहरे व्यक्तित्व के स्वामी थे। उनका मानना था कि अगर फिरंगी क़ामयाब हो गये तो लड़की को उन्हें सौंपकर वे इनाम-इकरार के हक़दार होंगे। किन्तु यदि देसी ताक़तें जीतीं तो वे मज़े से उससे शादी करके इस अधेड़सिन में ठाठ से चार-छह औलादें पैदा करेंगे जिसमें से एक तो उसके पेट में पल ही रही है। इस तरह जनाब के दोनों हाथ में लड्डू थे।

ख़ुदा को जो मंजूर था, वही हुआ। फिरंगी जीत गये और उन्होंने देसी लोगों पर कहर ढाना शुरू कर दिया। डर के मारे देसी लोग शहर छोड़-छोड़कर गाँव की ओर भागने लगे लेकिन हमारे जनाब के तो दोनों हाथों में रसगुल्ले थे। उन्होंने तत्काल उस फिरंगी लड़की को तहख़ाने से

निकालकर छावनी के सबसे बड़े हाकिम के सामने पेश किया कि हुजूर हमारी खिदमत देखिये, हमने देसी लोगों के गुस्से की परवाह न करते हुए कितने ही फिरंगियों की हिफ़ाज़त की और इस लड़की को अपनी जान पर खेलकर महीनों अपने घर में हिफ़ाज़त की।

छावनी के हाकिम ने लड़की से दरियाफ़्त किया तो पता चला कि जनाब ने उसकी हिफ़ाज़त की, इसमें शक नहीं, मगर छह महीने तक उसकी इज़्ज़त लूटते रहे। हाकिम बोला—ठीक है। अच्छे काम का इनाम दिया जायेगा और बुरे काम की सज़ा मिलेगी। जनाब का नाम, वल्दियत, पता नोट किया गया। हाकिम ने हुक्म दिया कि इसके वारिसान को हमारी ओर से इनाम-इकरार से नवाजा जाये और जनाब को अभी, इसी वक़्त, मेरी आँखों के सामने छावनी में खड़े पेड़ से लटकाकर फाँसी दे दी जाये। फिरंगन दोशीज़ा के गर्भ में पल रहे उस बच्चे को पता ही नहीं चल पाया कि दस मिनट के भीतर उसका बाप इस फानी दुनिया से कूच करके ख़ुदा के दरवाज़े पर दस्तक दे रहा था।

जनाब के वारिसान को रुपया, पैसा, जागीर, हिफ़ाज़त तो इनाम में मिली, जनाब नहीं मिले। वे अपनी हवस के शिकार बन चुके थे। या यूँ कह लें कि वे 409 की सज़ा पा चुके थे। इतना ज़रूर था कि उनका मुक़दमा आध ो घण्टे में ही ख़तम हो गया। मैं अंग्रेज़ों के इस काम को कण्डेम करता हूँ। बाज औरतें होती ही इतनी ख़ूबसूरत हैं कि हाथ लगाने से मैली हो जाने का ख़तरा हो जाता है। ऐसी ही मक्खन-सी चिकनी, सफ़ेद—बुर्राक फिरंगन को देखकर जनाब अपने हवास खो बैठे तो उन्हें बरगद के पेड़ से लटकाकर फाँसी देने का क्या तुक था?

अंग्रेज़ों की इस गड़बड़ को देखकर शायद अंग्रेज़ क़ानूनदाँ लोगों ने बलात्कार और अमानत में ख़यानत की अलग-अलग व्यवस्थाएँ ताज़ीरात हिन्द में की होंगी। ग़लती की तो बेशक सज़ा दो मगर यह भी कोई इन्साफ़ है कि मुहब्बत करने की एवज में फाँसी दे दो। आख़िर दिल के मामले में कोई छूट, कुछ गुंजाइश तो करनी ही चाहिए थी—छावनी के उस नालायक़ हाकिम को। जनाब से ग़लती यह हो गयी कि अपने परिवार की हिफ़ाज़त और इनाम-इकरार के लालच में आ गये।

मुनासिब तो यह होता है कि जनाब सपरिवार उस फिरंगन को लेकर दूर देहात भाग जाते और उससे शादी कर चार-पाँच साल वहीं बिताते। तब

तक जनाब की दुआ से वह चार-पाँच बच्चों की अम्माँ हो गयी होती। इन बच्चों की पैदाइश में या तो वह मर चुकी होती और इत्तिफ़ाक़ से यदि ज़िन्दा भी होती तो इंग्लैण्ड तो क्या अंग्रेज़ी भाषा तक भूलकर देसी भाषा में मिमिया रही होती। लेकिन जाने क्यों जनाब का अंग्रेज़ी अमलदारी पर इतना भरोसा था।

अगर जनाब आज के नौकरीपेशा लोगों से सीख लिये होते और होशियारी से काम किये होते तो चार-पाँच साल बाद उस दोशीज़ा को अंग्रेज़ों के सामने पेश करते, तब वह खुद जनाब की सलामती के लिए अपने ही साहबों के सामने स्कर्ट को फैलाकर दुआ करती कि इनकी जान बख़्श दी जाये, ये हमारे चार बच्चों के इकलौते बाप हैं। नौकरीपेशा लोगों को देखिये, कितनी 409 करते हैं, मगर बेदाग़ बचकर अख़बारों में बेहतरीन काम करनेवालों में अपना नाम ढूँढ़ते हैं।

अरे नौकरी तो मालिक की करते हैं। मालिक पैसा देता है कि जाओ, पुल बनाओ। बेज़रूरत मत खाना, दस्तूरी से एतराज़ नहीं है। ऐसा बढ़िया मालिक कहीं मिलेगा? चैन की बंशी बजाओ जनाब। मगर हमारे जनाब की तो लुटिया ही डूब गयी। जब खुद ही नहीं रहे, तब खुदा मिल भी गया हो तो क्या? जनाब ज़रूर उस फिरंगी दोशीज़ा से मुहब्बत करते थे, जभी तो छह महीने उसे सलामत रखा। मुहब्बत न होती तो अंग्रेज़ हाकिम के पास ले ही क्यों जाते। खोद के ज़मीन में गाड़ देते, फिरंगन को खुद देहात का रास्ता नाप लेते। मगर दिल से मज़बूर थे, अपनी गोरी औलाद की ख़्वाहिश पाली थी अपने दिल में। अब देखो, बरगद पर लटककर दिल्ली की लाल बजरी।

नौकरीपेशा लोगों की तरह सबर से काम नहीं लिया। भगवान् के प्रकट होते ही लगे घण्टा बजाने, आरती करने, फूल-माला चढ़ाने। अब बरगद पर लटककर, जिन्न बनकर, ख़ूब बजाओ घण्टा, करो आरती, चढ़ाओ फूल। जब बग़ावत का रुख़ भाँप लिया था कि यह दाल नहीं गलने की, तो क्योंकर दिल्ली के बाहर दूर देहात में कोई ठिया नहीं खोजा? क्या तुम्हें लखनऊ, कानपुर से फिरंगी कहर की ख़बरें सुनने को नहीं मिल रही थीं। तुमने क्यों कोई इमरजेन्सी स्कीम नहीं बनायी। औसत उत्तर भारतीयों की तरह सोचते रहे कि जब आँधी आयेगी तब खींसें निचोड़कर खुशामदी भाव से फिरंगन लौंडिया लेकर छावनी में खड़े हो जायेंगे कि हुज़ूर, सुनो हमारी

क़ाबिलियत की दास्तान। बाल-बच्चे पैदा करने की हमारी कोई सानी नहीं। इस अकेली को लाये थे, अब दो होने ही वाले हैं।

उत्तर भारतीय हो न जनाब, कायर ही रहोगे। तुमसे तो अच्छे लक्ष्मीबाई, नानासाहब, हज़रत महल, जफ़र के वे सिपाही थे, जो आज़ादी के लिए लड़ते हुए शहीद हो गये और मुल्क को उसका लड़ाकू तेवर वापस दे गये। तुम तो शान से मर भी न सके। ऐसे सख़्त दिनों में तुम्हारे दिल में भी तसल्ली तो नहीं रही होगी मगर तुम फिर भी रात का इन्तज़ार करते होगे, जब फिरंगन के साथ सो सको। गदहे कहीं के।

वह तो हिफ़ाज़त के सबब देर-सवेर तुम्हारी गोद में आ ही जाती। उस हालत में तुम इनाम के हकदार भी होते और उस ख़ातून के भी, मगर तुम्हें तो तुरन्त भोग लगाने की सूझ रही होगी। अब लगाओ भोग, बरगद पर झूला झूलते हुए। तुमने अंग्रेज़ों को भी उत्तर भारत के लेढ़ी ला तालीम पब्लिक की भाँति गदहा समझा होगा कि जो तुम बोल दोगे, चूतियों की तरह मान लेंगे।

नौकरीपेशा लोगों से सबक लो जनाब। 409 भी करो और क़ाबिलों में आमद भी कराओ। पानी में टट्टी करने की बचपन की आदत छोड़ो जनाब। अगर मज़बूरन (बेशक दिल के हाथों) ऐसा करना ही पड़े तो बहते पानी को चुनो। आपके इस इश्क़ ने हमारी तो नाक नीची कर दी। हम डेढ़ सौ साल बाद भी आपके इस इकतरफ़ा, एण्टी फ्लोजेस्टिन प्यार के सबब शर्मिन्दा है। ख़ुदा ऊपर आपकी रूह को उस परी चेहरा हसीन रूह से ज़रूर मिलवा दे क्योंकि वह दोशीज़ा भी डेढ़ सौ साल तो ज़िन्दा नहीं रह सकती। आमीन।

●

'द्विचश्मी हे' का सफ़र

यह एक उर्दू लफ़्ज़ है जिसे प्रायः अन्य लफ़्ज़ों के साथ लगाया जाता है। उदाहरण के लिए उर्दू पे को प के लिए लिखा जाता है, यदि पे के साथ द्विचश्मी हे को भी लिख दिया जाये, तो यह फ होगा। इसी प्रकार 'बे द्विचश्मी हे' 'भ' पढ़ा जायेगा 'टे द्विचश्मी हे' 'ठ' पढ़ा जायेगा। ऐसा अंग्रेज़ी में भी होता है। Bh को भ, Ph को फ पढ़ा जाता है। हिन्दी में ऐसा नहीं है। यहाँ ब और भ अलग-अलग लिखा जाता है, प और फ अलग-अलग लिखा जाता है।

आम धारणा यह है कि मुस्लिम परम्पराएँ हिन्दू परम्पराओं से विपरीत होती हैं, इसीलिए हिन्दी बायें से दायें लिखी जाती है, उर्दू दायें से बायें। मुस्लिम हथेली से कोहनी की तरफ़ बाँह धोता है, हिन्दू कोहनी से हथेली की ओर। मैं इस धारणा से सहमत नहीं। भारत की प्राचीन लिपियों में एकाधिक लिपि दायें से बायें लिखी जाती थी। हमारे पौराणिक लोग इस रहस्य की पर्तों को भी उधेड़कर बता देंगे कि ऐसी लिपियाँ यवनों के भारत हमले के बाद चलन में आयी होंगी।

इन कपोल कल्पित धारणाओं के आधार पर यह न समझ लीजियेगा कि द्विचश्मी हे हिन्दी के 'हे राम' का उर्दू अनुवाद है। यदि ऐसा मान लिया गया तो बड़ा अनर्थ हो जायेगा। 'हे राम' ईश्वर को पुकारने के अर्थ में है, उसे स्मरण करने के अर्थ में है जबकि 'द्विचश्मी हे' 'ह' की ध्वनि सम्मिलित करने के कार्य में आता है। इसका ईश्वर, ख़ुदा या रब से सीधा कोई वास्ता नहीं है।

हमारे अंग्रेज़ी जाननेवाले मित्रों ने 'द्विचश्मी हे' का दिलचस्प अंग्रेज़ी अनुवाद किया है। वे इसे बाइफोकल कहते हैं। ख़ुदा का शुक्र है कि

बाइफोकल की 'हे राम' से कोई समानता या सादृश्यता नहीं है। जिन लोगों को दूर व पास की बिनाई ठीक नहीं होती है, वे बाइफोकल्स लगाते हैं। ऐसे लोगों को देखकर हमारे अंग्रेज़ी जाननेवाले दोस्त इशारे में ''द्विचश्मी हे' कह देते हैं। यानी दो चश्मे। या दो व्यक्तित्व। या दो हिस्से।

बाज़ लोगों की दोनों अ ाँखों के ऊपर ऑपरेशन के बाद एक कट-सा दिखायी देता है, इन्हें भी द्विचश्मी कहा जा सकता है। बाइफोकल्स लगानेवालों को तो हमारे अंग्रेज़ी दाँ दोस्त द्विचश्मी कहते ही हैं लेकिन मेरी नज़र में वे लोग ज़्यादे सटीक द्विचश्मी हैं जो पढ़नेवाला चश्मा नाक की फुनगी पर रखकर चश्मे के ऊपर से अपने सामने बैठे आदमी से बात करते हैं। कुछ ऐसे भी द्विचश्मी हो सकते हैं जो काण्टेक्ट लेन्स लगाकर अपने सामने बैठे आदमी की आँख में धूल झोंक दें।

बज़ात ख़ुद मुझे तो यह द्विचश्मी हे इतना प्यारा लगता है कि अपने उर्दू अध्ययन के आरम्भिक दिनों में हम (PH) टाइप के समस्त शब्द इसी से बनाते थे, जो उर्दू लिपि में स्वतन्त्र रूप से मौजूद हैं। इस प्रवृत्ति के पीछे कुछ हमारा उर्दू का कम ज्ञान भी था, लेकिन ज़्यादे इस शब्द से मुहब्बत रही है। बहरहाल यदि आप ग़ौर से देखें तो 'द्विचश्मी हे' एक शब्द नहीं एक विश्वकोश है, जो आपको हर जगह मिलता है।

पृथ्वी के नक़्शे को ग्लोब पर ग़ौर से देखिये, आपको समझ में आ जायेगा कि नयी और पुरानी दुनिया की आकृतियाँ 'द्विचश्मी हे' के रूप-आकार से कितनी मिलती-जुलती हैं। उत्तर भारतीयों के आचरण को ग़ौर से परखिये, आपको उनके मूल व्यक्तित्व के ऊपर एक और व्यक्तित्व का लाबादा चढ़ा मिल जायेगा। यह 'द्विचश्मी हे' का सामाजिक रूप है। सबसे सरल बातचीत में 'हाँ' या 'न' दो ही शब्द होते हैं, यह भी द्विचश्मी है।

कहावत है कि सावन के अन्धे को सब हरा-ही-हरा दिखायी देता है। ज़रूर सावन के अन्धे की ऐनक की एक टाँग सावन शुरू होते ही या उसके अन्धा होते ही टूट गयी होगी। मगर सावन की टाँग को तो हरे रंग की माना जा सकता है, ऐनक की टाँग को सौ फ़ीसदी हरा नहीं कहा जा सकता क्योंकि ऐनक की टाँगें आजकल कई रंगों में होती हैं। इससे स्पष्ट है कि सावन की टाँग यदि किसी के लिए टूट जाये तो वह द्विचश्मी के असर से बाहर निकल जाता है।

चना, मटर, दालें, आदमी, औरत, गाय, बैल सभी तो द्विचश्मी की व्यवस्था के भीतर हैं। जब हमारी पृथ्वी तक ग्लोब पर द्विचश्मी दिखायी देती हैं, तब हम कैसे एकचश्मी हो सकते हैं। हमें द्विचश्मी होना लाज़िम है। हमें यूँ ही किसी ने दोहरे व्यक्तित्व का स्वामी थोड़े ही कह दिया। हम मज़बूर हैं कि हमारी कथनी और करनी में व्यापक अन्तर बना रहे। यह हमारी ही कूबत है कि इतने बड़े अन्तर के बावजूद हम कोई राष्ट्रीय शर्म महसूस नहीं करते।

राष्ट्रीय शर्म तो हमें तब आती जब गाँधी जी के कहने के मुताबिक़ अपनी सम्पत्ति का पब्लिक ट्रस्ट बना देते या विनोबा भावे के मुताबिक़ हम अपनी भूमि को भूदान-यज्ञ में दान कर देते या नेहरू के हिसाब से अपने बच्चों को तालीम दिलाकर उनमें वैज्ञानिक दृष्टिकोण विकसित करते या फिर एक राष्ट्र के रूप में हम जाति, धर्म, लिंग, क्षेत्र के ऊपर जाकर अपने साथी नागरिक को समानता के अधिकारों के प्रति सजग रहते।

अब देखिये न, जो रुपया हमने पैदा किया, उसका ट्रस्ट बनाने के पीछे कोई वैज्ञानिक या तर्कसंगत आधार नहीं है। अपनी अर्जित भूमि को दान कर देना एक हास्यप्रद तर्क नहीं तो क्या है? तालीम दिलाना और बच्चों में वैज्ञानिक सोच विकसित करना सरकार का मसला है, हमारा नहीं। मूल प्रश्न यह है कि कोई कार्य नागरिक करे या सरकार, जब मूल प्रश्न ही द्विचश्मी है, तब उसका उत्तर कैसे सीधे तौर पर दिया जा सकता है।

मैं तो कभी इन सवालों से माथापच्ची करके अपना भेजा गर्म नहीं करता। बड़े-बड़े विद्वान् इन समस्याओं से नहीं जूझ सके, हम किस खेत की मूली हैं। हम तो 'द्विचश्मी हे' के उदाहरण अपने पास-पड़ोस में ही खोज लेते हैं। दुनिया में देखिये, हर नर की एक मादा है। यह ख़्वाहिश है या वह ख़ुद अपनी मादा का रोल अदा करता है। हमारा समाज भी द्विचश्मी है, जो ख़ुद अपने लिये मादा की व्यवस्था करने में किसी काम से गुरेज़ नहीं करता, मगर अपने बच्चों पर इसी काम के लिए तरह-तरह की शर्तें आयद करता है। यह कितनी बड़ी चिरकुटई का काम है।

हम तो एक अदद मरियल क़िस्म के फटीचर हिन्दी लेखक हैं जिसका काम मानव-चरित्रों का अध्ययन रहा है। अपने अध्ययन के दौरान हम उन्हीं

लोगों को पसन्द कर पाये जिनकी मूल प्रवृत्ति द्विचश्मी टाइप की है। हम तो यही कहेंगे कि जब मूँछें हों तो नत्थूलाल जैसी तो जब आदमी बनो तो 'द्विचश्मी हे' जैसा। क्लीनशेव से द्विचश्मी की शुरुआत होती है। क्लीन-शेव आदमी को देखकर यह पता चल पाना मुश्किल होता है कि यह हिन्दू है, मुस्लिम है या ख्रीस्त को माननेवाला है। यद्यपि उसे देखकर शहरी होने का गुमान होता है, मगर मैंने कई धाकड़ देहातियों को क्लीनशेव देखा है। क्लीनशेव पर आदमी गम्भीर रहने पर मजबूर है, अगर ख़ींसें निकालेगा तो आप तुरन्त समझ लेंगे कि वह आपके ही जैसा चूतिया घामड़ है, मगर क्लीनशेव मुस्कुराते ऐसा लगता है, गोया किसी बिल्ली ने इसके चेहरे को तबीयत से चाटा है। क्लीनशेव से पैदा हुई कृत्रिमता आपको 'द्विचश्मी हे' की ओर चलने की ऊर्जा देती है।

'द्विश्चमी हे' की यात्रा में दूसरा महत्त्वपूर्ण पड़ाव है, फरफर अंग्रेज़ी बोलना। अंग्रेज़ी बोलने से यह साफ़ पता चलता है कि आदमी पढ़ा-लिखा है। यद्यपि मैंने कई गधों को अंग्रेज़ी बोलते देखा है, जो बोल ही सकते हैं, सोच नहीं सकते। वे कहते हैं, सोचना हमारा काम नहीं, हम तो एक बड़ी मशीनरी के पुर्जे हैं जिसका काम है नत्थूलाल की मूँछें उखाड़ना। चूँकि नत्थूलाल क्लीनशेव नहीं है, इसलिए मूँछे उखड़ने पर दर्द से चिल्लायेंगे ज़रूर। मूँछें उखड़ने के बाद उसका ओंठ भी सूज जायेगा, ग़र वह मेरे जैसा नहीं है। वह प्रगतिशील कहलायेगा और हो सकता है कि भारत के इतिहास की किताब के मुख्यपृष्ठ पर उसके सूजे ओठों की तस्वीर कभी छप गयी तो वह डालरों से खेलेगा।

इस यात्रा का तीसरा चरण है—अपने आभिजात्य को महसूस कर दूसरे को हिकारत से देखना। यदि आपने ऐसा न किया तो आप अपनी सर्वोच्चता स्थापित नहीं कर सकते। बिना सर्वोच्चता स्थापित किये क्यों नत्थूलाल आपको तेल लगायेंगे। कम बोलो, हिकारत से देखो, यदि बोलना ही पड़े तो अंग्रेज़ी में बोलो। नत्थूलाल की कार्यप्रणाली पर नाक-भौं सिकोड़िये, उसके अस्तित्व पर प्रश्नचिह्न लगाइये। इस प्रकार आप आभिजात्य वर्ग के हो जायेंगे जो नत्थूलाल के वर्ग से सर्वथा भिन्न होगा। इस दौरान आप इस बात की ज़रूरी पड़ताल भी करा लें कि नत्थूलाल कितने 'वज़नी' आदमी हैं तथा किस पद्धति से आपके गुलामों की श्रेणी में आ सकते हैं। कृपया

ध्यान रखिये कि भूलकर भी नत्थूलाल के किसी घरेलू कार्यक्रम में शिरकत मत करियेगा। यदि आपने ऐसा किया तो आपकी सालों की मेहनत बर्बाद हो जायेगी।

द्विचश्मी होना एक क़िस्म से समाधि लगाने के बराबर है। आपने नदी किनारे एक टाँग उठाये ध्यानावस्था, समाधि में लीन बगुले को तो देखा होगा। बस ठीक परम योगियों जैसी कैवल्य प्राप्त अवस्था होती है द्विचश्मी। सम्बोधि का यह चौथा और अन्तिम चरण है कि इसके पिछले तीनों चरणों का सचेत होकर वर्षों तक अभ्यास करके इसे पुख़्ता कर लिया जाये। अब आपको इस तरह की समाधि का अभ्यास हो जायेगा, तब आप एक श्रेष्ठ द्विचश्मी कहलाने के पात्र हो जायेंगे और जाने कितने नत्थूलाल अपनी मूँछ उखड़वाकर ओंठ सुजाकर आपसे उन ओठों पर रूई का फाहा रखवाने की नीयत से आपके दर पर खड़े होकर 'काल बेल' बजा रहे होंगे।

सबसे अहम् बात यह है कि आख़िरकार जब आप सीनियर सिटिजन्स की स्टेज़ पर ख़ुदा की जानिब से द्विचश्मी कर दिये जाते हैं जिस पर आपको कोई अख़्तियार नहीं होता, तब क्यों न आप जूनियर सिटिजन के रूप में द्विचश्मी का सबक याद कर लेते हैं। इसके बाद आपके लिए कुछ भी करने को शेष नहीं रह जायेगा। आप बस सारा जीवन 'हे-हे' करते रहें, आपकी नौकरी, आपका बुढ़ापा सब-कुछ शान से कट जायेगा। मरने के बाद आपके जिस्म पर तिरंगा लिपटकर सिसक रहा होगा, कितने ही वीडियो कैमरे अपनी द्विचश्मी तथा त्रिचश्मी आँख से आपके शव को हसरत से निहार रहे होंगे और मेरे जैसे कितने क़लमघिस्सू फटीचर हिन्दी लेखक अख़बारों के फ़ीचर कॉलम में आपके शानदार 'द्विचश्मी हे' जीवन पर तफ़सरा कर रहे होंगे।

●

सफ़रनामा

4-5 बरस पहिले एक ख़ूबसूरत किताब लिखी थी 'सूटकेस में ज़िन्दगी', तब से सफ़र पर कुछ नहीं लिखा। यूँ भी सफ़र पर लिखने के लिए मेरे पास था ही क्या। यू.पी. के अलावा दिल्ली, कलकत्ता शहर ही देखा किया। इस साल एक यादगार सफ़र तय किया मैंने। एक तीन दिन की ट्रेनिंग के लिए हम लोगों ने मुम्बई तक का सफ़र किया। यह सफ़र कई मायनों में यादगार बन गया। आज उसी की दास्तान कहता हूँ।

तब मैं मुरादाबाद में तैनात था, जब तीन-चार दिन के ट्रेनिंग के सिलसिले में मुम्बई जाने का मौक़ा लगा। मरोल इण्डस्ट्रियल डेवलपमेण्ट कार्पोरेशन, अँधेरी पूर्व में इण्डियन इन्स्टीट्यूट ऑफ पैकेजिंग में हम लोगों का प्रशिक्षण होना था। आई.आई.पी. मरोल में हमें तीन दिन रहना था। यह जनवरी का महीना था जब यू. पी. में जबरदस्त ठण्ड पड़ती है।

हमारा ट्रेनिंग कार्यक्रम 08 से 10 जनवरी तक था। हम स्वेटर, कोट से लदे-फँदे 06 जनवरी के दिन लखनऊ से पुष्पक एक्सप्रेस में शाम को तक़रीबन 8:00 बजे सवार हुए। ठण्ड में मुझे अपने जन्म से ही भय लगता है। इत्तेफ़ाक़ से हम ट्रेन में तीन जने एक विभाग के थे तथा एक लखनऊ में अपनी पोस्टिंग के दौरान तैनात थे। एस.टी.एफ. की तैनाती के दौरान इन्होंने सारे भारत में जो कारगुज़ारी की थी, उसी में किसी घटना की गवाही देने हेतु मुम्बई के किसी कोर्ट के समन पर मुम्बई जा रहे थे।

चार आदमी एडमिनिस्ट्रेशन के एक साथ मिल जायें, फिर जो समाँ बँधता है, उसका क्या कहना। चारबाग जी.आर.पी. के चार-पाँच बन्दों ने हमें पुष्पक में चढ़ाया। कुछ खाना घर से लेकर चले थे, कुछ खाना कानपुर

पहुँच जी.आर.पी. के मित्रों ने सस्नेह उपलब्ध कराया। कानपुर से जब गाड़ी खुली तो हमने खाना शुरू किया और तक़रीबन रात बारह बजे तक खाते रहे, गपियाते रहे। डेढ़ बजे तक हमारी गप चली, तब जाकर सब लोग सोये।

कूचे में घुसने के घण्टे भर के भीतर ही हमने अपना कोट, स्वेटर उतार दिये। ख़ुदा का शुकर था कि हमने ए.सी. डिब्बा चुना था। अब हमें सर्दी का भय नहीं था, हम बहुत-कुछ निश्चिन्त थे। अमूमन मुझे ट्रेन में नींद नहीं आती। इस खुटके में नींद उचटती रहती है कि पता नहीं कब स्टेशन आ जाये। किन्तु लम्बी दूरी की ट्रेनों में यह मजबूरी है। आपको हज़ार बारह सौ किलोमीटर का सफ़र बीस-एक घण्टे में तय करना है, तब तो नींद को झख मारकर आना ही पड़ेगा। चुनांचे हम सब सो गये। तब शायद झाँसी स्टेशन क्रास किया था।

सुबह आँख खुली तो भुसावल आ चुका था। यह वही भुसावल था, जहाँ के केले में हम अपने बचपन से खा रहे हैं। ख़ैर नहाने को छोड़कर नित्यकर्म से निवृत्त हुए। चलती ट्रेन में नहाना हमारे वश में नहीं था। अपने जीवन के 25 वर्ष सर्दी लग जाने के भय से हम जनवरी में कभी नहीं नहाये। इसके बाद जब नहाने का क्रम शुरू किया तो तय किया कि बन्द कमरे में गर्म पानी से नहायेंगे, चाहे गर्मी हो या सर्दी। यह क्रम आज तक ज़ारी है। लेकिन ट्रेन की गति इन्सानी मस्तिष्क के तन्तुओं को जो सन्देश देती है, वह मेरे संवेदनशील मस्तिष्क को इशारे में समझना पर्याप्त था और वह यह था कि पुत्र तुम्हें ट्रेन में नहाने से कोई स्फूर्ति नहीं मिलेगी, बस फ्रेश हो जाओ और मौज़ करो। चुनांचे हमने ऐसा ही किया।

हमारे एक मित्र को तो चलती ट्रेन में फ्रेश होने से भी कोई फ्रेशनेस नहीं होती थी बल्कि वे फ्रेशलेस ही रहते थे। वे अपनी बिन्दास हाज़िर जवाबी, बेफ़िक्रेपन और बेलौस बोलने के लिए प्रसिद्ध हैं। अपने निवास पर जब हम सब बैठे थे, वही निश्चिन्तता से अपनी पत्नी के समक्ष बता रहे थे कि ट्रेन में फ्रेश हो पाना उसके लिए बेहद कठिन काम है। इस गम्भीर स्वीकारोक्ति के बाद जब उन्होंने इसकी माइनूट डिटेल पर तबसरा शुरू किया, तब उनकी पत्नी को शर्माकर घर के भीतर जाना ही पड़ा। उन्होंने बताया कि अस्सी किलोमीटर की रफ़्तार से शरीर के सारे अंग झटके खाकर हिलते हैं, यह

सोचकर हाजत रफ़ा करने में बड़ी मानसिक उलझन होती है। इसी कारण मुझे ट्रेन में कई बार फ्रेश होना पड़ता है।

बहरसूरत, वीना, इटारसी, शोलापुर से गुज़रते हुए हम आगे बढ़ते जा रहे थे। पता नहीं ये रेलवे लाइन्स समन्दर के समान्तर चलती है या कोई और बात है, जनवरी के महीने में इन जगहों पर, जहाँ से हमारी ट्रेन गुज़र रही थी, क़तई ठण्ड नहीं थी। यहाँ तक कि स्वेटर पहनने की गुंजाइश भी नहीं थी। ऐसा मौसम देखकर हमें मध्य-दक्षिण भारतीयों से रश्क होने लगा। हमने ख़ुदा से दुआ माँगी कि हमारा अगला जन्म इन्हीं प्रदेशों में हो, जहाँ साल भर ठण्डक नहीं पड़ती है। यह ठीक है कि ऐसी जगहों में पैदा होने पर रंग कुछ साँवला पड़ जायेगा, तो क्या? किसी अंग्रेज़ की नज़र में हम दक्षिण भारत के निवासी होकर भी सम्मान नहीं पा सकेंगे, तो उत्तर भारत के गेहुँआ रंग से भी सम्मान नहीं मिलेगा। अंग्रेज़ दोनों को ही हिकारत से देखेगा, तो क्या बेहतर नहीं होगा, हम दक्षिण भारत की ओर अपना अगला जन्म ग्रहण करें।

चुनांचे शाम 6:00 बजे हम पुष्पक से दादर उतरे। हमारे एक साथी की मुम्बई से पहले ही कुछ वाकफ़ियत था। मुम्बई आने के पहले हमने कई जगह फ़ोन घुमाये थे। सो कई लोग अपनी गाड़ियों से हमें लेने दादर स्टेशन पर प्रतीक्षा कर रहे थे। तो इसका मतलब मेरी यह धारणा ग़लत है कि उत्तर भारत में प्रेम और मोहब्बत ख़त्म हो गयी। दादर का दृश्य देखकर तो यही लगता है कि भारत के नक़्शे में सबसे ज़्यादे आक्रमण उत्तर भारत ने झेले, इसलिए सहिष्णुता, सहनशीलता, धीरज, इश्क़ इनके स्वभाव में है। मेरा विचार था कि यह उत्तर भारतीय परिदृश्य अब बिलकुल बदल चुका है, लेकिन दादर का यह दृश्य मेरे इस विचार को मुँह चिढ़ा रहा था।

उत्तर भारत विशेषकर पूर्वी उत्तर प्रदेश के लोगों की मुम्बई में बहुतायत है। ये लोग छोटे से लेकर बड़ा काम तक करते हैं। विशेषकर आप कोई टैक्सी लें तो नब्बे फ़ीसदी उसके चालक पूर्वी उत्तर प्रदेश के मिलेंगे। ये लोग आपस में एक-दूसरे को 'भैया' कहकर सम्बोधित करते हैं। इसी कारण मराठी मूल के लोगों के लिए 'भैया जी' सम्बोधन पीड़ादायक बन गया है, क्योंकि भैया जी खाली समय में बैठते नहीं हैं, दो पैसा करने की जुगत करते हैं। ये 'भैया जी' ही हैं जो ज़्यादेतर कठिन क़िस्म का कार्य करके दो पैसा कमाकर उत्तर प्रदेश में अपने बाल-बच्चों को भेजते हैं। शुरू में 'मुम्बई

मराठियों के लिए' नारा था, मगर जबसे बाबरी ध्वंस के बाद मुम्बई में शृंखलाबद्ध बम-विस्फोट हुए, तब से इस नारे की चर्चा कम हो गयी है।

आई.आई.पी. में ठहरने की व्यवस्था बहुत अच्छी नहीं थी। ठण्ड बिलकुल नहीं थी, जिस कारण मच्छरों का जलवा क़ायम था। अगले दिन सुबह इण्ट्रोडक्शन हुआ तथा आफ़्टरनून में एक-दो लेक्चर हुए। शाम को हमने इस्कान टेम्पिल में राधाकृष्ण के दर्शन किये। एक ज़माना था, जब इस्कान एक नाम नहीं आन्दोलन हुआ करता था। यहीं से कुछ दूरी पर जूहू बीच था, हम लोग निकल पड़े, सुना था कि जूहू बीच पर फ़िल्मों की शूटिंग होती रहती है। बहरहाल उस दिन ऐसा कुछ नहीं था।

जी हाँ, हम जूहू बीच पर थे। किनारे नारियल के पेड़ों की गोलाई में क़तारे थीं, जिनके बीच फ्लेट्स चमक रहे थे। एक बड़ा-सा रेतीला क्षेत्र बीच में था, जहाँ अरब सागर की लहरें आकर अपनी ऊर्जा छोड़ जाती थीं। भेलपूरी की इतनी दुकानें जूहू बीच पर थीं कि मैं यह सोच कर हैरान था कि कैसे ये लोग अपना पेट भरते होंगे। समन्दर के किनारे कुछ लोग घोड़े पर, तो कुछ लोग ऊँट पर शौकिया सवारी करके मज़ा ले रहे थे। कुछ देवियाँ और सज्जन जोगिंग कर रहे थे। कुछ युवा जोड़े बीच की सरहद पर उसी झुरमुट के बीच अपने युवा बदन से कसरत करने का अभ्यास कर रहे थे। लोगों का कहना था कि यहाँ सब-कुछ जायज़ है, आप बस डिस्टर्ब न करें।

दिन ढल रहा था। सूरज की लालिमा सागर पर उतर आयी थी। पहली बार हमने जलधि की ऐसी रूपराशि का विहंगम अवलोकन किया था। समन्दर हमें कैसा लगा, इसकी चर्चा फिर कभी करेंगे, लेकिन एक ऐसा अतुल्य अनुभव हुआ, जिसे उद्धृत किये बग़ैर दिल नहीं मानता। मुझे लगा कि मेरे पास समन्दर के समतुल्य सब-कुछ है। उसकी गहराई, उसका विस्तार, उसकी उदात्तता, उसका विराट् रहस्य। कहीं से भी मैं कम नहीं हूँ। बस एक वस्तु ऐसी है जिसकी मेरे पास कमी है, मगर समन्दर के पास जिसकी प्रचुरता है और इस नाते मुझे इससे ईर्ष्या होनी चाहिए। मैं गम्भीरता से सोच रहा कि मुझमें समन्दर जितना धीरज नहीं है। जलधि विश्व के अस्सी फ़ीसदी हिस्से में फैला है। अगर चाह लें तो एक सेकेण्ड के भीतर बीस फ़ीसदी पृथ्वी को डुबोकर उसे एक बड़े मरघट में तब्दील कर दे, मगर वह धीरजवान् व्यक्ति की भाँति आचरण करता है। हमारी

मक्कारी, हरामख़ोरी को देखकर भी अनदेखी करता है। धीरे-धीरे मुझे वास्तव में अपने अग्रज समन्दर से ईर्ष्या होने लगी।

बहरहाल, जूहू बीच तक आकर भेलपूरी खाना, नारियल पानी पीना, परम्परा से कुछ ऊपर उठकर एक फैशन बन गया है। अपने अग्रज समन्दर के सान्निध्य में हमने बीच के किनारे चटाई पर बैठ कर यह कार्य किया। तब तक अँधेरा उतर चुका था। सब दुकानों पर बिजली के लट्टुओं की क़तारें जलने लगी थीं। सुखद बात यह कि ठण्ड का नामोनिशान तक नहीं था, लोग टीशर्ट और केजुअल्स पहने बीच पर मज़े से चहलक़दमी कर रहे थे। भीड़ का नज़ारा हो रहा था। फैशनेबिल युवतियों के दीदार के लिए बीच से ज़्यादे प्यारी कोई जगह हो ही नहीं सकती। कितनी देर तक हम यह सत्कर्म करते रहे।

9 जनवरी, 02 का दिन हमारे मुम्बई दर्शन के लिए नियत था। उफ़् उस दिन हम इतना घूमे कि जिस्म का जोड़-जोड़ दुख गया। शुरुआत नयी मुम्बई (जिसे मराठी में नवी मुम्बई लिखते हैं) के निरीक्षण से की। वासी मण्डी भारत की सबसे बड़ी मण्डियों में से है, जहाँ पैकेजिंग का यह आलम है कि मीठे नीम की पत्तियाँ तक प्रवासी भारतीयों के उपयोग के लिए कनाडा, यूरोप और अमेरिका निर्यात की जाती हैं, जो वहाँ ताज़ी ही पहुँचती हैं। हर फल की पैकिंग उसके वज़न, आकार, पकने की मियाद के हिसाब से अलग-अलग की जाती है। कृषकों को उनकी उपज का लाभ पहुँचाने की नीयत से सर्वाधिक पैकेजिंग की सुविधा महाराष्ट्र तथा गुजरात में है जो खेत से मण्डी तक सुरक्षित तरीक़े से अपना उत्पाद ला सकें।

वासी मण्डी में ही हमने नाश्ता किया। फिर निकल पड़े मुम्बई दर्शन को। गेट वे ऑफ इण्डिया, नरीमन प्वाइण्ट, चौपाटी, मरीन ड्राइव, हैंगिंग गार्डन (कमला नेहरू उद्यान), सी नेकलेस, महालक्ष्मी टेम्पिल, मुम्बादेवी टेम्पिल, सिद्ध विनायक टेम्पिल, हाजी अली दरगाह, वर्ली के भ्रमण के बीच में लञ्च भी किया। शाम को उपनगरीय क्षेत्र पवई की ग्लैमरस चकाचौंध को देखकर हम जैसे देवत्व की श्रेणी में आ गये। यहाँ के डिपार्टमेण्ट स्टोर्स यूरोप की भाँति सजाये गये हैं। हर चीज़ की एक नियत दर है तथा क्वालिटी प्रत्येक दशा में सुनिश्चित की गयी है। यही तो फ़र्क़ है, मुम्बई जैसी भारत के बाहर प्रतीत होनेवाली नगरी और मुल्क की अन्य जगहों के बीच।

आपने एरिस्ट्रोक्रेट प्रीमियम ह्विस्की का विज्ञापन टीवी में देखा होगा। जैसे-जैसे विज्ञापन में वह नौजवान ह्विस्की पीता जाता है, वैसे-वैसे उससे अगली टेबिल पर बैठी मुस्कुराती ए.सी.पी. पीती लड़की की काली ड्रेस नीचे सरकती जाती है। युवक भौंचक-सा यह ताज़्जुब देखता है। अन्त में वह एक ज़बरदस्त घूँट ए.सी.पी. का लेता है तो अनुभव करता है कि उसकी शर्ट के सारे बटन खुल गये। ओह, तब उधर क्या हुआ होगा। बैकग्राउण्ड में एक सरगोशी-सी होती है—कुछ भी हो सकता है, कुछ भी। यह विज्ञापन ए.सी.पी. पीकर कुछ भी होने का दावा करता है, ऐन यही बात मुम्बई के लिए सही है। यहाँ कुछ भी हो सकता है। आप सुपरस्टार बन सकते हैं, आत्महत्या कर सकते हैं। यहाँ सब-कुछ उपलब्ध है, जो पर्फेक्ट क्वालिटी की है, मगर उसकी एक नियत दर है।

भारत की आर्थिक राजधानी मुम्बई में धन पानी की मानिन्द सड़क पर दौड़ता दिखता है। धन की यहाँ कोई कमी नहीं। धनाढयों की भी कोई कमी नहीं है। लोग लाख-लाख रुपये लेकर ख़रीदारी को निकलते हैं। ठीक इसके विपरीत ग़रीबी की भी यहाँ कोई कमी नहीं। वे जिन स्लम्स या चाल में रहते हैं उनके कमरे में यदि आप किसी तरह घुस जायें तो बेहोश होकर गिर जायेंगे, मगर वे न केवल वहाँ रह रहे हैं, बल्कि उनके बाप-दादा भी वहीं रहकर स्वर्गवासी हो चुके हैं। वे कितने अनहाइजेनिक स्थलों पर रहते हैं, कितना अनहाइजेनिक खाना खाते हैं, किस एच.आई.वी. पॉजिटिव बाई की सोहबत करते हैं, किसे मालूम। उनकी चाल से निकलते ही मुम्बई की चकाचौंध में प्रवेश करते ही पिछला भूल जाने की ख़्वाहिश होती है।

कई स्लम एरिया हैं मुम्बई में जिनमें बड़ा है, धाराबी। आय में यह असमानता माफ़ियाओं को जन्म देने में मददगार है। फुटपाथ पर किसी बाई ने बच्चा जना, रूखे टुकड़े खाकर बूटपालिश करके बड़ा हुआ, दोनों दुनियाओं का फ़र्क़ देखा। ऊँची दुनिया का सपना ज़ेहन में आया। सपना देखने में तो कोई रोक नहीं है, ख़्वाहिश ही तो है, इस पर किसी का क्या ज़ोर? हाँ, वह सपना हकीक़त में यक़ीनन नहीं बदल सकता, यदि आपके हाथ में नाइन एम.एम.की पिस्टल न हो। फ़िलासफ़ी साफ़ है, जब तक जीयें शान से। मरना तो सबको है। मोरी के कीड़ों की तरह 64 साल की ज़िन्दगी भी जी लिये तो वह जीवन किसके काम आया। 37 साल तक शान से जीवन जिया और छाती पर पुलिस की गोली खाकर मरे। यहाँ किसी को परवाह नहीं कि आप शहीद हुए या ग़ाज़ी कहलाये। धन का असमान वितरण,

नौजवान आँखों में बूढ़े बीमार की काँपती दिखती काया, कमसिन बहन का भविष्य सब-कुछ मिलाकर हाथों में कोई हथियार दे जाता है। किसी शायर ने इश्क़ के लिए कहा है—

इश्क़ आग का दरिया है,
और डूब के जाना है।

ज़िन्दगी क्या इश्क़ का ही दूसरा नाम नहीं है?

आई.आई.पी. में शिपिंग कण्टेनर्स, मेरी टाइम ट्रान्सपोर्ट पर डॉक्टर के.बी. हरिहरन का विद्वत्तापूर्ण व्याख्यान हुआ। पोस्ट हार्वेस्टिंग टेक्नालॉजी पर मिस्टर जोन फ्रैन्सिस का प्रयास सराहनीय था। पैकेजिंग पर फैकल्टी मेम्बर्स के वक्तव्य भी हुए। कृषि में विज्ञान का दख़ल कितनी गहराई तक पहुँच गया है, देखकर दंग रह जाना पड़ता है। यदि यह ज्ञान समुचित तरीक़ों से किसानों तक पहुँच जाये तो देश की क़िस्मत बदल सकती है। हमें नहीं मालूम था कि आम को रात में तोड़ने से उसका पकना 8-10 दिन तक बढ़ाया जा सकता है। पैकेजिंग पर जो ज्ञान कृषिवैज्ञानिकों तथा अन्य विशेषज्ञों ने हासिल किया है, उसे ग्रामों तक पहुँचाने की भारी ज़रूरत है।

तीन दिन का प्रशिक्षण समाप्त हुआ। जब हम अपने कक्ष की ओर बढ़े तो मालूम हुआ हमारे एक मित्र मिस्टर साहनी रिसेप्शन पर आकर हमारा इन्तजार कर रहे थे। वे हमें मुम्बई भ्रमण कराने के वास्ते हमें लेने आये थे। चुनांचे हम अपने लगेज सहित आई.आई.पी. को टाटा कहकर उनके साथ चल पड़े। वे सीधे कोलाबा पहुँचे और उन्होंने हमें रेडियो क्लब में ठहरा दिया, जहाँ दो कक्ष हमारी पूर्व से ही प्रतीक्षा कर रहे थे। रेडियो क्लब समन्दर के पास बहुत शानदार लोकेशन पर है तथा यह मुम्बई के सबसे पुराने क्लबों में से एक है।

रेडियो क्लब के पहले तल पर अपने कक्षों से बाहर देखकर ऐसा लगता था कि हम तीनों ओर से जल से घिरे हैं। वस्तुतः हम तैरते कक्ष में अवस्थित लगते हैं। इस क्लब में दो दिन ठहरकर मानो हम मुम्बई की संस्कृति से दो-चार हो गये। क्लब के अग़ल-बग़ल स्थापित ग़रीब लोगों की बस्ती और क्लब के भीतर बहता अबाध ऐश्वर्य। दोनों में कोई साम्य नहीं है। एक को देखकर घृणा से मन खट्टा हो जाये, तो दूसरे को देखकर एक स्वर्गिक अनुभूति।

समन्दर से हमारा सही परिचय रेडियो क्लब में ही हुआ। प्रातः उठकर सूर्य को प्रणाम करना मेरा दशकों पुराना नियम है। **ॐ विश्वानि देव सवितर्दुरितानि परासुव। यद् भद्रन्तन्नऽआसुव।** रेडियो क्लब में सूर्य नमस्कार के लिए पिछले दरवाज़े से रोज़ सुबह सूर्य की प्रतीक्षा करना। आकाश में लाली दिख रही है, मगर सूर्य नहीं है। यकायक जैसे क्षितिज पर जादू के ज़ोर से सूर्य प्रकट होता है। ठीक इसी तरह सन्ध्या को क्षितिज पर यह अस्त होता है। उदय और अस्त अद्भुत है। सूर्य से हम तक समन्दर के जल के ऊपर गेरुए रंग की एक चादर बिछ जाती है। ऐसा एहसास होता है कि हाथ बढ़ाकर सूरज को छू सकते हैं। जलधि अनवरत चट्टानों से टकराता रहता है, जिसका एक स्पष्ट संकेत है—जब तक जीवन है, प्रयास ज़ारी है। समन्दर और सूरज के इस साहचर्य में अपनी भागीदारी के कारण हम रेडियो क्लब को कभी न भुला पायेंगे।

पहली रात मिस्टर साहनी हमें एक डिस्कोथेक ले गये, जहाँ नौजवान जोड़े तेज़ संगीत की आवाज़ पर थिरक रहे थे। हमने भी काउण्टर से स्कॉच हासिल की और तेज़ध्वनि के बीच संगति बैठाने की चेष्टा करने लगे। डान्स देखकर हारिजण्टल डिजायर इन वर्टिकल शेप की अनुभूति हुई। दो घण्टे डिस्को की सोहबत के बाद डिनर किया। डिनर के बाद मिस्टर साहनी एक ऐसे स्थान पर हमें ले गये, जहाँ गये बिना मुम्बई-दर्शन अधूरा रहता। वे हमें नाच-गाने की महफ़िल में ले गये। इस महफ़िल के कर्त्ता-धर्त्ता हमें 'भैया जी' टाइप के लोग लगे जो शरीर से अत्यन्त बलिष्ठ, मुस्कान से अत्यन्त शिष्ट दिख रहे थे। मुझे ताज़्जुब हुआ कि बाहर से उजाड़ दिखते इस मकान को भीतर से कितना सुन्दर सजाया गया है। फाल्स रूफ़ से आती तेज़ संगीत की आवाज़ यह एहसास करा रही थी कि अभी तक कुछ ख़त्म नहीं हुआ है।

वाक़ई, यह तो एक शुरुआत थी। दो-तीन हालों में तीस-चालीस कमसिन बालाएँ पश्चिमी संगीत से होड़ कर रही थीं। मार्के की बात यह भी की ये सभी सुन्दरियाँ दुबली-पतली काया की न होकर भरे बदन की थीं तथा सब पीले साड़ी ब्लाउज़ में अपने जिस्म को कसकर लपेटे हुए नृत्य में रत थीं। पता नहीं नशे का असर था या कोई और बात थी, सारी लड़कियों की शक्ल मुझे शिल्पा शेट्टी से मिलती-जुलती लग रही थी। हाल में खाने-पीने का हर सामान मौजूद था, मगर उसकी क़ीमत बताना यहाँ

दक़ियानूसी बात होगी। इतनी कड़क जवान बाइयों की सोहब्बत में कोई भी क़ीमत सस्ती है।

हम कई लोग थे। चार लोग तो हम ओरिजिनल थे। मिस्टर साहनी, मिस्टर सूरी जब से इस डिस्को सेण्टर पर आये, तब से पता नहीं मिस्टर साहनी क्या लतीफ़ा मिस्टर सूरी को सुना रहे थे, जिसमें बराबर बेलो दि बेल्ट का जिकर आ रहा था। हाल में बुरी तरह शोर-गुल था। हाल में मैंने भावी शिल्पा शेट्टियों को नृत्य करते देखा तो मेरे साहित्यकार मानस ने क्या एहसास किया, इसे लिखूँगा तो शायद यह दूसरी दक़ियानूसी 'बेलो दि बेल्ट' बात होगी। इतने अच्छे माहौल में आपको कुनैन की गोली खिलाने का अख़्तियार किसी को नहीं है। यह मुम्बई की एक रंगीन शाम थी। जो किसी क़दर लॉस वेगास से कम हसीन नहीं होगी।

हम तो इतना ही कह सकते हैं कि जब हम वहाँ से निकले तो मुर्गा बोलने का समय हो चुका था। यदि वे लोगों के पेट में दफ़न न हुए होंगे तो उन्हें ज़रूर बोलना चाहिए था। लगातार 16 घण्टों से भ्रमण करके हम एकदम थक चुके थे। बाहर निकलते वक़्त आधा दर्जन 'भइया जी' ने सलाम बजाया होगा। सड़क पर मुम्बई पुलिस की एक लारी मुस्तैदी से इस बात की चौकीदारी कर रही थी कि कोई ग़ैर ज़रूरी शख़्स इन्दरसभा में दाख़िल न हो सके। कोई दक़ियानूस यहाँ ऐसा ही लगता कि गोया शीश महल में कोई चोर घुस आया हो। लेकिन एक बात का मुझे साल भर बाद भी ताज़्जुब है कि सारी युवा लड़कियाँ एक-जैसी और शिल्पा शेट्टी जैसी ही क्यूँ दिखती हैं। क्या शिल्पा कोई गुण है जो सारे भारत की कमसिन लड़कियों में खुदा ने तकसीम कर दिया है।

अगले दिन फ़ोटो फ़ेयर देखा। हमारे छायाकार मित्र मिस्टर सूरी यहाँ प्रातः 9:00 बजे से ही मौजूद थे जबकि वे रात 4:00 बजे हमसे विदा हुए थे। इसे कहते हैं, काम करना। ग़ज़ब की मेहनत करते हैं भाई लोग। उनसे भी ज़्यादे मेहनत हमारे पंजाब दे पुत्तर करते हैं। यह मेहनत और हिकमत ही इन्हें अन्य लोगों से पृथक् करती है। फ़ोटो फ़ेयर के बाद कुछ फ़िल्मी साहित्यकार मित्रों से चर्चा भी। फ़िल्मी स्क्रिप्ट, डायलाग लेखन, वालीवुड का ट्रेण्ड निर्माता/निर्देशकों की अपेक्षाएँ, इन पर सब विस्तृत बात की। फ़िल्मी आकर्षण में मुन्शी प्रेमचन्द और अमृतलाल नागर तक मुम्बई की धूल छान चुके हैं।

पिछले छह दिनों में इसी दिन भागदौड़ कुछ कम रही। शाम को गढ़वावाले बाबा के आश्रम में विशुद्ध पूर्वी उत्तर प्रदेश की बाटी-चोखा का भोग लगाया। मुम्बई में बाटी-चोखा खाना, कुछ अजीब-सा लगता है। मगर जहाँ भइया जी हों, वहाँ कुछ भी अजीब नहीं, कुछ भी असम्भव नहीं। उत्तर भारत के लोग देश-परदेश कहीं भी रहें, अपनी संस्कृति को नहीं भूलते। मुम्बई में जहाँ लोग अपने को भूल जाते हैं, उत्तर भारत के लोग अपने देश को नहीं भूलते, अगर उसने गंगा की मिट्टी में जन्म लिया। यह इत्तिफ़ाक़ ही था। अगले दिन जब हम सहारा की उड़ान पकड़ने रेडियो क्लब से प्रस्थान किये तो पार्श्व में फ़िल्म 'डान' का गीत बज रहा था।

खईके पान बनारसवाला
खुल जाये बन्द अकल का ताला
फिर तो ऐसा करे कमाल
सीधी कर दे सबकी चाल
ओ छोरा गंगा किनारेवाला।

अरे! इतने बड़े समन्दर से दो दिन तक लगातार साक्षात्कार करने के बाद भी गंगा की याद आ गयी।

•

पत्थर बाग़

यह भी एक सफ़र था। लखनऊ से चण्डीगढ़ का। मौक़ा था सी.आई. आई. द्वारा आयोजित एग्रोटेक प्रदर्शनी का। पहली दिसम्बर, 2002 को हम लखनऊ से निकले, साधन था शताब्दी एक्सप्रेस, जिससे हमें दिल्ली पहुँचना था। साथ में दो साथी और थे। बहुत ही शानदार गाड़ी है, शताब्दी। तकरीबन 6 घण्टे में लखनऊ से दिल्ली पहुँचाती है। हमें तो इतने में ही 'पैलेस आन व्हील' का एहसास हो गया। बीच में ब्रेकफ़ास्ट दिया, सो अलग।

रास्ते में मोबाइल फ़ोन का सदुपयोग किया तो प्रोग्राम यह बना कि अब दिल्ली न पहुँचकर ग़ाज़ियाबाद शताब्दी को अलविदा कहें। ग़ाज़ियाबाद जिन साहब के यहाँ रुकने का कार्यक्रम था, उन्होंने कहला भेजा कि शताब्दी में अपना डिनर पैक कराकर लाइये, स्टाफ को बहुत पसन्द है, आप अपना डिनर हमारे घर ही करें। यही तय रहा। हमने डिनर पैक करा लिया और ग़ाज़ियाबाद ट्रेन छोड़ दी।

हमारा डिनर रात डेढ़ बजे तक चला। लाहौल बिला कूवत। हम उत्तर भारतीयों में मेहमान नवाज़ी के लिए वक़्त का कोई तोड़ नहीं। हम चाहे कितने ही व्यस्त अफ़सर हों, बिजनेसमैन हों, शोमैन हों—मेहमान को देखकर ख़ींसें निकाल देते हैं। और यह ख़्याल ही नहीं रखते कि वक़्त की अपनी भी कोई क़ीमत है। मरता क्या न करता। हम तो गेस्ट के गेस्ट थे, चुप लगा गये और रात डेढ़ बजे स्विस होटल में आकर कम्बल ओढ़कर सो गये।

मूदौं आँख कतहुँ कोउ नाही।

सवेरे का नाश्ता भी इतना ही डैशिंग था, जितना रात का डिनर। ग़नीमत यही थी कि होस्ट को दफ़्तर भी जाना था, इस नाते ग्यारह

बजते-बजते नाश्ता ख़त्म हो गया। भरवाँ पराठे, खीर, फ्राइड मटर, मोयनदार कचौड़ियाँ, जलेबी, दही। तौबा, देखकर ही तृप्ति हो गयी, ख़ुशबू लेने के बाद तो डायनिंग टेबिल पर बैठना ही मुश्किल था। ख़ैर, किसी तरह खा-पीकर तैयार हो गये। बाहर चण्डीगढ़ तक पहुँचाने की ग़रज़ से एक इण्डिका वी-2 खड़ी थी जिस पर हम सवार हो गये।

हम नेशनल हाईवे नं. 1 पर थे, जो कहा जाता है, कलकत्ते से पेशावर तक जाती थी। इस सड़क को कभी शेरशाह सूरी ने बनवाया था। अंग्रेज़ी अमलदारी में इसे ग्रैण्डट्रंक रोड, या जी.टी. रोड भी कहते थे। इसी जी.टी. रोड पर हम दौड़ रहे थे। दिल्ली-चण्डीगढ़ रोड इतनी अच्छी है कि आपको सौ किलोमीटर की रफ़्तार भी ज़्यादा नहीं मालूम देती है। सोनीपत क्रास करने के बाद हम पानीपत पहुँचे। पानीपत में वह प्रसिद्ध मैदान होगा, जहाँ मध्ययुग में तीन बड़ी लड़ाइयाँ हुई थीं। पानीपत हमारे राष्ट्रीय शर्म की क़ब्रगाह है, जब हमारे बीच के कुछ लोगों ने विदेशी आक्रमणकारियों से सम्पर्क करके देश का नक़्शा ही बदल दिया।

कुरुक्षेत्र भी इसी राजमार्ग पर है। यह वह प्रागैतिहासिक स्थल है, जहाँ महाभारत का युद्ध हुआ बताया जाता है। महाभारत का युग एक अन्धा युग था, ठीक आज की भाँति, जब हममें से अधिकतर लोगों ने अपने शुद्ध स्वार्थों के लिए अपनी आँखें मूँद ली थीं, यह सोचकर कि हमारी स्वाधीनता का अर्थ दूसरे की स्वाधीनता में नहीं पराधीनता में है। यह वही स्थल है जहाँ जन-जन के पूज्य पार्थसारथी की शंख ध्वनि का घोष कभी हुआ होगा, जिसने अर्जुन को इंगित किया कि कर्त्तव्य की राह में अन्य बातें गौण हैं, तुम तो महज़ काम करो, परिणाम की चिन्ता छोड़कर।

अन्ततः करनाल होते हुए हम अम्बाला पहुँचे। यहाँ से यह राजमार्ग दो भागों में अलग हो जाता है। जी.टी. रोड या हाईवे नं.—1. अमृतसर चला जाता है और हाईवे नं.—22 चण्डीगढ़ को जाता है। हम 22 नं. रास्ते को पकड़ लिये और शाम होते न होते चण्डीगढ़ के क़रीब पहुँचने लगे। यह राजमार्ग पंजाब के जनपद पटियाला से गुजरता हुआ चण्डीगढ़ जाता है। साढ़े छह बजे क़रीब हम एग्रोटेक प्रदर्शनी पहुँच गये और अगले एक घण्टे में हमने समस्त स्टालों का निरीक्षण कर लिया।

कृषि में भारत की प्रगति को दर्शाती है एग्रोटेक प्रदर्शनी। कुछ विदेशी स्टाल भी लगे हुए थे। आधुनिक कृषि से सम्बन्धित तक़रीबन सारे उपकरण इस प्रदर्शनी में प्रस्तुत किये गये थे। कृषि के सबसे प्रमुख उपकरण ट्रैक्टर के इतने प्रारूप मेले में प्रदर्शित किये गये थे कि पहली बार मुझे ताज़्जुब हुआ कि ट्रैक्टर के भी अलग-अलग उपयोग हो सकते हैं। पशुपालन, मत्स्य पालन, फल एवं सब्ज़ियों की खेती, उन्नत बीज आदि से सम्बन्धित प्रत्येक बिन्दु पर जानकारी यहाँ उपलब्ध थी। नये अन्तरराष्ट्रीय परिदृश्य में ऐसे मेले को और अधिक उपयोगी एवं सूचनादायक बनाने की ज़रूरत है।

अन्तरराज्यीय बस अड्डे के पास होटल शिवालिक में हम ठहरे थे। शाम को हमने अपने कानपुर निवासी किन्तु अब चण्डीगढ़ में व्यवसायरत मित्र श्री सेठी के साथ चण्डीगढ़ क्लब में डिनर लिया। इतना बड़ा और मैनटेन किया क्लब मैंने उत्तर प्रदेश में नहीं देखा। उस रात (02.12.2002) चण्डीगढ़ का न्यूनतम तापमान 7 डिग्री सेल्शियस था, मगर मुझे ताज़्जुब था कि इतनी ठण्ड होने पर भी क्लब में भोजन कर रही महिलाएँ बहुत कम गर्म कपड़े पहने हुए थीं। जबकि लम्बे-चौड़े सरदार लोग ठण्ड के मद्देनज़र कसकर सूट बूट डाटे हुए थे। पता नहीं, औरतों को इतनी कम ठण्ड क्यों लगती है। डिनर के पूर्व हमने सेक्टर-17 में हस्ब मामूल ख़रीदारी की और डिनर के बाद हम ठण्ड पर लानत भेजते हुए शिवालिक में आकर सो गये।

03 दिसम्बर को मंगल था। यह हमारे व्रत का दिन होता है। इस दिन प्रातः काल बजरंगबली के दर्शन के बाद ही हम कुछ काम करते हैं। बग़ल के एक साफ़-सुथरे मन्दिर के दर्शन किये। यहाँ से हम बाबू नेकचन्द सैनी के गार्डन पहुँचे। मन्दिर पर किसी साथी ने पूछा—क्या प्रोग्राम है, हमारे मुँह से अकस्मात् निकला पत्थर-बाग़। सचमुच नेकचन्द जी ने एक पत्थरों का बग़ीचा ही बना दिया है। दो घण्टे से कम वक़्त में आप इसे घूम ही नहीं सकते। मानव-जीवन के कई पहलुओं को उन्होंने पत्थरों के माध्यम से छुआ है।

रॉक गार्डन से ड्राईलेक पहुँचे। यह लेक प्राकृतिक न होकर मानव निर्मित है। अग़ल-बग़ल वही खाने-पीने का बाज़ार, जो हर ऐसी जगह पर मिलता है। दोपहर का हमारा भोज सी.आई.आई. के बेलेडिक्टरी सेशन में था, जिसके बाद भारत के कृषि मन्त्री चौधरी अजीत सिंह मेले के प्रतिभागियों को पुरस्कृत करनेवाले थे। चुनांचे पुरस्कार समारोह में हम

हिस्सा लेने वापस शिवालिक होटल लौट आये, जहाँ पर अलग से समारोह आयोजित किया जा रहा था।

दोपहर भोजन के बाद हमने जमकर सेक्टर-17 में शॉपिंग की। हमारा तो व्रत था, कुछ खाना नहीं था, शॉपिंग के सहयोगी मित्रों ने जमकर लञ्च उड़ाया। शॉपिंग करते-करते शाम हो गयी। रात का भोजन हमारे स्थानीय मित्र के साथ ग़ज़ल रेस्तराँ में था। श्री सेठी इस रेस्तराँ के स्वामी ही हैं। लेकिन इसके पहले एक ज़रूरी स्थल का भ्रमण करना शेष था। हमने चण्डीगढ़ से थोड़ी ही दूर स्थित पिंजौर गार्डन का अवलोकन किया। रास्ते में चण्डी देवी, मन्दिर को प्रणाम किया। चण्डी देवी के नाम पर ही चण्डीगढ़ बसाया गया।

चण्डीगढ़ प्रशासनिक रूप से केन्द्रशासित प्रदेश है। यह दो राज्यों हरियाणा व पंजाब की राजधानी है। दो राज्यपाल, दो मुख्यमन्त्री, यहाँ बैठते हैं। यह शहर तरतीबवार बसाया गया है। फ्रेंच वास्तुविद् ल कार्बूजिये ने इस शहर को डिज़ायन किया था। पंजाब आन्दोलन के दौरान चण्डीगढ़ पर प्रशासनिक नियन्त्रण भी एक प्रमुख विवाद बिन्दु था। शिवालिक पहाड़ियों (लोअर हिमालयाज़) के फूटहिल पर स्थित चण्डीगढ़ है ही इतना खूबसूरत कि इसके आधिपत्य को लेकर आन्दोलन किया जाये। हिमाचल की राजधानी शिमला यहाँ से 92 किलोमीटर दूर है। बड़ी लाइन कालका तक जाती है, यहाँ से छोटी लाइन की ट्रेन शिमला जाती है। सड़क भी चण्डीगढ़ से शिमला काफी अच्छी बनी है।

बहरहाल रात के भोजन के बाद हम अपने होटल जाकर सो गये। सुबह कार से चण्डीगढ़ से सीधे दिल्ली पहुँचना था। भोर में प्रकाश की पहली किरण के निकलते ही हमने शिवालिक होटल के पाँचवें तल स्थित कक्ष संख्या 577, के पर्दे सरकाये तो सामने शिवालिक चोटियों का विहंगम दृश्य देखता ही रह गया। क्या इन उन्मुक्त चोटियों को देखने ही हम यहाँ आये थे। क्या हम इन्हें छोड़कर जा सकेंगे। लेकिन प्रकृति के नियम भावनाओं से संचालित नहीं होते। अन्ततः हम दिल्ली के लिए निकल पड़े। इतने पास आकर भी शिमला नहीं जा सके, इसका अफ़सोस रहा।

रामकृष्णपुरम्

भारत के हज़ारों हज़ार महान् सपूतों में राम और कृष्ण का नाम सबसे ऊपर है। राम और कृष्ण के कार्यों का भारतीय जनमानस पर इतना ज़बरदस्त प्रभाव है कि हम भारत को रामकृष्णपुरम् ही कह सकते हैं। यह एक इत्तफ़ाक़ ही है कि नयी दिल्ली में एक रामकृष्णपुरम् भी बसा हुआ है, लेकिन हम तो इस विशाल भू-भाग को ही रामकृष्णपुरम् कह रहे हैं। आख़िर इन दोनों महापुरुषों के चरित्र में ऐसी कौन-सी ख़ूबियाँ हैं कि समस्त भारत इन दोनों के बीच सफ़र करता रहता है। पहले हम राम को लेते हैं।

रामकथा इस छोटी-सी दुनिया की सफलतम् कहानी है। मानवीय संवेदनाओं के ताने-बाने में बुनी रामकथा नैतिकता एवं मर्यादाओं को शिखर तक ले जाती है। अपने निज के हितों का, भावनाओं का ख़ून करके रामकथा के पात्र सार्वजनिक हित के लिए जीते हैं, जिससे कवियों को एक कलात्मक ऊँचाई तो मिलती ही है, मानवीय संवदेनाओं की टकराहट से जो ऊष्मा निकलती है, वह इन चरित्रों को भी प्रकाशित कर देती है। कथा बहुत छोटी-सी है।

आर्यावर्त्त के एक छोटे-से राज्य साकेत के नरेश दशरथ जब ज्येष्ठ राजकुमार राम का राजतिलक करना चाहते हैं, तभी उनकी मँझली रानी कैकेयी उन्हें दिये अपने वरदानों का स्मरण राजा को कराती हैं। दशरथ सत्य की प्रतिमूर्ति थे। अपनी इच्छा के ख़िलाफ़ उन्होंने मौन रहकर कैकेयी को दो वरदान दिये, जिसके क्रम में प्रथम वरदान के रूप में राम उसी सुबह अरण्य को प्रस्थान कर गये, जब उनका राजतिलक किया जाना था। अपनी इच्छा से ज्येष्ठ वधू सीता एवं अनुज लक्ष्मण भी राम के साथ वन को गये। दशरथ

को दूसरे वरदान से उतनी पीड़ा नहीं हुई कि कैकेयी के पुत्र भरत का राज्य अभिषेक किया जाये। राम का वियोग सह पाने में असमर्थ दशरथ की मृत्यु हो गयी। भरत उस समय ननिहाल गये हुए थे, पिता की मृत्यु के बाद उन्हें बुलाने विशेष दूत भेजे गये।

यह तो वैसे ही हुआ कि विवाह होने के घण्टे भर बाद वधू विधवा हो जाये। किन्तु राम ने विश्वामित्र के साथ अरण्य के निवासियों की पीड़ा को भोगते देखा था। इस सार्वजनिक सत्य के सामने राम का निजी सच कुछ भी न था कि वे अयोध्या के सम्राट् होने जा रहे थे। वनवासियों पर राक्षसी कहर के बचाव और उनके स्वाभिमान को संस्कार देने का यही समय था। राम पल भर में निर्णय पर पहुँच गये और एक क्षण में उन्होंने सहज भाव से राजमुकुट त्याग दिया। उसी सहजता से भरत ने यह कहकर मुकुट त्याग दिया कि यदि वह राम के शीश पर नहीं धरा गया, तो अब उसका कोई मूल्य नहीं। यदि राजमुकुट जीवित होता तो सार्वजनिक हित के लिए निज हित का त्याग, भ्रातृत्व प्रेम के कारण अपनी दुर्दशा एवं मूल्यहीनता को देखकर मूर्च्छित हो जाता।

भरत राम को वापस बुलाने अरण्य गये, वन में कैकेयी को यह भान हुआ कि रघुकुल की रक्त परम्परा को न समझ पाने की उन्होंने कितनी बड़ी भूल की है कि उनके उदर से जन्म लेकर भी इतिहास के निर्णायक क्षण में भरत रघुकुल का सपूत निकला। वे सोचने लगीं कि नारी-प्रकृति वस्तुतः एक भूमि की भाँति है, जिसमें बीज पड़ता है तो भूमि उसे सहेजकर अंकुरित करती है। मगर अंकुर निकलते ही बीच का मूल पृथ्वी पर स्थित होने के बावजूद उससे स्वतन्त्र होकर वह उसी बीज का पौधा कहाया जाता है। बहरहाल भरत राम की पादुका मस्तक पर धारण कर वन से वापस आकर नन्दीग्राम से राम के नाम पर अगले 14 वर्ष तक अयोध्या का शासन सँभालते हैं।

आगे की कथा और भी सरल है। राक्षस प्रतिरोध से जूझते, वनवासियों को संस्कारित, स्वाभिमानी बनाते राम की प्रिया सीता का अपहरण त्रैलोक्यजयी राक्षसराज रावण अपनी बहन के अपमान का बदला चुकाने के हेतु कर लेता है। राम के नेतृत्व में आत्मविश्वास से लवरेज वनवासियों की सैन्य टुकड़ियाँ रावण से टकराती हैं। रावण पराजित होता है। यही रामकथा है जिसे गाँव देहात में सरल भाषा में एक लाइन में कहते हैं—

इकु राम हतो, इकु रावन्ना

उन्ने उनके सिया चुराई

उन्ने उनको मारन्ना

तुलसिदास एकु बड़े कवि भये

उन्ने लिखिदौ पोथन्ना।

जी हाँ, रामकथा इतनी ही सहज है, जैसे फुटबाल का मैच। एक मैदान, एक गेंद और बाईस नौजवान खिलाड़ी। फुटबाल का उन्माद उस खेल की सरलता के कारण है, ठीक वैसे ही जैसे रामकथा की दिगन्तव्यापी लोकप्रियता का कारण इसकी सरलता एवं सहजता में निहित है। कैसा पिता होना चाहिए, कैसा पुत्र हो, कैसी माता हो, कैसा राजा हो, कैसी प्रजा हो, कैसी राजनीति हो, कैसी पत्नी हो, कैसा भाई हो—कुछ भी जानना चाहते हैं तो रामकथा पढ़िये/मानव समाज में आदर्श का शिखर है—रामकथा। कंगाल तपस्वी के वेश में अरण्य के कर्मपथ पर भटकते राम की वनवासियों की नव सृजित स्वाभिमानी अपराजेय संकल्प शक्ति का ही तो रावण सही आकलन नहीं कर सका।

कृष्ण को देखिये। अत्याचारी मातुल कंस के कारागार में जन्म लेकर गोकुल में बड़े हुए। किन्तु कर्मयोगी की भाँति समय आने पर क्षण में ही गोकुल के स्नेह-बन्धनों को तोड़कर मथुरा चले गये। कालान्तर में भीम की अतुलनीय शक्ति से जरासन्ध का वध कराकर उसके अधीन राजाओं को अभय दिलाया। कौरव-पाण्डवों के बीच के मतभेद को समाप्त कराने का प्रयास किया। किन्तु जब युग अन्धकार ने सारे दीये बुझा दिये तथा दुर्योधन ने हुँकार कर कहा कि पाँच गाँव तो क्या सुई की नोक के बराबर भूमि भी पाण्डवों को नहीं दूँगा, तो केशव ने अपने को कुरुक्षेत्र के मैदान में पार्थ का रथ हाँकते पाया।

जब अपने बन्धु बान्धवों पर शस्त्र उठाते धनञ्जय को मोह ने घेरा तो पार्थसारथी बोला—सव्यसांची, निष्काम भाव से इतिहास द्वारा अपने लिये नियत किये गये कर्म का पालन करो। क्योंकि मानव का अख़्तियार सिर्फ़ कर्म तक है, फल तक नहीं। यदि हारोगे तो शूरवीर की मृत्यु मरोगे, जीतोगे तो पृथ्वी भोग करोगे। अपने अधिकार का त्याग कायरता है। तुम्हें जिनका

मोह है, वे पहले ही काल के गाल में समाये हैं। तुम्हे विश्वास न हो तो, मेरी ओर देखो, सब किस तरह मेरे विराट् व्यक्तित्व में समाते चले जा रहे हैं।

इस महायुद्ध के बाद समूची मानवता अपंग हो गयी, तब केशव ने पुनर्निर्माण का भार भी अपने ऊपर लिया। इस संग्राम में स्वार्थों की जो लपटें कौंधीं, उसने मानव के ऊपर ओढ़ी सभ्यता की खालों के आवरण को हटाकर उसे अपने मूल हिंसक स्वभाव में ला खड़ा किया। महाविनाश की इस वेला में केशव ने धीरज नहीं खोया। कौरव अपने अहंकार के दुर्ग में जल मरे।

दोनों महापुरुषों के जीवन में क्या समानता है, क्या विषमता है। विषमताएँ देखें कि रामकथा एक सरल कहानी है, राजमार्ग है जिस पर कोई बड़े आराम से थोड़ा दूर चलकर ही अपने लक्ष्य तक पहुँच सकता है, पहुँचकर लौट भी सकता है जबकि कृष्णकथा एक जटिल और पथरीला मार्ग है, जहाँ बड़ी मुश्किल से ही कोई डगर मिलती है, किन्तु लक्ष्य तक पहुँचने के बाद वहाँ से वापस लौटना बहुत कठिन है, लगभग असम्भव है। रामकथा जीवन में उच्चादर्शों का शिखर है, जहाँ निजी हित को जनता के सामूहिक हितों पर कुर्बान कर दिया गया है जबकि कृष्णकथा जीवन के स्वार्थों के शिखर को प्रकाशित करती है, जहाँ व्यक्तिगत हित सर्वोच्च प्रतीत होते हैं।

रामकथा के कम पात्र हैं, जीवन में घात-प्रतिघातों का कम अंकन हुआ है। अन्तरंग एवं बहिरंग द्वन्द्व यहाँ भी है, मगर सामूहिक हित के सम्मुख ये द्वन्द्व हेय हो जाते हैं, शेष रह जाता है एक इतिहास कि मानव को उच्चतर बनाने में किसने इतिहास की भूमिका ठीक से निभायी है। कृष्णकथा में पात्रों की बहुतायत है, जीवन के गम्भीर घात-प्रतिघातों का विवरण का अंकन ही इसमें हुआ है। अन्तरंग एवं बहिरंग द्वन्द्वों के संघर्ष में निज हितों को सर्वोच्चता दी गयी है।

दोनों महापुरुषों के जीवन में सबसे प्रमुख समानता है कि दोनों ने अपनी परिस्थितियों से हार नहीं मानी। परम धार्मिक होने के बावजूद, गेरुआ वस्त्र धारण कर हिमाचल की कन्दराओं की सैर नहीं की बल्कि घटनाओं एवं दुर्घटनाओं के मध्य जीवन की कर्मभूमि में अपने प्राणों की बाजी लगाकर

मुठभेड़ की। जीवन को कर्म और संघर्ष का दूसरा नाम भी दिया जा सकता है। दोनों महापुरुषों ने जीवन में अध्यात्म को नहीं, कर्म को वरीयता दी क्योंकि अध्यात्म की गहराई में कर्म का स्रोत छिपा है। कर्म की प्रमुखता के कारण ही इन दोनों महापुरुषों का जीवन भारत के सर्वश्रेष्ठ महापुत्रों में शिखर पर पहुँचा।

इन दोनों जीवनियों में उत्तर भारतीय आत्माओं पर ज़बरदस्त प्रभाव डाला है। उत्तर भारतीयों के दिल में आज भी रामकथा तथा दिमाग़ में कृष्णकथा का चक्र घूमता रहता है। यह ग़ज़ब विरोधाभास है। अपने मस्तिष्क से संचालित यह मानव अपने निपट नंगे हितों की पूर्ति के लिए संघर्ष करता है, चोरी करता है, बलात्कार करता है, क़त्ल करता है और थक-हारकर अपनी अधेड़ वय में दिल की पुकार सुनता है। दिक़्क़त केवल इतनी है कि लम्बे अरसे से जो अनुभव होता रहता है, उसका प्रभाव ख़त्म नहीं होता। दिल की पुकार घुमड़ती रहती है तो यह आम उत्तर भारतीय मानव समझता है कि ये बग़ल के किसी मन्दिर से आयी है और वह चल पड़ता है पूजा करके शान्ति की तलाश करने।

पेण्डुलम की भाँति रामकथा से कृष्णकथा के बीच झूलता यह उत्तर भारतीय जीवन है। यह उत्तर दक्षिण के शिखरों के बीच भ्रमण करता है। कृष्णकथा में निहित अमेरिकी पद्धति के घात-प्रतिघात से जब मस्तिष्क शिथिल हो जाता है, तब मानव अपनी सांस्कृतिक परम्परा के रामायणी तत्त्वों की ओर मुड़कर अपने मस्तिष्क को शान्ति का एहसास कराता है। ख़ेद केवल इतना है कि रामायणी तत्त्वों का शोध मन्दिर की सीढ़ियों तक चलकर समाप्त हो जाता है, यह शोध उसे कर्मभूमि तक नहीं ले जा पाता। इस विशालकाय भारतीय भू-खण्ड के अरबों प्राणी इन भूधरों के बीच हज़ारों वर्षों से परिक्रमा कर रहे हैं, कहीं ठहरते नहीं। एक साथ पूरब और पश्चिम, नयी और पुरानी दुनिया का मज़ा ले रहे हैं। इस नाते हमने इस देश को रामकृष्णपुरम् कह दिया, यदि आपको इससे कुछ तक़लीफ़ पहुँची हो तो मैं माफ़ी चाहूँगा। मुझे तो राम और कृष्ण देश की मिट्टी में निष्काम कर्म करते हुए दिखायी देते हैं, यदि आपको ये मन्दिरों में दिखायी देते हों, तो मैं अपने नेत्रदोष के कारण शर्मिन्दा हूँ।

(2)

राम-कृष्ण की शृंखला में ही भारत के एक अन्य सर्वश्रेष्ठ पुत्र हुए—गौतम बुद्ध। पिछले बीस वर्षों से मैं बुद्ध के बारे में पढ़ता, मनन करता, समझता रहा हूँ। गौतम भारत के कितने महान् पुत्र थे, इसका अन्दाजा दो-चार वाक्यों से नहीं लगाया जा सकता। आधुनिक भारत के गठन में, उसकी घरेलू एवं विदेशी परिस्थितियों में, उनकी नीतियों पर गौतम के विचारों का कितना असर है, यह कोई शोधकर्त्ता ही बता सकता है। यद्यपि आधुनिक भारत में गौतम के प्रभाव को परखने के लिए आपको अनिवार्य रूप से गाँधी नामक पड़ाव पर रुकना होगा।

गौतम की शिक्षाएँ अनन्य साधारण थीं। व्यक्ति के उन्नयन, उसके प्रगति-पथ पर निर्भय होकर प्रस्थान करने की आधारशिला है—गुरु गौतम की शिक्षाएँ। गौतम अकेले नहीं थे, उनका महत्त्व सद्धर्म तथा संघ के साथ था—तभी तो नव भिक्षु को बुद्ध, संघ, धर्म की शरण में जाने की त्रिवाचा करायी जाती है। संघ के अस्तित्व के बावजूद कहा जा सकता है कि गौतम की शिक्षाएँ व्यक्तिगत उन्नति को प्रेरित करती हैं, आत्मोन्नति का मार्ग दिखाती हैं, समाज एवं राष्ट्र की उन्नति अथवा समष्टि की उन्नति का मार्ग भी इनमें निहित है, मगर मौलिक रूप से आत्मोन्नति ही इनका मुख्य ध्येय है। ऐसा नहीं है कि गौतम समाज-सेवा की बात नहीं कहते किन्तु उनका मुख्य जोर संघ के सदस्यों की सेवा से है। वे गणतन्त्र के प्रबल समर्थक होते हुए भी सबसे पहले स्वयं को अज्ञान से मुक्ति की प्रेरणा देते हैं। प्राणिमात्र के लिए आपके मन में असीम करुणा तभी उत्पन्न होगी जब आप भ्रान्त ध ारणाओं से मुक्त होकर निर्मल हृदय से सोचेंगे।

कुल मिलाकर कहा जा सकता है कि गुरु गौतम मूलतः व्यक्तिगत आत्मोन्नति के प्रवर्तक थे, समाज का रणक्षेत्र उनके कार्य का मुख्य स्थल नहीं था। वे सम्यक् समाधि की बात कहते हैं, समाधि एकान्त में ही लगायी जा सकती है, समाज की चिल्ल-पों के बीच नहीं। आदि शंकर ने गौतम बुद्ध को इसीलिए, योगिनां चक्रवर्ती कहा है। जबकि इसके विपरीत राम और कृष्ण समाज की कर्मभूमि के रणयात्री थे जिनका सारा जीवन अन्याय से

मुठभेड़ में व्यतीत हो गया। ये दोनों महापुरुष सामूहिक हित के लिए व्यक्तिगत हित का बलिदान कर चुके थे। यद्यपि गुरु गौतम द्वारा निर्देशित आत्मोन्नति का मार्ग, स्वार्थ साधना नहीं था, परन्तु फिर भी उनकी पद्धति में स्वयं में सुधार करना ही प्रमुख था।

इस प्रकार जहाँ राम और कृष्ण के जीवन के सन्देश में सामूहिक हित की प्रमुखता दिखती है, व्यक्तिगत हित पर कम ध्यान दिया जाता है, उसी प्रकार गौतम के सन्देश में आत्मोन्नति की प्रमुखता दिखती है, सामूहिक हित पर अपेक्षाकृत कम ध्यान दिया गया है। एक सार्वजनिक हित के हथियार उठाकर धर्म-संघर्ष को प्रस्तुत रहा हो दूसरा इन्सान के नैतिक स्तर को उठाकर एक-दूसरे तरीक़े से समाज की सेवा कर रहा था। निश्चय ही सार्वजनिक हित व्यक्तिगत हित से उच्च होता है, इस प्रकार गौतम की फिर भी एक सीमा थी, राम और कृष्ण ने तो सार्वजनिक हित के लिए अपने सक्रिय संघर्ष के ज़रिये अपने को निस्सीम बना दिया।

आदर्श स्थिति दोनों का मेल है जिसके चरम रूप का उत्कृष्ट निदर्शन गाँधी में होता है। आज भारत में गाँधी का गौतमीय पक्ष अर्थात् गौतम की व्यक्तिगत आत्मोन्नति की साधना तक़रीबन भुला दी गयी है, राम और कृष्ण भी पुराने-से हो चले हैं जबकि राम और कृष्ण का चरित्र इतना दिगन्तव्यापी है कि स्वयं गुरु गौतम उत्तर भारत में सम्बोधि प्राप्ति के बाद पैंतालीस वर्षों तक भ्रमण करते रहे किन्तु अयोध्या एवं मथुरा जो रामकृष्ण की जन्मभूमियाँ रहीं हैं, कभी नहीं गये। कारण स्पष्ट है, कर्मयोगी सर्वोच्च वरीयता प्राप्त होता है।

मैं अभी अध्ययन ही कर रहा हूँ कि ऋषिपत्तन मृगदाव (सारनाथ) में ध र्मचक्र प्रवर्तन के बावजूद गौतम कभी काशी या वाराणसी क्यों नहीं गये, जबकि जातक कथाओं का प्रारम्भ ही वाराणसी के राजा ब्रह्मदत्त की कहानी से होता है। इस बात की भी पड़ताल मेरे द्वारा की जा रही है कि उत्तर भारत में राजपूताना, पंजाब, हरियाणा के मध्ययुग के तथा आज़ादी के पहले 1857 से 1947 के मध्य क्रमशः ग़दर एवं आतंकवादी कार्यवाहियों के कतिपय उदाहरण छोड़ दें तो आम तौर पर उत्तर भारतीयों की मानसिकता नपुंसकता, दिमाग़ी भयप्रदता, भयानक स्वकेन्द्रण स्वच्छन्द निरंकुशता, जातीय असहिष्णुता, सर्वोच्च अविश्वसनीयता, पारस्परिक द्वेष एवं ईर्ष्या

तथा पदलोलुपता की चरम प्रवृत्तियाँ कैसे नसों में बहते रक्त की भाँति समा गयीं। जबकि राम और कृष्ण तो रणभूमि के पथिक रहे, गुरु गौतम ने भी आत्मोन्नति के द्वारा निर्भयता की सीख दी।

इस सम्बन्ध में एक बात विचारणीय है। राम कृष्ण तो प्रागैतिहासिक मानव हैं, इनके समय का निर्धारण कर पाना कठिन है जबकि गौतम और गाँधी के बीच 2300 वर्षों का फ़ासला रहा है। एक राष्ट्र के जीवन में सौ-पचास वर्षों की अवधि बहुत अधिक नहीं होती परन्तु तेईस सौ वर्ष वाक़ई बहुत अधिक हैं। राष्ट्र को सौ वर्ष के भीतर ही एक-दूसरे महामानव की दरकार होती है क्या?

एक अन्य बात भी विचारणीय है। हमारे रहनुमा कभी-कभी कहते हैं कि भारतीय सेना भारत की एकता और अखण्डता बनाये रखने में सक्षम है। मैं अपने नेताओं की इस बात को एक संशोधन सहित कहने की अनुमति चाहता हूँ कि भारतीय सेना भारत को एक राष्ट्र के रूप में बनाये रखने में सक्षम है। यदि आज भारतीय सेना परिदृश्य से हटा दी जाये तो क्या हम फिर मध्य या प्राचीन युग की ओर नहीं लौट जायेंगे? भारतीय सेना के अभाव में हम एक राष्ट्र के रूप में किधर से दिखते हैं? क्या विभीषण, जयचन्द, दौलत खाँ, मीर जाफ़र, आधुनिक भारत में नहीं रहे? यदि जवाब हाँ है तो मैं ख़ुश हो सकता हूँ, लेकिन अभी तक मैं जबाव खोजने की प्रक्रिया के बीच किताबों में सिर दिये बैठा हूँ।

1857 ई. के सशस्त्र संघर्ष के बाद अंग्रेज़ों ने जो दमन-चक्र बिना किसी भेदभाव के चलाया, उत्तर भारतवासी उससे सहम गये। सदियों से मन में बैठा उनका भय एक बार फिर सतह पर आ गया। हज़ारों आहुतियाँ लेकर भी यह सशस्त्र संघर्ष निष्फल हो गया। लेकिन विद्रोहियों ने आत्म-बलिदान की एक शानदार परम्परा स्थापित करके जैसे भारतीयों का राष्ट्रीय अहम् उन्हें वापस कर दिया हो। 60 साल तक चले ज़बरदस्त दमन-चक्र ने जैसे उत्तर भारतीय मस्तिष्क को तब तक पराभूत रखा जब तक कि 1917 में राष्ट्रीय क्षितिज पर गाँधी न आ गये। लेकिन इसके पहले राष्ट्रीय भावनाओं के सेफ़्टी वाल्व के रूप में 1885 में भारतीय राष्ट्रीय कांग्रेस की स्थापना हो चुकी थी।

गाँधी ने अपने सामने पूर्णतः पराजित एक मुर्दा क़ौम को पाया। यह वह ज़माना था, जब थाने के देसी (अंग्रेज़ नहीं) चौकीदार का लाल साफ़ा देखते

ही गाँववाले अपनी औरत, बच्चों को घर पर छोड़कर ख़ुद भय के कारण भागकर जंगलों में छिप जाते थे और दो-तीन दिन तक छिपे रहकर अपनी जान बचाने का उद्योग करते थे। ऐसे मुल्क में किसी प्रकार के संघर्ष की कल्पना ही नहीं की जा सकती। लोकमान्य तिलक की वीरतापूर्ण हुँकार से क़ौम में कुछ गर्मी तो आयी, उसकी मुर्दनी नहीं टूटी, इस स्टेज पर गाँधी का प्रादुर्भाव हुआ।

पहले ही लिख चुका हूँ, गाँधी न केवल रामकृष्ण और गौतम के मणिकञ्चन संयोग थे बल्कि पुरानी और नयी दुनिया—दोनों के सबसे श्रेष्ठ मूल्यों के सामूहिक वाहक भी थे। गाँधी का निजी शरीर एवं जीवन यदि गौतम के सत्य, अहिंसा, अपरिग्रह, अस्तेय, अचौर्य का साकार रूप था तो उनके सार्वजनिक जीवन पर रामकृष्ण के कर्मक्षेत्र में वीरतापूर्वक निर्भय होकर मुठभेड़ करने का जज़्बा था। चूँकि उन्हें एक मुर्दा क़ौम की मुर्दनी तोड़ने का पर्वताकार कार्य इतिहास ने सौंप रखा था, इस कारण उनका संघर्ष सशस्त्र नहीं हो सकता था। अपने अहिंसक संघर्ष के नये हथियारों का आविष्कार गाँधी ने अपने दक्षिण अफ्रीका प्रवास के दौरान किया। संघर्ष अनिवार्य था मगर उसके हथियार बदल गये। यह परिवर्तन इतिहास से संगत एवं क़ौम की मनःस्थिति के अनुकूल था। इस अहिंसक संघर्ष के वृहद रूपाकार की छाया के भीतर सुचिन्तित सशस्त्र संघर्ष इसी कारण विकसित हो सके क्योंकि गाँधी ने क़ौम की मुर्दनी को तोड़ दिया था।

गाँधी के आवाहन पर क़ौम ने शानदार जवाब दिया क्योंकि गाँधी का तरीक़ा मनःस्थिति के अनुकूल था। पहली बार ऐसा लगा कि भारत एक राष्ट्र की भाषा बोल रहा है। ग़ौर से देखने पर आप हताश होंगे कि गाँधी के सफल संघर्षों में भी क़ौम के कई तबकों ने शिरकत नहीं की थी। लेकिन बहुसंख्यक जनगण का गाँधी को दिया गया जवाब इतना स्पष्ट था कि उसने किसी को ग़ौर से चीज़ों को देखने ही नहीं दिया और अंग्रेज़ सन्नाटे में आ गये। गाँधी के अस्त्र-शस्त्र विरोध की राजनीति के लिए अधिक कामयाब थे, सत्ता की राजनीति के लिए कम। इसी कारण संकट के उन दिनों में भारत एक राष्ट्र होने का भ्रम कराता रहा जबकि आजकल यह भ्रम भी नहीं होता।

रामकृष्णपुरम् की इस यात्रा में कई ऐसे पेचीदे सवाल हैं जो अनुत्तरित हैं। हाल के दशकों में क़ौम के लोगों में सोया हुआ दोहरा व्यक्तित्व फिर से जाग गया है। मूल प्रश्न संसाधनों के वितरण से कहीं-न-कहीं ज़रूर जुड़ा

है, जिसका सीधा सम्बन्ध व्यक्ति के सम्मान से सम्बद्ध है। राम-कृष्ण ने इस सवाल को युद्धक्षेत्र में जीवन की बाज़ी लगाकर हल किया, गौतम ने भौतिक संसाधनों की उपेक्षा कर मानसिक उन्नयन पर बल दिया। गाँधी ने आत्मोन्नति एवं उच्च नैतिक मूल्यों के साथ ही संसाधनों को क़ौम की वस्तु बताते हुए ट्रस्टीशिप सिद्धान्त की पैरवी की। समस्त अच्छाइयों का सुन्दर सम्मिलन होने के बावजूद यदि आज गाँधी अप्रासंगिक हो गये तो हमें अपने इतिहास की विविध धाराओं पर फिर से ग़ौर करना होगा।

गाँधी विरोध की राजनीति करने हेतु जन्मे थे। अपने अस्त्र-शस्त्र उन्होंने क़ौम की यन्त्रणा, शोषण, भय, त्रास और मुर्दनी के प्रसंग में विकसित किये थे। इसमें कोई आश्चर्य नहीं कि गाँधी में गौतमीय विचारों के प्रति रुझान बहुत ज़्यादे हैं क्योंकि बिना व्यक्तिगत उदाहरण प्रस्तुत किये मुर्दा क़ौम में जीवन नहीं डाला जा सकता। भौतिक शक्तियाँ आपके पास न हों, तो मानसिक शक्तियों के उन्नयन एवं उनके प्रयोग के अतिरिक्त उपाय ही क्या है? आज गाँधी-युग की स्थितियाँ मौजूद नहीं हैं, इसी कारण व्यक्तिगत आत्मोन्नति व्यक्ति या समाज को नहीं सुहाती। तब सार्वजनिक हित के लिए संघर्ष के नये तरीक़ों को पुनः परिभाषित किये जाने की स्थितियाँ उत्पन्न हो गयी हैं क्या? इस पर विचार करना प्रासंगिक होगा।

गाँधी के सिद्धान्तों पर रामकृष्ण और गौतम का असर साफ़ है, फिर भी गाँधी ने दोनों के विचारों के समन्वयन में मौलिकता का परिचय दिया है। सत्याग्रह और सविनय अवज्ञा का निष्क्रिय प्रतिरोध गाँधी के अपने मौलिक अहिंसक अस्त्र हैं। इन अस्त्रों के साथ निर्भय होकर संघर्ष करने की सीख गाँधी ने अपने देशवासियों को दी। वस्तुतः पृथ्वी अहंकार से आवेष्ठित है, बुराइयों से परिपूर्ण है, अपनी मूल वृत्तियों में मानव आज भी एक हिंसक सामाजिक प्राणी है। मानव प्रयास ही इस अन्धकार में दीप जलाता है। इसीलिए राष्ट्र को इस युग में महापुरुषों की ज़रूरत है। केवल तालीम ही महापुरुषों की एक अटूट शृंखला का निर्माण कर सकती है, अन्धकार मिटा सकती है। इसीलिए हमने अपने लेखन में तालीम की ज़रूरत को सबसे ऊपर रखा है।

•

बायस्कोप

पुराने ज़माने में बारहमासी लिखने का चलन था। इस बारह महीनों में प्रेमाग्नि में जल रही नायिकाओं के मनोभावों को दिखाना उनका मक़सद था। जब लोग ऊब गये तब षड्ऋतु वर्णन होने लगा यानी दो-दो महीने की छह ऋतुओं में पूरा साल समेट दिया। पता नहीं फिर तिमाही और छमाही आया कि नहीं? मेरा ख़याल इससे जुदा है। जब एक दिन और रात में ही इतना कुछ कहने के लिए हो जाता है तब बारहमासी लिखकर पन्ने भरना बेफ़ायदा है।

मध्य पश्चिम उ.प्र. में फ़र्रूख़ाबाद ज़िले में एक औसत-सा गाँव है, रोशनाबाद। पिछली किताब में इसका ज़िक्र बहुत बार हुआ। हो भी क्यों न, आपके ख़ादिम का पैतृक गाँव जो है। इसकी बारहमासी लिखकर हम आपको बोर नहीं करना चाहते। हमने तक़रीबन इसके सभी रूप देखे—जाड़ा, गर्मी, बरसात। पिछड़ा, ज़ाहिल, ग़रीबी, बदज़ुबानी। यही कहा जा सकता है। लेकिन जैसे कैक्टस के काँटों में भी एक तारतम्य होता है, वैसे ही रोशनाबाद के पिछड़ेपन में भी एक मनोहरता है।

भारत की तरह अनेकता में एकता की मिसाल है, रोशनाबाद। गाँव में कई महफ़िलें लगती थीं। हमारे घर के पास की महफ़िल में रामायण, महाभारत की कथाएँ होती थीं या सामयिक बहसें या फिर आल्हा गायन। दस-बारह साल की उम्र तक यहीं मैंने तुलसी की मानस, सवलसिंह चौलान की महाभारत, आल्हा-ऊदल की वीरतापूर्ण कहानियाँ सुनीं। कभी कीर्त्तन तो कभी फ़िल्मी गानों की महफ़िल जमती, मगर इनमें बुज़ुर्ग शामिल नहीं होते। एक नाटक मण्डली नौटंकी भी आयोजित करती थी।

हमारे घर के पिछवाड़े एक दूसरी महफ़िल लगती थी। इसमें शाम के खाने के बाद राजा, रानी, राजकुमार, राजकुमारी, सिंहासन बत्तीसी या

बैताल पच्चीसी भी इन क़िस्सों में हमने सुने। कभी-कभी ये कहानियाँ कई-कई रातों तक चला करतीं। हमें इस महफ़िल में जाने की मनाही थी। इसलिए हम अक्सर छत पर बैठकर इन क़िस्सों को सुना करते थे।

गाँव के मन्दिर पर वक़्त के मुताबिक़ कई महफ़िलें लगतीं। कहा भी जाता है कि मन्दिर के नज़दीक, भगवान् से दूर। दिन में हिस्सा-पत्री, लेन-देन, निन्दा-रस, घर के भीतर की बातें, गाली-गलौज, बीड़ी-सुर्ती, ऊँच-नीच, मिस्कौट यानी कि सब-कुछ। दिन की यह महफ़िल कई एक छोटी-महफ़िलों का एक सम्मिलित रूप था। शाम को एक महफ़िल और लगती जब गाँजा-भाँग की चिलम लगाता। दो-तीन घण्टे तक एक हाथ से दूसरे हाथ घूमती रहती।

अन्य जगहों की महफ़िल भी क़िस्से-कहानियों की हुआ करती, लेकिन साथ ही खेत-पात, हल-बैल, सिंचाई की बातें भी होती रहतीं। बूढ़े लोग भैंस चराते या फिर सन काटकर रस्सी बनाते। लेकिन मुझे लगता कि रामायण, महाभारत की कथाएँ गालिबान सारे हिन्दुस्तान में लोग अपने बचपने में सुनते रहे हैं। एक उदाहरण देखिये। सुदूर दक्षिण केरल में एक क़स्बे कोट्टयम के के.पी.एस. मेनन अपनी आत्मकथा Many Worlds में लिखते हैं।

The credit for my mental development during childhood goes almost entirely to my mother. From my infancy she would tell me stories from the Ramayana and the Mahabharata. I would sit by her side every day until I was 14 or 15 years old and hear her read the Puranas. Gradually and effortlessly I came to know by heart many passages for these epics.

वस्तुतः रामायण और महाभारत भारत की नसों में बहते रक्त कणिकाओं की भाँति हैं जिन्हें हम कितना भी उपेक्षित करें, कहीं-न-कहीं हम उनकी ज़रूरत के क़ायल हो जाते हैं। ख़ुशी की बात यह है कि चक्रवर्ती राजगोपालाचार्य ने बच्चों के लिए हिन्दी व अंग्रेज़ी में रामकथा व महाभारत कथा की रचना की है, जो बहुत कम क़ीमत में हर जगह उपलब्ध है।

औरतों की उम्र के हिसाब से अपनी अलग महिफ़लें जमतीं। चूल्हे, चौके के बाद बचे समय में ढोलक की थाप पर भजन या गाने, शादी-ब्याह के मौक़े पर नाच, गाना या फिर गाने में गालियों का बरातियों को उपहार देना। आषाढ़ में बारिश न होने पर एक अलग महफ़िल जमती। दरअसल यह एक

टोटका हुआ करता था कि दो मादरजात नंगी औरतें हल में बैलों की जगह जुततीं और एक नंगी औरत उन्हें हाँकती। बाक़ी औरतें यह तमाशा देखतीं। इस टोटके से बारिश की उम्मीद की जाती थी।

बारिश के लिए मर्दों की ज़मात में भी कुछ टोटके थे। इनमें से कुछ शाकाहारी थे, कुछ माँसाहारी। पहली क़िस्म के टोटके में सामूहिक रूप से हवन की इन्द्रदेव को खुश करने की कोशिश की जाती है। दूसरे में एक कच्ची हाँड़ी गन्दा पानी, गोबर भरकर रात में सोते हुए लोगों के ऊपर फोड़ा जाता था। 'भटाक' की आवाज़ सुनकर जब आसामी नींद से काँपता हुआ उठता तो समझ ही नहीं पाता कि यह कैसा विस्फोट था जिसने उसके कपड़ों का सत्यानाश कर दिया। जब हाँड़ी फेंकनेवालों की रिवलखि लाइट उसके कानों में पहुँचती तो वह उन्हें एक-से-एक टटकी गालियों से नवाजता।

गाली देना अपरिहार्य था। गाँव में तो गाली बिना लोग मुँह से शब्द ही नहीं निकालते हैं। अगर उसने गालियाँ न देकर सब्र का परिचय दिया तो समझ लो इन्द्रदेव कुपित हो गये। अगर गाली दी, तब बारिश की सम्भावना बनती है। क़रारी गालियाँ बिना रुके लगातार आधे घण्टे तक बकना तो मानो वर्षा होने की गारण्टी है। बाहर खुले में सोती हो तो भला कौन आदमी आधी रात के पहले सो सकता है।

(2)

गाँव की इश्क़-मुहब्बत का प्रारूप कैसा होता है? शहरातियों-जैसा यह विदेशी शराब का नशा नहीं, जो धीरे-धीरे पी जाती है, और धीरे-धीरे नशा होता है। यह तो गाँव का देशी ठर्रा या लालपरी-सा नशा करती है, एकदम क्विक मार्च जैसा। गाँव का जीवन आज भी अपेक्षाकृत सख़्त है। अधिकतर कम उम्र में ही शादी-ब्याह हो जाते हैं। साल-दो-साल में बाल-बच्चे। नशा अभी चढ़ा भी नहीं कि उतर गया। लग गये नून, तेल, लकड़ी में। मगर ऐसा भी नहीं कि गाँव से इश्क़ नदारद हो गया।

मेरा अनुभव है कि युवावस्था में जितने भी पतित जीवन होंगे, वृद्धावस्था में उतने ही धार्मिक। सन् 1930 ई. की बात है। बदकिस्मती से गाँव की एक लड़की युवावस्था में ही विधवा हो गयी। सुविधा के लिए हम उनका नाम गीता रख लेते हैं। मगर जैसा कि चलन था, पूजा-पाठ, व्रत-उपवास रहने में न तो शरीर ने साथ दिया, न ही मन ने। गाँव में कहावत भी है—

राँड़ रड़ापा खेवै,
जो ठपुआ खेवन दें

बस एक बार आप किसी से लूज संकेत भर कर दें। वे चार बार आपको उत्तर देंगे। आपने एक भी उत्तर समझ लिया तो बस खेल शुरू। एक दिन गर्मी में गीता आँगन में सोयी थी। प्रेमी लोगों ने छत से रस्सी फेंक उसकी चारपायी खींच ली, गीता की नींद नहीं टूटी। रात भर रात चलता रहा मगर नींद फिर भी न टूटी। भोर में जब रस्सी में बाँधकर चारपायी आँगन में प्रेमी समूह ने जब उतारी तो गीता के पिता जो खलिहान में सोते थे तथा भोर में वापस घर आये थे, देख लिया। उनके देखते ही गीता की नींद खुल गयी। वे चीख़ने-चिल्लाने लगी। प्रेमी-वृन्द रस्सी छोड़कर छत फाँदकर भाग गये। एक दो को गीता के पिता ने पहचान लिया था। यही गड़बड़ हो गयी।

अगली रात खलिहान में अज्ञात हमलावरों ने गीता के पिता को पीट-पीटकर मार डाला। हफ़्ता भर बाद फिर से गीता की खाट नींद में ही छत पर पहुँचने लगी। गीता के पिता के क़त्ल की नामजद रिपोर्ट हुई और प्रेमियों को छोड़कर कई निर्दोष और उन्नति कर रहे लोगों को रंज़िशन नामज़द कर दिया गया ताकि उनकी प्रगति रुक जाय। सालों तक मुक़दमा चला मगर केस साबित नहीं हुआ। मुल्ज़िमान तब तक मोहताज़ हो चुके थे। मगर गीता को तब तक गर्भपात कराने में महारत हो चुकी थी। मैं वृद्धावस्था में गीता बुआ से मिला था। समाज में उनका बड़ा मान था। तीज-त्योहार, शादी-बारात, व्रत-उपवास में उनकी सलाह अन्तिम होती थी। महीने में पन्द्रह दिन व्रत रखती थीं। सिर पर सफ़ेद पलना जैसे कील से ठोक दिया गया था। अपने नाम के अनुरूप गीता के श्लोकों से उद्धरण देती थीं। रामचरितमानस पढ़ी थी। मगर चेहरे से तपस्विनी का नहीं एक मृतात्मा का बोध होता था।

हर दूसरे-तीसरे साल गाँव में लोह पीटे (जिन्हें यहाँ घड़घड़ा कहते हैं) आते थे। सजी-सजायी बैलगाड़ी में परिवार साहित आकर ये लोग अपनी दुकान सजा लेते थे। फावड़ा, कुदाल, कुल्हाड़ी, बैलगाड़ी का रिम, रसोई के लिए चाकू, छुरी, हँसिया, करछुली, चमचा आदि खेती-किसानी, घर-गृहस्थी के सभी उपकरण वे लोहा पीट-पीटकर बनाते थे। पुरुष निहाई पर तपते

लोहे को पकड़ता था, स्त्री घन बजाती थी। ऐसी स्वस्थ स्त्रियाँ या उनकी लड़कियाँ देखकर भला गाँव के मनचले कब तक रुके रहते। हाँ, लोहा पीटने में मेरे विचार से चांचल्य की कमी थी। मगर फिर भी तपते लोहे पर घन बजाने से जब लोहे की शक्ल बदल जाती है, इन्सान कैसे नहीं बदलेगा।

घर के भीतर सम्बन्ध अपवादस्वरूप ही कहे जायेंगे। लेकिन इन अपवादों की बेहद कमी न थी। घर के बाहर पड़ोसिन लड़की को अँधेरे में पकड़ लेना कोई आश्चर्य नहीं। यदि लड़की चीख़ी तो समझ लो ठर्रा का घूँट लगाया। यदि चुप हो तो फारेन लिकर। खेत-खलिहान तक यह खेल बदस्तूर चलता रहता है। जाने-अनजाने, चीन्हे-अन्चीन्हें, जाति-कुजाति, वैभव-दारिद्र्य, सभी परिदृश्यों को फलाँगता भया यह खेल शायद थोड़ा-सा आधुनिक हो गया है। मगर ये पुरातक खेल चलता रहेगा, समय के साथ विविध कलाओं और स्वरूपों में। इसमें शहराती और गाँववाले का अर्थ नहीं, मूल वृत्तियों की बात है। यह अनन्तकथा है, जैसे ईश्वर की अनन्त कथाएँ होती हैं। इसके साथ ही कुछ और भी हैं यहाँ जिसमें दिलचस्पी ली जा सकती है।

मुहब्बत सबके काम की चीज़ नहीं। ज़्यादेतर तो इसका अर्थ ही नहीं जानते। आदमी का जन्म लिया। वक़्त पर एक बीवी मिल गयी। मेहनत से काम किया। बाल-बच्चों को पाला-पोसा, पढ़ाया-लिखाया। अजी इन्हें कौन बतायेगा कि मुहब्बत क्या है? अगर मुहब्बत करें तो भूखे रहें। बस चन्द लोग ही समझते हैं कि मुहब्बत क्या है। जो भूख बर्दाश्त कर सकें। योगियों की भाँति निद्रा का परित्याग कर दें और मुहबबत के लिए समाधि-सी लगा लें, जैसे बगुला मछली के लिए एकाग्र चित्त हो एक पैर से खड़ा रहता है। कमज़ोर, भयभीत, कमजर्फ़, लोगों को मौक़ा ही नहीं मिलता।

सकल पदारथ है जग माहीं,
कर्महीन नर पावत नाहीं!

प्यार तो हिम्मत, दिलेरी, कर्मवीर, निर्भय लोगों के घर का दास है। यह मूलवृत्ति है। मगर कई बार बहकाने, उकसाने, मूँछ का सवाल होने पर भी लोग इस डगर पर चल निकलते हैं। कुछ तो इसी से सन्तोष कर लेते हैं कि पानी भरकर लाते समय कैसे पड़ोसिन के कूल्हे मटकते हैं, अँगियाविहीन स्तन किसी रिदम से दोनों ओर अपने वस्त्रों से उसी तरह टकराते हैं जैसे लोहपीटे के पत्नी का घन अक़्सर गर्म लोहे पर धाड़-धाड़ बजता है। बाज़

लोग इसमें भी गहरे उतरकर तन की खोज में लग जाते हैं। इस समय ही यह भूख, प्यास, नींद, भय से विजय प्राप्त कर जितेन्द्रिय कहलाते हैं। इनमें से बहुत थोड़े ही आगे ज़ाकर परम सत्ता से साक्षात्कार का अवसर पाते हैं। कितनी कठिन एवं दुर्गम साधना है यह। पर क्या वे भी प्रेम का वास्तविक अर्थ समझ पाते हैं?

(3)

अब तो युग बदल गया जब लोग बच्चों को पढ़ाने लगे। एक ज़माना था कि गाँव में पढ़ाई-लिखाई का इतना मतलब था कि लोग चिट्ठी-पत्र पढ़-समझ लें। लड़कियाँ मानस पढ़ लें। लड़के के ज़्यादे पढ़ने का मतलब कि वह निकम्मा हो गया। लड़की का ज़्यादे पढ़ने का अर्थ कि वह बदचलन ज़रूर होगी। गाँव में मशहूर कहावत है।

पढ़े फारसी बेचै तेल

ये देखौ कर्त्ता के खेल

कम पढ़ा आदमी हल-बैल चला लेगा। गाय-गोबर कर लेगा। ज़्यादे पढ़कर यह सब काम कैसे करेगा। छोटे क्लास में भी गणित से छात्रों को इतना डर लगता था जितना भूत, प्रेत, चुड़ैल, पिशाच से भी नहीं लगता होगा। आपके ख़ादिम ने जब हाईस्कूल का इम्तिहान दिया तब उस गाँव के 25-30 अन्य छात्रों ने भी इम्तिहान दिया। इनमें 6 या 7 लोग पिछले पाँच साल से फेल हो रहे थे। कुछ चार साल के फेलियर थे, कुछ तीन, कुछ दो और कुछ ताज़ा फेलियर थे। रिजल्ट निकलने पर जब उन्हें पता लगा कि आपका ख़ादिम अव्वल पास हुआ, उन्हें भरोसा नहीं हुआ। रिज़ल्ट का अख़बार ख़रीदकर लाया गया और 4-5 चण्ट लोगों ने रोल नम्बर 512800 की तलाश की। जब तलाश हो गयी तो माथा ठोंक लिया। यानी कि यह अफ्वाह नहीं हक़ीक़त थी। उन्हें ताज़्जुब था कि कैसे कोई एक साल में हाईस्कूल कर सकता था। ऐसा माहौल था रोशनाबाद का।

एक लड़का जाड़े की रात लालटेन की रौशनी में पढ़ रहा है। आधी रात के बाद नींद का एक झोंका आता है, उसका माथा एकदम लालटेन के ऊपरी तबे से टकराता है जो एकदम गर्म है। लालटेन गिरने से बचती है, उसकी नींद खुल जाती है। पढ़ाई फिर से शुरू हो जाती है। कभी नींद के

आक्रमण से ख़ुद को बचाने की कोशिश में वह जनवरी की कड़ाके की ठण्ड में कुछ कपड़े उतार देता है। उसकी लगन, उसका जुनून है कि वह सुबह 4 बजे सोयेगा, यह उसकी दिनचर्या है। प्रातः 8 बजे जगना, 10 बजे से 4 बजे तक स्कूल। पाँच बजे डिनर। सायं 6 बजे से प्रातः 4 बजे तक पढ़ाई।

इतनी कोशिश के बाद भी कभी ध्यान भटक जाता है। जाड़े की रात में लोग 8 बजे शाम को सो जाते हैं। वह कल्पना करता है कि जब आधी रात को उसके अन्य क्लासमेट सोने की तैयारी कर रहे होंगे, वह पढ़ रहा है। Invest कर रहा है। कभी उसके मोहल्ले के कुत्ते 40-50 मिनट तक भूँकते हैं, फिर चुप हो जाते हैं। फिर ऐसा लगता है कि दो सौ मीटर दूर कूकुर-वृन्द भूँकने का अभ्यास शुरू करते हैं। उनके बन्द होते ही कोई आधा-पौन किलोमीटर दूर उनका गीत शुरू हो जाता है। इण्टर साइन्स के छात्र होने की वजह से उसे पता है कि आवाज़ की स्पीड क्या है, रात में इतनी तेज़ क्यों सुनायी देती है, कूकुरगण की दूरी अनुमानित कितनी होगी।

फेल होनेवाले दोस्तों ने कभी इस तरह अपनी नींद को कुर्बान नहीं किया। जाड़े में लिहाफ़ में दुबकना कितना सुखकर है। दुबककर अपने आगोश में किसी हसीन जिस्म का तसव्वुर तो जैसे सोने पे सुहागा। मैथ्स (गणित) में फेल होना तो साल में एक दिन होता है। भला यह भी कोई तमीज़ है कि जाड़े की मदमस्त रातों को यूँ कुर्बान कर दिया जाय। जबकि आपका ख़ादिम हमेशा इस उसूल का है कि कुछ पाने के लिए कुछ खोना लाज़िम है।

बारातों में छैला बनकर आँखें लड़ाना, बैशाख तेरस पर गाँव के परम्परागत शिव मेले में योगी की भाँति ध्यानस्थ-सा होकर दूसरे गाँव की लड़की पकड़ने का मौक़ा ताड़ना। रामलीला, कार्तिक पूर्णिमा और ऐसे ही मौक़ों पर पड़ोस के गाँव में यही सत्कार्य करना और कभी-कभार घायल होकर वीर बाना पहिरे गाँव में प्रवेश कर अपनी सफ़ाई देना। कंचे या सिक्के खेलने में उस्ताद। साल में छह महीने पतंग के पेंच डालना। गाँव की नौटंकी में भागीदारी हो या कजरी तीज़ का मेला हो, उनका एकसूत्री कार्यक्रम था—मौज़, केवल मौज़। आख़िर मौज़ को भी कभी तो पलटवार करना होता था साल के एक दिन।

(4)

मेरे समय पैदल, साइकिल या ताँगा ही गाँव की सवारी थी। कुछ किलोमीटर दूर जाकर मोटर, बस या रेल मिलती थी जो फ़र्रूख़ाबाद या क़ायमगंज पहुँचाती थी। बाइक, ट्रैक्टर, जीप से चार महीने पर कभी दिख जाती थी। वह भी आन-गाँव (गाँव से बाहर) के आदमी के हाथ। हाँ, देशी शराब का ठेका, पापा कहते हैं, तक़रीबन 60-70 साल से चल रहा है। पीते तो बहुत लोग थे मगर एक बार में एक आदमी ही पगड़ीधारी माना जाता था। उसके मर जाने पर ही पगड़ी दूसरे के सिर जाती थी और मरने में समय भी कितना लगता था। चार-छह साल। इस तरह चार-छह साल में ही पगड़ी दूसरे के सिर चढ़ जाती थी।

पगड़ी की ख़ासियत है कि सिर पर आते ही आदमी अपने जामे के बाहर आकर, शेरनी का दूध पीकर, घोड़े पर सवार होकर सरपट हवा से बातें करता था। जैसे विक्रमादित्य के सिंहासन पर बैठ गया। कभी तो गालियाँ बकता, झूलता हुआ ख़ुद ही रात दस बजे घर जाता था और कभी उसके नौजवान लड़के किसी नाली या खेत में औंधे पड़े अपने बाप को उठा लाते थे। एक बार हमारे मोहल्ले के एक जने के सिर पगड़ी आ गयी। दो- चार वर्ष रात के दस बजे का ड्रामा देखना हमारी आदत में शुमार हो गया। इनकी मल्लाही गालियाँ उस शख़्स के लिए होती थीं, जो वहाँ उपलब्ध नहीं। इनके दो-चार झापड़ लगते ही ये बिलकुल सही बर्ताव करते थे। पगड़ी से शराबियों का सम्बन्ध हमीं लोगों के दिमाग़ की मौलिक कल्पना थी।

होली-दीवाली जुआ खेलने का चलन इतना ज़बरदस्त था कि त्योहार के दो महीने पहले और दो महीने बाद तक यह ज़ारी रहता था। जुआरी नहाते नहीं थे और कभी-कभार अपने घर आते थे। खाने जैसा कोई काम वे जुआ-स्थल पर ही कर लेते थे। जब पुलिस रेड पड़ती तो ये छत से कूदकर भाग जाते और अगर खेतों में जुआ चल रहा था तो ये पुलिस से बचने के फेर में मीलों दौड़ जाते। ऐसे कई हवाई करतब और दौड़ें रोशनाबाद की एक आम चर्चा है। लेकिन जुआरी भाई बेहद सज्जन होते हैं। एक दफे पुलिस ने बड़ा जुआ पकड़ा। सबको थाने ले जाने के लिए हाँका। पुलिस को जुए में दीवाली के पहले एक बड़ी रक़म हाथ लगी थी, इसलिए वह ख़ुश थी।

राह में एक नहर पर पुलिस अधिकारी ने कहा कि सब लोग दिशा- मैदान होकर आओ।

आधे-पौन घण्टे तक दिशा-मैदान रहा। इसके बाद एक-एक कर आसामी आते गये और पुलिस अधिकारी की भौंहों में गाँठें पड़ती गयीं। उसने तो अपनी ख़ुशी में इसलिए दिशा-मैदान का बहाना दिया था कि आधे से ज़्यादे ख़िसक जायेंगे। मगर वह हैरत में पड़ गया कि सत्ताईस के सत्ताईस सब लौट आये। फिर क्या था, वह सबको थाने ले गया, जहाँ इनके सिफ़ारिशी बैठे थे। जुए से ज़्यादे रक़म उसने सिफ़ारिशियों से लेकर इन्हें छोड़ा। बचे-खुचे चार-छह आसामियों का चालान कर दिया। इसे कहते हैं सोने पे सुहागा। रिटायर होने के बाद भी वह अधिकारी गाँव के लोगों की भल-मनसाहत की तारीफ़ करते नहीं थकता था।

पुलिस के गाँव से वैसे भी पुराने ताल्लुक़ात हैं। यह डकैतग्रस्त इलाक़ा घोषित किया गया था। कारण कि गंगा की कटरी और चम्बल के बीहड़ मौसेरे भाई होते हैं। जब चम्बल के बीहड़ों पर पुलिस का दबाव बढ़ जाता है तो डकैत लोग गंगा की कटरी में माइग्रेट कर जाते थे। जब गंगा की कटरी में डकैत हों तो वे प्यास तो गंगाजल से बुझा सकते हैं, खाने के लिए तो पड़ोसी से ही गुहार करनी होगी। इसी गुहार की आवाज़ से गाँव में आधी रात को कभी-कभी भगदड़ हो जाती थी। हम लोग बन्दूक़, राइफ़ल लोड कर घरों की छत पर मोर्चा सँभाल लेते थे। कुछ लोग देसी कट्टे, रिवाल्वर, राइफ़ल भर लेते थे। घण्टे-दो-घण्टे हम लोग किसी फूलन देवी या सीमा विश्वास की प्रतीक्षा करते, फिर सो जाते। प्रातः लोग अपनी-अपनी बहादुरी की डींग हाँकते। कहीं बटमार किसी राहगीर को लूट लेते, तब भी ऐसी ही अफ़रातफरी मचती। गाँव में अवैध अस्त्रों की संख्या, खुदा गवाह है, दो ट्रक से कम न होगी। जब से सफ़ेदपोश लोगों ने डाकुओं की एक्टिंग शुरू कर दी है, गाँव में डकैतों का आतंक काफ़ी कम हो गया है।

(5)

गाँव की कथा अनन्त है। इसकी रंगीन दुनिया का बायस्कोप आपको दिखाने के लिए एक अलग किताब की दरकार है, जिसमें गाँव के लोग अपना-अपना किरदार अदा करें। यहाँ का प्राइमरी स्कूल डेढ़ सौ साल से

ज़्यादे पुराना है। मिडिल स्कूल भी सौ से कम उमर का नहीं होगा। कन्या पाठशाला बेशक ज़्यादे पुराना नहीं। कहते हैं कि नवाब परिवार के एक जागीदार रौशन बीबी के नाम से इसे अपना वर्तमान नाम मिला। कहते हैं कि उसके कारकूनों ने 'बुचिटा' का नाम बदलकर 'रोशनाबाद' कर दिया। रोशनाबाद यानी रोशन+आबाद। फ़र्रूख़ाबाद के गजेटियर में इसके नाम Raushanabad का महज़ एक जगह पर हवाला है—बैशाख कृष्ण तेरस पर इसके शिव मन्दिर पर एक परम्परागत मेला लगता है। हम लोग इसे Roshanabad के रूप में लिखते हैं।

नये आविष्कारों ने इसका स्वरूप काफ़ी बदला है। यह पक्की सड़क से जुड़ गया है। काफ़ी गलियाँ भी पक्की हो गयीं। मोटर बाइक, टेलीविज़न, ट्रैक्टर व कृषि के नये उपकरण, हैण्डपम्प इसकी नयी पहचान है। रोज़गार के नये साधनों की तलाश में यहाँ के लोग महीनों, सालों दिल्ली पड़े रहते हैं। रोशनाबाद बदल रहा है मगर अपनी परम्पराएँ भी पकड़े हुए है। कुछ नहीं बदला, तो वह है इसका चरित्र। वही खुला खेल फरक्काबादी खेलने की आदत, वही कामचोरी, वही कर्मठ आदमी से ईर्ष्या करने व उसका नुकसान करने की प्रवृत्ति, वही इश्क़-मुहब्बत, वही दिखावा, वही भयग्रस्त मनोःस्थिति, वही बदनीयती, वही फक्कड़ता, वही नशे के प्रति जिज्ञासु आकर्षण।

•

रक्तबीज

यह एक रहस्यमयी अवधारणा है। रक्तबीज के शाब्दिक अर्थ में तो कोई रहस्य नहीं है। दुर्गा सप्तशती में एक प्रसंग आता है कि देवी से युद्ध हेतु समरांगण में रक्तबीज को भेजा गया। देवी जब उस पर प्रहार करती तो उसके शरीर से रक्त पृथ्वी पर गिरता। रक्त की जितनी बूँदें पृथ्वी पर गिरतीं, उतने ही रक्तबीज उत्पन्न हो जाते और हाथ में कुठार लेकर 'ठहर-ठहर' कहते हुए देवी से युद्धरत हो जाते। धीरे-धीरे सारा युद्ध-क्षेत्र पृथ्वी-आकाश, दसों दिशाएँ रक्तबीजों से भर उठीं। देवी हैरान कि कैसे इस दैत्य का सफ़ाया किया जाये। यह तो हर प्रहार पर बढ़ता ही जा रहा है। यहाँ तक कि यह समझना भी मुश्किल हो गया कि मूल रक्तबीज कौन है।

तब इसमें रहस्य क्या हुआ। यह कथा तो सभी को विदित है। ग़ौर से इस शब्द 'रक्तबीज' को फिर से दोहराइये। वनस्पतियों के फल में उसका बीज होता है। अब देखें, रक्त का शरीर में क्या स्थान है। रक्त वह पदार्थ है जो नख से शिख तक जो भी शरीर का अवयव है, उसे ऊर्जा पहुँचाता है, उसे जीवित रखता है। दूसरे शब्दों में रक्त शरीर की आत्मा है, जो बीज है, जो सर्वव्यापी है। अब यह आत्मा यदि अँधेरे की पक्षधर हो जाये, तब क्या होगा। ठीक वही स्थिति रक्तबीज की हुई। कोई अंग-विशेष सड़ जाये तो ऑपरेशन किया जा सकता है किन्तु जब आत्मा दूषित हो जाये तब।

ऐन यही बात विक्टर ह्यूगो ने अपने कालजयी उपन्यास 'ल मिज़रेबिल्स' में दूसरे तरीक़े से कही है। पादरी ने ज्यां वाल्जीन को चर्च में उस वक़्त शरण दी जब उसे किसी होटेल, सहाय, सराय, मकान में शरण नहीं मिली क्योंकि वह पूर्व में चोर था। उसने भूख से बिलखते बच्चों की भूख मिटाने के लिए एक बेकरी से ब्रेड चुराया था। रात में उसने चर्च कालिल्वर कैण्डिल स्टैण्ड चुराया और चलता बना। अगले दिन वह पकड़ा गया तो पुलिस ने पूछ-ताछ

की, उसने बताया कि यह कैण्डिल स्टैण्ड पादरी ने उसे उपहार में दिया है। पुलिस ने पादरी के सामने उसकी साक्षी की तो आश्चर्य। पादरी ने पुलिस को बताया कि यह कैण्डिल स्टैण्ड मैंने कल रात इसे गिफ़्ट दिया था। पुलिस ने उसे छोड़ दिया और वापस चली गयी। जब ज्यां वाल्जीन चर्च से विदा हुआ तो पादरी ने कहा था—अब तुम याद रखना, तुम्हारी आत्मा पर मेरा अधिकार है।

और यही आत्मा जब दूषित होकर बीज की शक्ल अख़्तियार कर लेती तो जैसे भयानकता का विस्फोट हो जाता है। एक ऐसा विस्फोट जिसके समक्ष देवी भगवती सर्वसमर्थ, सर्वशक्तिमान् महिला चकरा जाती है कि हे शिव, इस विचित्र दैत्य का संहार कैसे करें। विश्व उपन्यासकारों के सिरमौर कहे जाने वाले टाल्सटाय ने ठीक यही बात प्रकारान्तर से अपने साहित्य में कई जगह कही है। यही है रक्तबीज का रहस्य।

उच्चतम स्तर का भ्रष्टाचरण, जातीय, मज़हबी, सामाजिक, क्षेत्रीय, भाषायी एवं लैंगिक अहंकार, भयानक रूप से बढ़ती अशिक्षा, जनसंख्या, अर्थ, जिज्ञासा, पाखण्ड एवं असुरक्षा, प्रत्येक क्षेत्र में स्तरहीनता, सहनशीलता का अभाव, राष्ट्र, समय और इन्सान में इन्सान के विश्वास का अभाव, स्वकेन्द्रित दोहरा व्यक्तित्व एवं सर्वोच्च विशेषीकृत वर्ग में जाने की चाह एक स्तर पर रक्तबीज का रूप धारण कर चुका है। वर्तमान युग अन्धकार का एक प्रवाह है जिसके बीचोंबीच खड़ा रक्तबीज अट्टहास कर रहा है कि है कोई भगवती, कोई दुर्गा जो मेरा संहार कर सके। सामाजिक/राजनीतिक संस्थाओं के प्रयास उसी तरह ज़ारी हैं जैसे भूख के कारण दुखते सिर पर झण्डूबाम मल दिया जाये। और तो और संस्थागत प्रयास उसी रक्तबीज की प्रेरणा से किये जा रहे हैं जिसके वध की इन संस्थाओं ने प्रतिज्ञा की है।

मूल प्रश्न है कि इस रक्तबीज का वध कैसे हो सकेगा। ध्यान रहे कि यह वरदानी है। नभ-थल-जल पर, स्त्री-पुरुष, देव-दानव, दिन-रात कहीं पर इसका वध नहीं हो सकता। यदि इसे घायल करोगे तो उसके रक्त की प्रत्येक-प्रत्येक बूँद से अपने ही बलवान् रक्तबीज आपसे युद्ध करेंगे। आपने पढ़ा होगा कि देवी भगवती स्त्री रूप में थी किन्तु स्त्री नहीं थीं, वे तो समस्त देवताओं के तेज़ के मिश्रण से उत्पन्न हुई थीं। ठीक इसी तरह भारत

भूखण्ड के नागरिकों के तेज़ से कोई नयी शक्ति उत्पन्न करनी होगी। देवता हम नागरिक स्वयं हैं। यह नयी शक्ति इसी तरह रक्तबीज का संहार करेगी, जैसे भगवती ने किया। भगवती ने युद्धभूमि में अपने ही एक दूसरे रूप काली से कहा था–

चामुण्डे! अपने मुख को बड़ा करो और मेरे शस्त्राघात से उत्पन्न हुए रक्त बिन्दुओं तथा बिन्दुओं से उत्पन्न हुए महाअसुरों को तुम अपने इस मुख से भक्षण करती जाओ और रणभूमि में विचरो। इस प्रकार रक्तक्षीण होने से यह दैत्य नष्ट हो जायेगा और तुम्हारे भक्षण करने के कारण अन्य दैत्य उत्पन्न नहीं होंगे।

रक्तबीज एक दिन में नष्ट नहीं होता। यह है रक्तबीज के वध का सुदीर्घ तरीक़ा। रहनुमा रोज क्रान्ति करते हैं, स्थिति में रंचमात्र बदलाव नहीं होता। यह साधारण परिस्थितियाँ नहीं, रक्तबीज-प्रेरित-परिस्थितियाँ हैं, जिनमें व्यापक जनजागरण एवं समग्र क्रान्ति के बग़ैर किसी वास्तविक बदलाव की कामना करना मूर्खों को स्वर्ग में रखने के समान है। आप चाहे तो बेशक इस स्वर्ग में मज़े से रहिये।

•

अन्दर की बात

पुराने समय की बात है, वाराणसी में एक विधुर राजा ब्रह्मदत्त थे जिसके एक ही पुत्र था—राजकुमार प्रियदर्शन। राजा अधेड़ वय के थे, बाल पकने लगे थे मगर उनकी कामवासना अभी शान्त नहीं हुई थी। वाराणसी की सबसे ख़ूबसूरत गणिका सप्ताह में एक रात राजमहल में गुज़ारकर चली गयी थी। राजा अपने पुत्र को बहुत प्यार करता था, इस कारण विवाह नहीं करता था। क्योंकि विवाह कर लेने पर राजकुमार के और भाई उत्पन्न होकर उत्तराधिकार के लिए संघर्ष कर सकते थे। राजकुमार युवा तथा क्रान्तिकारी था, सोचता था, कि काम भाव कोई पाप तो नहीं है। अच्छा होता, यदि पिता जी दूसरा विवाह करा लेते तो उनकी कामवासना धर्मसम्मत तरीक़े से शान्त हो जाती किन्तु पिता-पुत्र के सम्बन्धों के कारण वह कशमकश में पड़ा रहता कि पिता से कैसे कहा जाये।

एक दिन प्रियदर्शन ने मन में ठान लिया कि पिता को वह ज़रूर समझायेगा। सायंकाल वह पिता के कक्ष की ओर गया तो उसे कक्ष में किसी स्त्री का स्वर सुनायी दिया। यह गणिका की आवाज़ थी। राजकुमार लौट आया। गणिका भी जानती थी कि राजकुमार उसके राजा से सम्बन्ध को लेकर ख़ुश नहीं है, लेकिन वह राजाज्ञा के नाते विवश थी। अगले दिन राजकुमार ने पिता को प्रणाम कर कहा कि उसकी पत्नी की बड़ी चचेरी बहन बचपन से ही धर्मपरायण तथा अविवाहित है। यदि राजा स्वीकार करें तो वह अपनी पत्नी मधुमालती के माध्यम से श्वसुर को चचेरी बहन से आपके शादी का सन्देश भेज दे। राजा ने उसे समझाकर मना कर दिया। वे अनुभवी थे, बोले कि वृद्धावस्था में विवाह कर वे पिता-पुत्र दोनों का सुख-चैन नहीं छीनना चाहते। प्रियदर्शन के बार-बार कहने पर अन्ततः उन्होंने हामी भर दी।

रानी बनने का प्रस्ताव पाकर उस परम धार्मिक सैंतीस वर्षीय बैरागन का वैराग्य ढीला तो पड़ गया, मगर उसने विवाह के प्रस्ताव पर आख़िर तक मधुमालती को हामी नहीं भरी। निराश मधुमालती ने प्रियदर्शन को एकान्त में चन्द्रभागा को समझाने भेजा। प्रियदर्शन को चन्द्रभागा ने सैकड़ों दफ़े देखा था मगर आज एकान्त में उसके बलिष्ठ, गम्भीर और सुदर्शन व्यक्तित्व को देखकर उसकी साँस जैसे छाती में कहीं अटक गयी। प्रियदर्शन पति बनाने योग्य है, मगर प्रस्ताव उसके पिता का है, चन्द्रभागा ने सोचा। एक ही आसन पर प्रियदर्शन के साथ बैठकर जैसे उसका विवेक शिथिल पड़ गया। प्रियदर्शन की थोड़ी-सी मान-मनुहार के बाद राजकुमारी की बड़ी चचेरी बहन चन्द्रभागा विवाह को राजी हो गयी। शुभ लग्न में राजा ब्रह्मदत्त अपनी नयी रानी को ब्याहकर राजमहल में ले आये। थोड़े दिन तक राज्य में ख़ुशी छायी रही मगर धीरे-धीरे राजमहल का वातावरण विषाक्त होने लगा। चन्द्रभागा की शिकायत थी कि राजा ने उसे सब्ज़बाग़ दिखाकर उसका वैराग्य नष्ट कर दिया, इतनी उमर में शादी की क्या ज़रूरत थी जब राजा किसी औरत को सन्तुष्ट ही नहीं कर सकते। वह प्रियदर्शन से प्रेम और उसकी पत्नी अपनी चचेरी बहन मधुमालती से डाह करने लगी। मधुमालती ने ही तो उसकी शादी की बात जो प्रारम्भ की थी। राजा का गणिका से भी सप्ताह में एक मिलन का कार्यक्रम यथावत् ज़ारी था।

एक दिन प्रियदर्शन से एकान्त में मौक़ा पाकर चन्द्रभागा ने कहा– 'बहनोई जी बताइये, मेरा जीवन कैसे पार लगेगा। तुम्हारे पिता अब शक्तिहीन एवं निरंकुश सम्राट हैं। इस पर भी गणिका से उनका सम्पर्क नहीं छूटा। किस बूते पर तुमने सोचा था कि बाप से मुझे ब्याह कर तुम उन्हें धर्मसम्मत रास्ते पर चला सकोगे। 'प्रियदर्शन बोला' माँ, ऐसा मत...। 'माँ' का सम्बोधन सुनते ही चन्द्रभागा क्रोध से काँपने लगी, "प्रियदर्शन, तुम मेरी बहन के पति पहले हुए, सौतेले पुत्र बाद में। जो रिश्ता पहले क़ायम हुआ, उसी दृष्टि से तुम्हें मैंने पिछले एक दशक से देखा है। आज माँ कहकर तुम मेरा अपमान न करो। मुझे मंजूर है कि तुम मुझे कोई सम्बोधन न दो। मैं मधु से चार बरस बड़ी मगर तुमसे तीन बरस छोटी हूँ, तुम्हारे 'माँ' कहने लायक़ तो नहीं ही हूँ।" 'यह कहकर चन्द्रभागा फूट-फूटकर रोने लगी', मेरी क़िस्मत में तो ईश्वर और वैराग्य भी नहीं था। मैं तो अपने में ख़ुश थी मगर

तुमने मुझे रानी बनने का ख़्वाब दिखाया, रानी बन गयी मगर क्या कभी 'माँ' बन सकूँगी। इसके दोषी तुम हो, केवल तुम। अब तुम्हीं मेरा उद्धार करो।

अपनी सौतेली माँ के हाव-भाव से प्रियदर्शन बहुत-कुछ समझ रहा था। वह धर्मसंकट में था। बोला, 'चन्द्र, मैं मधु के साथ विश्वासघात नहीं कर सकता। फिर मेरा तुमसे रिश्ता भी बहुत पवित्र किस्म का हो चुका है।' चन्द्रभागा क्रोध से फुफकारकर बोली, "प्रियदर्शन, आदमी औरत के पवित्र रक्त सम्बन्धी रिश्ते बहुत कम होते हैं, अमूमन उनके रिश्ते पवित्र प्रकृति सम्बन्धी होते हैं जिनका संचालन प्रकृति करती है। मैं तुमसे स्थायी रिश्ते की माँग नहीं करती, लेकिन जीवन चलाने के लिए, मातृत्व पूर्ति की माँग करती हूँ। मुझे धन्यवाद दो, यह माँग मैं तुमसे कर रही हूँ महल के किसी तन्दुरुस्त सेवक या गूढ़ पुरुषों के नाम से नहीं कर रही हूँ। मैं टूट चुकी हूँ राजकुमार, मुझे सहारा दो, अन्यथा मैं बिखर जाऊँगी और तुम्हारे रक्त पर एक प्रश्नचिह्न लगा जाऊँगी।"

आँसू धाराप्रवाह उसके नयनों से हिचकियों के साथ बह रहे थे। वह प्रियदर्शन की गोद में पड़ी थी। ऐसा सम्बन्ध करके प्रियदर्शन ख़ुद ही निष्प्राण-से हो रहे थे। कई दिन तक तो वे समझ ही नहीं पाये कि वह दुःस्वप्न था या जाग्रति। मधुमालती भी समझ नहीं पा रही थी कि उसके पति की इतनी दयनीय अवस्था क्योंकर हो गयी। उसने सुझाव रखा कि राजकुमार कुछ दिन शिकार पर चला जाये। इधर राजकुमार मधुमालती के प्रति एक अपराध भाव से ग्रस्त था, उसका दिल न लगा। एक महीने बाद जब वापस लौटा तो मानसिक अन्तर्द्वन्द्व से थोड़ा उबर चुका था। फिर भी कभी-कभी धर्म-अधर्म के प्रश्नों को लेकर परेशान हो जाता था।

पिता के दूसरे विवाह की पहली वर्षगाँठ पर नयी रानी को पुत्र उत्पन्न हुआ। प्रियदर्शन जैसे माथा पकड़कर बैठ गया। नवजात उसका भाई है या पुत्र। नारी ने एक परम धर्मवान् व्यक्ति के विवेक को जैसे हर लिया हो। चन्द्रभागा की ख़ुशियों का पार नहीं था। मधुमालती को अभी तक कोई सन्तान न थी। मधु बधाई देने अपनी बहन के महल में गयी। किन्तु चन्द्रभागा ने उसे सूनी कोख की बावत कुछ तीखी बात कही सो वह रोती हुई वापस लौट आयी। अब तक वह तथा प्रियदर्शन आपस में प्रेम से जीवन

गुज़ारते आये थे लेकिन आज उसे सारी दुनिया नीरस लगने लगी। लौटकर आते ही प्रियदर्शन से बोली, "तुम मेरा गला क्यों नहीं घोट देते। दस साल बीत गये, मैं तुम्हें एक सन्तान तक नहीं दे पायी, फिर तुम मुझे इतना प्यार क्यों करते हो।"

प्रियदर्शन समझ गया कि वार कहाँ से हुआ है। उसने पत्नी को अपने अंक में भर लिया, प्यार से उसका माथा चूमा, समझाया कि पति-पत्नी का सम्बन्ध सन्तति के लिए होता है, मगर यदि सन्तान नहीं होती तो यह सम्बन्ध अवैध नहीं हो जाता। कोई एक-दूसरे को काट खाने को नहीं दौड़ता, बल्कि सन्तान न होने से वे एक-दूसरे के और नज़दीक आ जाते हैं। तुम तो खुद ही कितनी समझदार हो। मुझे सदा ही तुम पर गर्व रहा है और आज भी तुम्हें पत्नी के रूप में पाकर गर्वित हूँ। मधु कुछ नहीं बोली और पति के अंक में पड़े-पड़े आँसू बहाती रही।

एक दिन प्रियदर्शन पिता के महल में गया, उसी दिन चन्द्रभागा ने पति से कहा कि राजकुमार प्रियदर्शन की नीयत ठीक नहीं है, वह उस पर दिल रखता है। राजा को विश्वास नहीं हुआ। चन्द्रभागा ने रो-रोकर कहा कि राजा यदि प्रियदर्शन को राज्य से निष्कासित नहीं करता तो वह अपने प्राण दे देगी। अब ब्रह्मदत्त को खुटका हुआ। सोचते-सोचते उन्हें ऐसा महसूस हुआ कि प्रियदर्शन की निगाहें बदल गयी हों रानी लगातार रोये जा रही थी। आख़िर राजा ने निर्णय ले लिया और प्रियदर्शन को बुलाकर अवगत करा दिया कि उनकी रानी पर दिल रखने के आरोप में उसे सपत्नीक राज्य से निकाला जा रहा है। आदेश सुनाते समय चद्रभागा अपराधी की भाँति सिर झुकाये खड़ी थी। पता नहीं उसे इस निर्णय पर खुशी थी या नहीं।

प्रजा में निष्कासन की ख़बर सुनकर विद्रोह उठ खड़ा हुआ। गणिका ने जैसे नगर में सत्य बात का ढिंढोरा पीट दिया हो। ख़ैर कुछ दिन अस्त-व्यस्त रहने के बाद सब-कुछ शान्त हो गया। जैसा कि भारत में अक्सर होता है—राजकुमार उसी रात सूर्योदय के पूर्व राज्य से बाहर जा चुके थे। प्रजा भी जैसे उन्हें भूल चुकी थी कि वे सपत्नीक हिमालय में तपस्या करके अपनी शुद्धि कर रहे थे। एक दिन राजा ब्रह्मदत्त का देहान्त हो गया। जाने कैसे अफ़वाह उड़ी कि उन्हें ज़हर दिया गया है। कुछ नहीं हुआ इस अफ़वाह को लेकर। अरे बूढ़ा आदमी तो मरेगा ही कभी-न-कभी। गूढ़ पुरुषों, सैनिकों और मन्त्रियों को चन्द्रभागा द्वारा सहस्रों स्वर्णमुद्राएँ इस सुखद अवसर पर भेंट की गयीं। उसी रात अज्ञात हमलावरों ने सम्पत्ति के लालच में गणिका

की हत्या कर दी तथा उसके भवन को अग्निसात् कर दिया। अपने ढाई वर्ष के पुत्र को गोद में लेकर चन्द्रभागा राज्य चलाने लगी। क्या वह यही चाहती थी।

पड़ोसी राज्य ने एक दिन वाराणसी पर आक्रमण कर दिया। चन्द्रभागा की सेना हार गयी, वह स्वयं अपने पुत्र को लेकर जंगल में जा छिपी। नये राजा से प्रजा बड़ी दुःखी थी। प्रजा क़बीलाई प्रवृत्ति की थी, जिसे अपने ही क़ौम के राजा की ज़रूरत थी। वह चाहे जितना निरंकुश शासन करे। आख़िरकार कुछ बुज़ुर्ग हिमालय पहुँचकर निःसन्तान तपस्वी राजकुमार को मनाकर गुप्त रूप से वाराणसी लाये। प्रियदर्शन को हिंसा पसन्द न थी, किन्तु राज्य को बन्धक देखकर उन्होंने जो तलवार चलायी तो पड़ोसियों को धूल धूसरित कर दिया। प्रियदर्शन की जय-जयकार हुई। उसका राज्याभिषेक हुआ। मधु रानी बन गयी।

एक दिन कुछ गुप्तचरों तथा सैनिकों के साथ चन्द्रभागा अपने शिशु-पुत्र को लेकर वाराणसी राज्य में आ गयी। राजा प्रियदर्शन ने सम्मानपूर्वक अभ्यर्थना की 'माते, राज्य पर जब संकट था, तो मुझे याद किया होता।' चन्द्रभागा अपने राजा पुत्र के मुख से माते सम्बोधन सुनकर कटकर रह गयी। वह सुख से राजमाता बनकर अपने दिन महल में गुज़ारने लगी। उसे मालूम था कि प्रियदर्शन के बाद उसका पुत्र देवतुल्य ही वाराणसी का राजा होगा। और दो दशक के बाद ऐसा ही हुआ। देवतुल्य वाराणसी का राजा बना, चन्द्रभागा तो राजमाता थी ही।

यह कहानी सुनकर मेरे एक मित्र मि. अमरजीतसिंह शाही की पहली प्रतिक्रिया थी कि इन्सानों के सेक्स इन्सटिन्क्ट और सरकारी नौकरों की इण्टीग्रिटी का भरोसा नहीं किया जा सकता कि कब सन्दिग्ध हो जाये। बाक़ी चीज़ें भरोसे लायक़ है, सेक्स और इण्टीग्रिटी को छोड़कर। मैं बोला कि यह बताओ देवतुल्य किसका उत्तराधिकारी हुआ, प्रियदर्शन का या ब्रह्मदत्त का। वह दोनों का ही पुत्र था। मेरे मित्र एक गहरी रहस्य भरी मुस्कान अपने ओठों पर लाकर बोले—देवतुल्य, ब्रह्मदत्त का पुत्र था, क्योंकि यही समाज को मान्य था। वह बोला—अच्छा यह बताओ, प्रियदर्शन आज किस नाम से दुनिया में मौजूद है तथा क्या चन्द्रभागा वास्तव में प्रियदर्शन से प्रेम करती थी या यह सिर्फ़ त्रियाचरित्र था। मैं बोला—यह अन्दर की बात है।

•

नोटबुक

- आदिकवि
- रामकथा : कुछ समस्याएँ
- रामायण
- उत्तर 'रामायण' रामकथाएँ
- रामायण : रचना-संसार तथा सन्देश
- मानस : रचना-संसार एवं सन्देश
- मन्थन
- रामकथा : आस्था के आयाम
- आज का समाज
- रामकथा : कवि की दृष्टि में
- रामकथा की त्रासदी
- अपने भीतर राम का विकास
- परिशिष्ट—उड़न-तश्तरी विज्ञान कथा कविता
- हाइकू : विज्ञान कथा कविता में
- उड़न-तश्तरी

आदिकवि

तमसा नदी का तट ठण्डे रेत पर एक भव्य विशालकाय व्यक्तित्व किसी अज्ञात चिन्ता में लीन भ्रमण कर रहे हैं। नदी की प्रशान्त लहरों, शीतल जल ने जैसे उनकी चिन्ता पर छीटे मार दिये थे। वे ऐसे शालीन और मर्यादित महान् व्यक्ति की कल्पना करने लगे जो नदी के जल की भाँति निश्छल, निर्विवाद, स्वच्छ हो। यह विश्व के पहले महाकवि थे जिनके मन में किसी अज्ञात मानव चरित्र को लिपिबद्ध करने की तीव्र इच्छा थी। शीतल हवाएँ बह रही थीं जो शरीर को, मन को स्फुरित कर रही थीं। तमसा अविरल धीरे-धीरे बह रही थी, थोड़ी दूरी पर मृगछौने हिरनों के झुण्ड के बीच किल्लोल कर रहे थे। भावी महाकवि के मन में एक भाव आता था, चला जाता था, फिर दूसरा भाव आता था और यह क्रमशः गुत्थियों का रूप ले रहा था कि अकस्मात् किसी पंछी की तेज़ किन्तु करुण आवाज़ सुनायी दी। तत्क्षण ही एक दूसरे पक्षी की और अधिक करुण, और अधिक तेज़ आवाज़ सुनायी दी। वह ध्यानमग्न भूधर, वह भव्य श्वेत वस्त्रावेष्ठित पुरुष विचलित हो गया। निगाह उठायी तो देखा, एक क्रौञ्च पक्षी व्याध के बाण से मरणासन्न होकर तेज़ स्वर में चीख़ रहा है और उससे सम्भोगरत उसकी मादा उसके आसन्न मरण और पीड़ा को अनुभूत कर चीत्कार कर रही है। व्याध प्रसन्नवदन कुछ दूरी पर काँधे पर अपना धनुष बाँध रहा है।

वाल्मीकि की निगाहें अहेरी पर ठहर गयीं। व्याध ने भी उन्हें देख लिया था। वह धीरे-धीरे आदिकवि की ओर बढ़ रहा था, जैसे उनकी तेजस्वी जलती निगाहें उसे एक अदृश्य बन्धन में बाँधकर अपनी ओर खींच रही हों। ऋषि कुछ अस्फुट-से बुदबुदाये मानो कोई मन्त्र पढ़ रहे हों और एकाएक उनके मुख से वियोग की पहली अनुभूति, करुण की प्रथम अभिव्यक्ति विश्व की कदाचित् पहली कविता स्फुरित हो उठी—

मा निषाद प्रतिष्ठां त्वमगमः शाश्वतीः समाः।
यत् क्रौञ्च मिथुनादेकमवधीः काममोहितम्।[1]

थर-थर काँपता अहेरी पैरों पर गिर पड़ा। उसकी आँखों से झर-झर आँसू गिर रहे थे। ऋषि भी फूट-फूटकर रो पड़े जैसे घनीभूत वेदना पिघल-पिघलकर उनके श्वेत दाढ़ी, श्वेत वस्त्रों, श्वेत रेत पर टपक रही हो और जैसे काल ने उनके मुख से निस्सृत छन्द को किसी अमिट स्याही से इतिहास के पन्नों पर लिख दिया हो किमिदं व्याहृतं मया। इसी नवीन छन्द में वाल्मीकि ने रामचरित को काव्यबद्ध करना प्रारम्भ कर दिया।

कुछ विद्वानों की अवधारणा है कि इन्हीं वाल्मीकि के आश्रम में परित्यक्ता सीता ने 16 वर्ष तक निवास किया था तथा राम के अभिषेक होने के कुछ वर्ष बाद ही रामायण की रचना की गयी थी। वाल्मीकि ने अपनी इस रचना को सीता पुत्रों कुश और लव को कण्ठस्थ करा दिया था। जिसे दोनों भाई आयोध्या में घूम-घूमकर सुनाते थे और कई बार राम के दरबार में भी यह रचना सुनाकर उन्होंने सभी को अभिभूत कर दिया था। वाल्मीकि के आग्रह पर ही सीता ने अयोध्या के राजदरबार में अपनी सत्यनिष्ठा को प्रमाणित किया था। कितनी गम्भीर साधना एवं सर्वोच्च उत्कर्ष का जीवन रहा होगा ऋषि का जब वे अहंकारविहीन किन्तु तेजोद्दीप्त आत्मप्रकाश से भरे आत्मविश्वास से ख़ुद अपने बारे में राजसभा में घोषणा करते हैं–

प्रचेतसोदहं दशमः राघव नन्दन।
न स्मराम्यनृतं वाक्यं इमौहि तव पुत्रकौ।।
बहुवर्ष सहस्राणि तदश्चर्या मया कृता।
नोपश्नीया फलं तस्या बुष्टेयं यदि मैथिली।।
मनसा कर्मणा वाचा भूतपूर्वं न किल्बिषम्।
तस्याः फलमुपाश्नीयां अपापा यदि मैथिली।।

मैं प्रचेतस का दसवाँ पुत्र और तुम रघुकुल नन्दन। मेरे मुख से कभी मिथ्या भाषण हुआ हो, याद नहीं। मैं कहता हूँ कि ये दोनों बालक तुम्हारे पुत्र हैं। मैंने हज़ारों साल कठोर तपस्या की है। यदि मैथिली में कोई दोष हो तो मैं अपनी तपस्या के फल का त्याग कर दूँगा। मन, वचन, कर्म से

1. निषाद! तू अशान्त हो निरन्तर काममोहित क्रौञ्च में से एक तूने निरपराध ही मार डाला तदन्तर।

मैंने कोई पाप नहीं किया। अपनी तपस्या का फल मैं तभी स्वीकार करता हूँ जब सीता निष्पाप है।

यद्यपि अधिकांश विद्वान् इस निष्कर्ष से सहमत न होकर इस मत पर एकत्र हो रहे हैं कि राम और वाल्मीकि का समय एक नहीं है। राम निश्चित रूप से वाल्मीकि के काफ़ी पूर्व हुए होंगे। फिर भी उपर्युक्त धारणा भक्तों के लिए अद्भुत आनन्ददायक है।

बहरहाल, हमारे लिये इस समय रामायण के प्रति आकर्षण के दो बिन्दु हैं जिन पर हमें केन्द्रित रहना होगा। प्रथमतः विश्व के प्रथम महाकवि परम पूज्य वाल्मीकि के रचना-संसार से साक्षात्कार। द्वितीयतः रामायण का व्यापकतर सन्देश। इनके अतिरिक्त अन्य बिन्दुओं पर चर्चा करना हमारा ध्येय नहीं। वाल्मीकि का रचना-संसार अत्यन्त विशाल एवं मनोरम है।[1] इसमें एक ओर प्रकृति के विविध मनोहारी चित्र हैं तो दूसरी ओर मानव-जीवन के विविध घात-प्रतिघात। मानव की मूलवृत्तियाँ, उसके विश्लेषण और निष्कर्षों का जैसा सांगोपांग चित्रण आदिकवि ने किया है, अन्यत्र दुर्लभ है। इस कथावितान को आदिकवि ने इतने अद्भुत कौशल से संयोजित किया है कि पाठक अभिभूत हो जाता है। मुख से शाप निकल चुका था आदिकवि के मुख से शाप क्या निकला, करुणा शब्दों का आकार ग्रहण करने लगी। शापवश अहेरी थर-थर काँपने लगी। करुणा का तीव्र आघात क्रोध का कारण बना। आदिकवि के मुख से विश्व की पहली कविता प्रस्फुटित हुई थी। इसका अब क्या उपयोग होगा? इसी चिन्तन में आदिकवि ने स्नान किया कि जगत् के स्रष्टा स्वयं ब्रह्मा जी आ गये। ऋषि ने उनका यथोचित सम्मान किया किन्तु उनके हृदय में वह करुण कविता गूँजती रही कि निषाद ने काममोहित क्रौञ्च की हत्या क्यों की? यदि हत्या हो ही गयी थी तो मुझे करुणार्द्र होकर शाप देने की क्या ज़रूरत थी। ब्रह्मा जी ने आदिकवि का द्वन्द्व समझ लिया, बोले, वह श्लोक प्रकृति प्रेरित था। वह आज से मानव भावों को शब्द दे सकेगा। तुम द्वन्द्व से बाहर निकलो पुत्र और राम की अमरगाथा को शब्दों का आकार दो।

एक स्रष्टा ने दूसरे स्रष्टा की प्रतिभा का वरण किया और विश्व की पहली लेखनी भूर्जपत्र पर शब्दांकित करने लगी—

1. मैंने यह क्या कह डाला।

श्लोक एकस्त्वयावद्धो नात्र कार्या विचारणा
यच्छन्दादेव ते ब्रह्मन् प्रवृत्तेयं सरस्वती।
रामस्य चरितं कृत्स्नं कुरु त्वमृषिसत्तम।

कागज़ पर शब्द उतरते गये और विश्व की पहली विशालकाय महाकाव्यात्मक ट्रेजेडी, पहला ट्रेजिक महाकाव्य, प्रथम महाकाय करुणोच्छ्वास शब्दों में बँधने लगा। धीरे-धीरे महाकाव्य पूरा हुआ। इसके पूरा होते ही महाकवि ने लेखनी तोड़ दी। न भूतो न भविष्यति–इति।

•

रामकथा : कुछ समस्याएँ

कालजयी कभी निर्विरोध नहीं होता, नहीं हो सकता। जहाँ विरोध है, वहीं यातना, अनास्था, संघर्ष है, वहीं शोध, जिजीविषा, संकल्प और नवीनता है। मानव को उच्चतर बनाने में जिसे पग-पग पर दंश मिला और गरल की भाँति व्यथाओं का आजीवन पान करके भी जिसने आत्मशोधन किया, उसका जीवनवृत्त आकर्षक तो होगा ही। कहते हैं कि यातना में भी जो सुख की अनुभूति कर सके, भवितव्य को देने के लिए जिसके पास कुछ शेष बच जाये, वही मानव है। राम के जीवन की कौन-सी व्यथाएँ ऐसी थीं, जिन्होंने भारतवर्ष की सर्वकालीन महान् प्रतिभाओं को अपनी ओर आकृष्ट किया। वाल्मीकि, कम्बन, तुलसी, वी. सत्यनारायण कितने ही नाम हैं, जिन्होंने रामकथा को आधार बनाकर अपना सारा जीवन उस पर अर्पित कर दिया। यहाँ राम नायक हैं, आधुनिक मानव हैं, नीलकण्ठ भी हैं।

रामकथा को सही अर्थों में समझने की राह में परम्परागत समस्या है। इसमें वानर, भालुओं, रीछ, गिद्ध या गीध का बहुत उल्लेख हुआ है। जिनकी सेना बनाकर राम ने लंका में रावण से युद्ध किया और विजयी रहे। इस तरह परम्परागत अर्थों में राम के व्यक्तित्व पर एक विचित्र प्रकार की अलौकिकता का लेपन दृष्टिगोचर होता है। एन्थ्रोपोलोजी में हम पढ़ते हैं कि कई जनजातियों के टोटेम पशु-पक्षियों पर आधारित होते हैं और इन्हें प्राचीन समाज में टोटेम के नाम से ही पुकारा जाता होगा। उदाहरण के लिए 'वानर' को लें। इस सम्बन्ध में शान्तिकुमार नानूराम व्यास अपनी पुस्तक रामायणकालीन समाज में लिखते हैं कि वानरों की सभ्यता का जो चित्रण रामायण में मिलता है, उससे यह प्रमाणित होता है कि वानरों की जाति एक वास्तविक मनुष्य जाति थी, जिसकी सामाजिक व्यवस्था और संस्कृति थी।[1] इनकी

1. देखें—रामायणकालीन समाज (लेखक—शान्तिकुमार नानूराम व्यास) (प्र.) सस्ता साहित्य मण्डल।

सबसे उल्लेखनीय व्यवस्था थी–इनका शारीरिक एवं मानसिक चापल्य, गरममिजाज, अत्यधिक उत्सुकता का भाव, अनियमित यौन सम्बन्ध, परिवार के प्रति प्रेम, धर्मपरायणता आदि।

वस्तुतः 'वानर' शब्द बन्दर का सूचक न होकर वनवासी का द्योतक है। पूँछ का वर्णन विशेषकर हनुमान और उनके लंकादहन के सिलसिले में ही अधिक हुआ है। बालि, सुग्रीव, अंगद तथा वानर स्त्रियों के पूँछ होने का विशेष प्रमाण नहीं मिलता है। अन्वेषकों ने इतिहास में पूँछ लगानेवाले व्यक्तियों तथा जातियों का अस्तित्व ढूँढ़ निकाला है। भारत के एक राज-परिवार में राज्याभिषेक के समय पूँछ धारण करने का रिवाज़ प्रचलित था। सावरकर ने अपने अण्डमान के संस्मरणों में लिखा है कि इस द्वीप में एक पूँछ लगानेवाली आदिवासी जाति रहती है। विशाखापत्तनम के शबरों में पूँछ आभूषण के रूप में पहनी जाती है।

वानर जाति पर्याप्त सुसंस्कृत एवं सुशिक्षित थी। बालि, सुग्रीव, हनुमान, अंगद सभी शक्तिशाली योद्धा थे। सुग्रीव के सचिव हनुमान रामायण के सर्वाधिक प्रमुख वानर हैं, जिन्होंने अपनी संस्कृति एवं शिक्षा से राम को अतिशय प्रभावित किया। तारा एक असाधारण नारी थी, स्त्रियोचित दाक्षिण्य और गुणों के साथ-साथ उसमें उच्चकोटि की राजनयज्ञता और वाग्मिता विद्यमान थी। नील और नल-जैसे वानर अद्भुत वास्तुकलाविद् थे।

वानर समाज 'हरिगण' कहलाता है, जिसकी तीन शाखाएँ थीं–ऋक्ष, गोलांगुल, वानर। ऋक्ष लोग भालू नहीं बल्कि ऋक्ष पर्वत पर निवास करनेवाले 'हरिगण' यानी जनजातीय लोग थे। गोलांगुल काले मुँहवाले, घोर महाबली होते थे, पर वानरों की सभ्यता काफ़ी समुन्नत थी।

वस्तुतः वानर दक्षिण भारत की पहाड़ियों पर निवास करनेवाली अनार्य वनचर जाति थी जिन्हें लोकमानस के उन पशुओं का प्रतिरूप मान लिया, जिनकी वे पूजा करते थे या जिनका वे नाम धारण करते थे या जिनसे उनका कुछ-कुछ रूप साम्य था अथवा जिनको उन्होंने अपना जातीय चिह्न (टोटेम) मान लिया था।[1]

इसी तरह की जनजातियाँ गीध, नाग आदि रही होंगी। जिनको अपने तरह वर्षीय वनवास के दौरान राम ने संगठित किया, प्रशिक्षित किया, मानवीय गरिमा के लिए संघर्ष करने और सम्मान के लिए मृत्यु के वरण का

1. कैकेयी द्वारा राम को वनवास का आदेश दिये जाने के तुरन्त बाद दशरथ ने कैकेयी को परित्यक्त कर दिया था। देखें–रामायण (लेखक–वाल्मीकि) प्र.–गीता प्रेस (संव) अध्याय के भाग।

मार्ग दिखाया। जिनमें समता, स्वाधीनता, भाईचारे और सहानुभूति की भावना भरकर राम ने अब तक के इतिहास में पहली बार भारतवर्ष को एक के रूप में, एक लड़ी के रूप में पिरो दिया। जनजातियों में विषमता और भेदभाव समाप्त करने के कार्य को स्वयं राम ने किया। निषाद, शबर, कोल, भील, गीध, वानर, ऋक्ष, नाग के अलावा विषम परिस्थितियों के चक्रव्यूह में घिरी कुँवारी सीता, परित्यक्ता जनजातीय/उच्च जातीय परित्यक्ता महिलाओं को न केवल आत्मसम्मान दिया बल्कि उनसे बराबरी का व्यवहार कर आधुनिक भारत में मानव मूल्यों की आधारशिला रख दी।

राम के जीवन-काल में कदाचित् किसी का साहस नहीं रहा होगा कि किसी निम्न जाति के व्यक्ति की गरिमा का अपमान कर दिया जाय, उनकी नारियों का गौरव अपहरित कर लिया जाय। इसके अतिरिक्त यदि रामकथा का कोई अर्थ है तो वह मेरे विचार से प्रक्षिप्त स्थानीय, अतार्किक और व्यर्थ है।

रामकथा को समझने की राह में एक और गम्भीर कठिनाई है, रामकथा में व्याप्त असाधारण अलौकिकता की भावना। जैसे-जैसे रामकथा के पात्रों में अधिकाधिक अलौकिकता का समावेश होता गया, वैसे-वैसे रामकथा में तदनुसार परिवर्तन होने लगे। अलौकिकता के कारण रामकथा अनुकरण की कम श्रद्धा की वस्तु अधिक होने लगी जबकि मेरे विचार से रामकथा श्रद्धा के बजाय अनुकरण की वस्तु अधिक होनी चाहिए। साथ ही यह भी कहना है कि आज रामकथा का मूल्य लगभग शून्य हो चला है। परिवर्तन प्रकृति का धर्म है। आज रामकथा अलौकिकता से परिपूर्ण लगभग परिवर्तन शून्य हो गयी है। अपरिवर्तन का मतलब है—प्रकृति के विरुद्ध हो जाना। मेरा विचार है कि रामकथा पर कुछ और वाद, विवाद, संवाद वाँछित है ताकि अपरिवर्तन और जड़ता टूटे तथा रामकथा गतिमय होकर समाज की अन्धी गलियों में प्रवाहित होकर उसे प्रकाशित कर सकें। इस गम्भीर प्रश्न की विस्तृत चर्चा हम इन्हीं पृष्ठों में यत्र-तत्र करेंगे।

राम के कुल का अध्ययन भी काफ़ी दिलचस्प एवं रहस्यमय है। रघु, राम, कुश का असामान्य परिस्थितियों में जन्म एक महत्त्वपूर्ण संकेत है। अभिषेक के समय भरत एवं शत्रुघ्न का ननिहाल में होना भी गम्भीर रहस्यमयता लिये हुए है। सीता का जन्म भी असामान्य रहस्यमय परिस्थितियों की ओर संकेत करता है। हम इस प्रश्न पर भी इन्हीं पृष्ठों में विचार-विमर्श करना चाहेंगे।

●

रामायण

आदिकवि वाल्मीकि की एकमात्र उपलब्ध कृति का नाम है रामायण, राम+अयन (राम का भ्रमण) जिसने भारत में ही नहीं विश्व में अपनी लोकप्रियता की मिसाल क़ायम कर दी है। यह काव्यकृति इतनी लोकप्रिय हुई कि आज हज़ारों, लाखों रामकथाएँ विश्वभर में अलग-अलग रूपों में प्रचलित हैं तथा श्रोताओं, दर्शकों का मनोरंजन करती हैं। मूल रामायण में राम का रूप एक सामान्य राजकुमार का था, यही रूप विदेशों में भी फैला मगर भारत में राम के चरित्र में धीरे-धीरे अलौकिकता का समावेश हो जाने से राम विष्णु के पूर्णावतार माने जाने लगे और भक्तजनों ने उसके इस रूप को दिलों में बसा लिया।

रामकथा की लोकप्रियता का प्रमुख कारण है, उसका सरलतम स्वरूप। राम कहानी अत्यन्त सरल है। एक कहावत गाँव में कही जाती है—

इकु राम हते, इकु रावन्ना,
वे क्षत्री हते, वे वाम्हन्ना
उन्ने उनकी नारि हरी,
उन्ने उनको मारन्ना
कोई बात हती ना बातन्ना
तुलसी लिखि डारो पोथन्ना

सरलता लोकप्रियता की पहली शर्त है। इसी कारण फुटबाल विश्व का सबसे लोकप्रिय खेल है क्योंकि यह सबसे सरल है। यह एक नायक की कहानी है, जिस कारण उसके चरित्र के व्यापक अंश का चित्रण किया जा सका।

विद्वानों का मत है कि उत्तर भारत में आज जो हिन्दीभाषी क्षेत्र हैं, उसमें विश्व के दो प्रथम महाकाव्यों का सृजन हुआ है। सबसे पहले जयसंहिता

भारत के रूप में सामने आयी। तदुपरान्त रामायण की रचना हुई। इसके बाद महाभारत की रचना भारत के आधार पर हुई। रामायण पूर्वी परम्परा का काव्य है, जबकि भारत पश्चिमी परम्परा का। रामायण में महाभारत की घटनाओं का उल्लेख नहीं है, जबकि महाभारत में रामायण की घटनाओं एवं पात्रों का उल्लेख किया है। दोनों कथाओं को कदाचित् किसी एक लेखक ने कुछ वर्षों में नहीं लिखा होगा। मूल रचना किसी एक लेखक की है लेकिन वर्तमान स्वरूप में जो कुछ उपलब्ध है, उसे लिखने में कई सदियाँ लगी होंगी। प्रचलित रामायण दूसरी सदी के बाद की नहीं है।

रामायण की लोकप्रियता का दूसरा प्रमुख कारण है, इसके आदर्श चरित्र। आदर्श राजा, आदर्श परिवार, आदर्श समाज। दशरथ की सत्य के प्रति अटूट निष्ठा, रामादि भाइयों का अविरल प्रेम, सीता का पातिव्रत्य, नैतिक मूल्यों की श्रेष्ठता, जनकल्याण के लिए भौतिक सुखों के प्रति उदासीनता एवं पीड़ित की पक्षधरता। यही तो रामायण का आदर्शवाद है जिसने भारत ही नहीं बाहर भी इसे एक अत्यन्त सशक्त एवं लोकप्रिय कथा के रूप में स्थापित करा दिया।

अपने प्रारम्भ से ही रामकथा जैन, बौद्ध और हिन्दू मतावलम्बियों में अत्यधिक जनप्रिय रही है। समाज में निर्गुण राम की अवधारणा भी बहुत प्राचीन रही है। परवर्ती युग में जब राम परमब्रह्म के अंशावतार एवं तदुपरान्त पूर्णावतार माने जाने लगे तब भक्ति का प्रादुर्भाव हुआ और रामकथा में तरह-तरह के बदलाव किये गये। यह जनगण को इतना भाया कि भारत के हर प्रदेश में राम-कहानी स्त्री-पुरुषों द्वारा गायी जाने लगी। कितने ही सम्प्रदाय बने। महिलाओं के राम कहानी विषयक गीतों में सीता से सम्बन्धित घटनाओं की प्रमुखता है तथा महिलाओं से सम्बन्धित विषयों पर ही वे केन्द्रित रहे।

रामकथा कर्मप्रधान है। 'अरण्य-रोदन' के बजाय रामायणकार ने संघर्ष का मार्ग प्रशस्त किया। जीवन में मानव को उच्चतर बनाने का प्रयास ही जीवन का मतलब है। सही दिशा में किये गये मानवीय प्रयास की कहानी है—रामायण। रामकथा जीवन में बेहतर परिवर्तन करने का प्रयास है। जो रामकथा में नहीं, वह कहीं नहीं। मानवमतों के गुहान्धकार से एकान्त मानव को जीवन के संघर्ष में खींच जाने और मानव के उच्चतर निर्माण में सामूहिक

रूप से चरम बलिदान को सहज रूप से करके जीवन को सम्मान सहित जीने की कथा है—रामायण।

तुलसी का 'मानस' एक युगीन रचना है। इसके समतुल्य कोई रचना होना सम्भव नहीं लगता। सर्वत्र भारत पर इसका प्रभाव पड़ा। डॉ. कामिल बुल्के कहते हैं कि मानस एक त्रिवेणी है—अनन्य भगवद्भक्ति की गंगा, आदर्श चरित्रों की यमुना और अनिर्वचनीय काव्यकला की सरस्वती। मैं भुजा उठाकर कह सकता हूँ कि मानस ने रामकथा को एक नया आयाम दे दिया है। क्योंकि तुलसी के उपकरण परम्परा से लिये गये हैं तथा पश्चगामी शक्तियों ने इस कारण मानस का दुरुपयोग ही किया है, फिर भी मानस ने अपने युग की माँग को पूरा किया है। आज उस पर कुछ और विवाद की ज़रूरत है जैसे रामनामी व मानस के छन्दों को अपनी आवश्यकता के अनुरूप ढाल रहे हैं।

रामायण इण्डियन वैल्यूज़ का वेनगार्ड है, झण्डा है, फरहरा है। देश का नेता कैसा हो—रामचन्द्र जैसा हो। भारतवासी इसीलिए तो आज तक अपने नेतृत्व में राम की छवि निहारते हैं मगर उन्हें निराशा ही मिलती है। क्या भारतवासी आज तक नहीं समझ सके कि रामकथा का सन्देश राम की प्रतीक्षा करना नहीं, अपने निज के भीतर निहित रामत्व का विकास करना है। प्रतिष्ठित आर्यकुल के एक साधारण राजकुमार ने अपनी परिस्थितियों से टकराते हुए अरण्य को वरण किया जहाँ उसने एक समूचे विस्तृत पददलित भारत को एकजुट कर तत्कालीन महाशक्ति को चुनौती दे दी।

रामायण के पात्रों के संघर्ष को दो स्तर पर समझा जा सकता है। उनके अन्तर्द्वन्द्व और बहिर्द्वन्द्व। सबके भीतर एक द्वन्द्व चल रहा होता है। राम जहाँ मानवीय त्रासदी के शिखर पर बैठे इतिहास-पुरुष हैं, वहीं लक्ष्मण ऊर्जा, वीर्य और त्वरा के प्रतिबिम्ब हैं। वे तत्क्षण हर जगह परिणाम के विषय में ज़्यादा सोचे बग़ैर संघर्ष को प्रस्तुत हैं। विभीषण का द्वन्द्व एक पृथक् स्तर का है। उनकी अस्मिता, उनके सिद्धान्त, कुल के बन्धन, सत्य की तलाश उनकी समझ है। कहीं राम के पक्षधर होकर उन्होंने कोई ग़लती तो नहीं की। राम पराजित हो गये तो क्या होगा। हनुमान के भीतर भी एक संघर्ष है मगर उनके पास अधिक विकल्प नहीं है। पददलित जनगण की मूर्तिमान् सत्ता है हनुमान जो दर-दर भटकते सुग्रीव के सचिव हैं और जिनका

उद्‌देश्य है कि सुग्रीव राजा हों मगर कैसे? हनुमान सम्मान से जीने हेतु सामूहिक मृत्यु का वरण करने से नहीं हिचकते। इतिहास के प्रश्न उनके समक्ष नगण्य हैं। वे अपनी शक्तियों को अपने विवेक द्वारा स्थापित किये गये इतिहास-पुरुष के निर्देशन में देने को सहज सहमत हैं। सीता भी द्वन्द्वग्रस्त हैं। यदि असम्भव सम्भव हो जाय तो रावण पराभूत हो जाय तो क्या इतना यौन-सतर्क भारतीय परम्परागत समाज उन्हें स्वीकार करेगा, क्या इतिहास-पुरुष उन्हें स्वीकारेंगे। यदि वे रावण से अनुसक्त हो जायें तो मानवीय गरिमा के विरुद्ध राम का सामूहिक संकल्प प्रभावित नहीं होगा क्या? सत्य किधर है, उचित क्या है। रावण के कृत्य मानवीय गरिमा का हनन करते हैं या नहीं। जिस राम के साथ प्रेमवश मैं अरण्य में आयी, आज उसे पददलित, निष्कासित तपसी समझकर उसे छोड़ वैभव एवं शक्ति का वरण कर लूँ।

इतिहास-पुरुष राम का द्वन्द्व क्या है? उसकी त्रासदी क्या है, उसकी नियति क्या है? एक शब्द में कहें तो विरोध। उसकी माँ कौशल्या साकेत में जीवन पर महाभारत के जटिल सत्यों, अर्द्धसत्यों का प्रभाव अधिक है, बनिस्बत रामायण के अपेक्षाकृत सरल सहज सत्यों के। मुझे लगता है कि भारतीयों को कभी सरल सहज व्यवहार की अबाध स्वतन्त्रता नहीं मिली।

इस विशाल भारतीय उपमहाद्वीप का कुछेक अपवादों को छोड़कर कभी कोई एकच्छत्र नियन्ता नहीं रहा, छोटे-छोटे संघर्षग्रस्त राजे ही इसके भाग्यविधाता रहे। गत एक हज़ार वर्ष तो लूटमार, ख़ूनख़राबा, अत्याचार और राष्ट्रीय पराभव का ही समय था। इसलिए भारतीय रक्त में दो धाराएँ एक साथ बहती हैं—स्वतन्त्रता और पराजय की। यह भी कह सकते हैं कि नसों में बहते गुलाम रक्त में आज सम्मान की भावना बह रही है। जब उनका सम्मान न्यूनतम स्तर पर पहुँच जाता है, तब रामायण इन्हें प्रेरणा देती है और जब इनकी स्वतन्त्रता चरम बिन्दु पर होती है तब ये महाभारत से प्रेरणा लेते हैं। भारत की आत्मा सदैव रामायण एवं महाभारत के बीच कम्पन करती है। महाभारत का मूलतत्त्व 'निष्काम कर्म' इनका अभिप्रेत बहुत कम रहा। इनका सम्बन्ध अंश स्वार्थों के लिए उसके विविध घात-प्रतिघातों से अधिक रहा है।

●

उत्तर 'रामायण' रामकथाएँ

रामकथा के विस्तृत विवेचन के पूर्व आइये, राम, रामकथा, रामायण के इतिहास के बारे में कुछ महत्त्वपूर्ण चर्चा कर लें। डॉ. कामिल बुल्के अपने शोध प्रबन्ध 'रामकथा' में लिखते हैं कि वैदिक रचनाओं में रामायण के एकाध पात्रों के नाम अवश्य मिलते हैं लेकिन न तो इसके पारस्परिक सम्बन्ध की कोई सूचना दी गयी है और न ही इसके विषय में रामायण की कथावस्तु का किंचित् भर निर्देश दिया गया है। वाल्मीकि कृत रामायण के पूर्व रामकथा सम्बन्धी आख्यान प्रचलित थे। इसका आभास महाभारत के द्रोणपर्व और शान्तिपर्व से तथा अन्य निर्देशों से भी मिलता है।

ऐसा प्रतीत होता है कि बाल्मीकि ने कम-से-कम ईसा से तीसरी-सदी पूर्व अपनी अमरकथा की रचना की होगी[1], जबकि प्रचलित रामायण दूसरी सदी ई. के बाद की नहीं है। आदि रामायण प्रचलित रामायण से इतनी भिन्न है कि इस महत्त्वपूर्ण विकास के लिए कई शताब्दियों की आवश्यकता प्रतीत होती है। प्राचीन साहित्य में आदिकवि से भिन्न तीन अन्य वाल्मीकियों का भी उल्लेख मिलता है।

रामायण में महाभारत का कोई उल्लेख नहीं मिलता है जबकि महाभारत में रामकथा एवं रामायण दोनों का उल्लेख मिलता है। स्पष्ट है कि रामायण की रचना के पश्चात् ही महाभारत को अपना वर्तमान स्वरूप मिला है। फिर भी सम्भव है कि भारत (महाभारत का प्राचीनतम रूप) रामायण के पूर्व लिखा गया हो। विभिन्न विद्वानों की सहमति से रामायण का रचनाकाल भारत एवं महाभारत के बीच में माना जाता है। यह निर्विवाद है कि भारत पश्चिम में तथा रामायण पूर्व में उत्पन्न हुई। दोनों के सम्पर्क के पश्चात् भारत ने महाभारत का रूप धारण कर लिया।

---

1. चूँकि पाणिनि के ग्रन्थ अष्टाध्यायी में रामायण, वाल्मीकि तथा रामायण के प्रमुख पात्रों का उल्लेख नहीं होता किन्तु रामकथा अवश्य प्रचलित रही होगी।

प्राचीन बौद्ध साहित्य में रामकथा सम्बन्धी तीन जातक सुरक्षित हैं—दशरथ जातकम्, अनामक जातकम्, दशरथ कथानम्, जिसमें दशरथ जातकम् सर्वाधिक प्रसिद्ध, सर्वाधिक महत्त्वपूर्ण, सर्वाधिक विवादग्रस्त है। इस जातक को बुद्ध ने पिता के मरने पर किसी शोकाकुल गृहस्थ को सुनाया था कि पण्डित लोग पिता के मरने पर उसी तरह शोक नहीं करते हैं जैसे दशरथ के मरने पर राम धैर्य धारण किये रहे। कथा इस प्रकार है—

दशरथ वाराणसी का राजा था जिनकी ज्येष्ठा रानी की तीन सन्तानें राम, लक्ष्मण तथा सीता थीं। ज्येष्ठा रानी की मृत्यु के बाद राजा की दूसरी रानी ने भरत को जन्म दिया तभी राजा ने उसे एक वर दिया। जब रानी ने सातवर्षीय भरत के लिए राज माँगा तो दशरथ ने मना कर दिया। ज्योतिषी ने जब राजा की आयु बारह वर्ष शेष बतायी तो राजा ने राम, लक्ष्मण को बुलाकर कहा कि तुम बारह वर्ष के लिए वन को चले जाओ, मेरी मृत्यु के बाद राजा होना। राम, लक्ष्मण हिमालय को चले गये, साथ में बहिन सीता भी चली गयी। नौ वर्ष बाद दशरथ मर जाते हैं, किन्तु विरोध के कारण भरत भी राजा नहीं बन पाते हैं और अपनी सेना लेकर राम को मनाने वन को जाते हैं। भरत उनसे पिता के देहान्त की बात कहकर रोने लगते हैं। राम न तो शोक करते हैं, न रोते हैं।[1] रामपण्डित की तृण पादुकाएँ लेकर भरत, लक्ष्मण तथा सीता के साथ वाराणसी लौटते हैं। राजकार्य में अन्याय होने पर पादुकाएँ एक-दूसरे पर आघात करती हैं और ठीक निर्णय होने पर शान्त रहती हैं। तीन वर्ष बाद रामपण्डित वाराणसी वापस लौटकर अपनी बहन सीता से विवाह करते हैं तथा सोलह वर्ष धर्मपूर्वक राज्य करने के बाद स्वर्ग चले जाते हैं। इस कथा में सुद्धोधन दशरथ, महामाया राम की माता, यशोधरा सीता, आनन्द भरत तथा बुद्ध रामपण्डित थे।

जैन कथा ग्रन्थों में विस्तृत रामकथा साहित्य मिलता है। बौद्ध बुद्ध को राम का पुनरावतार मानते हैं। इसी तरह जैनियों ने रामकथा पात्रों को अपने धर्म में एक महत्वपूर्ण स्थान दिया। दूसरी विशेषता यह है कि वानर और राक्षस दोनों विद्याधर वंश की विभिन्न शाखाएँ माने जाते हैं। विद्याधर का अर्थ है (आकाशगामी तथा कामरूपी) ऐन्द्रजालिक। तीसरी विशेषता है, उसमें

1. रामपण्डितों नेव सोचि न रोदि।

प्रारम्भ से ही उन लौकिक ग्रन्थों का उल्लेख मिलता है, जिनमें राम का शिकार करना, रावण का मांसाहारी होना, सुग्रीव के वानर होने आदि की कथाएँ असत्य पायी गयी हैं। स्पष्ट है कि जैन कथाएँ वाल्मीकि रामायण के बाद की हैं। श्वेताम्बर सम्प्रदाय में केवल विमल सूरि तथा गुणभद्र दोनों की रामकथा प्रचलित हैं।

विमल सूरि की परम्परा में प्राकृत भाषा में विमल सूरि कृत पउम चरियं (तीसरी सदी-चौथी सदी ई.) संस्कृत में रविवेष कृत पदम चरित (678 ई.–प्राचीनतम जैन संस्कृत ग्रन्थ), अपभ्रंश में स्वयंभूदेव कृत पउमचरिउ अथवा रामायण पुराण (8वीं सदी ई.) एवं कन्नड़ में नागचन्द्र (अभिनव पम्प) कृत पम्प रामायण या रामचन्द्र चरित पुराण (11वीं सदी ई.) उल्लेखनीय ग्रन्थ हैं। गुणभद्र की परम्परा उनके संस्कृत ग्रन्थ उत्तर पुराण (नवीं सदी ई.) से प्रारम्भ होकर प्राकृत पुष्पदन्त कृत महापुराण (10वीं सदी ई.) आदि उल्लेखनीय ग्रन्थ हैं।

बौद्ध त्रिपिटक तीसरी सदी ई. पू. मगध में पालि भाषा में लिपिबद्ध किया गया था। इसके द्वितीय पिटक (सूत्तपिटक) के पाँचवें भाग खुदनिकाय के अन्तर्गत जातक कथाएँ दी गयी हैं जो तीसरी सदी ई. पू. से सुरक्षित हैं। दशरथ जातक पालि जातक दठवण्णना में सुरक्षित है। वर्तमान पालि जातक दठवण्णना पाँचवीं सदी ई. की एक सिंहली पुस्तक का अनुवाद है। डॉ. वेबर का मत कि दशरथ जातक की रामकथा रामायण की कथा का विकृत रूप है। रामायण रामकथा सम्बन्धी आख्यान काव्य पर निर्भर है जिसकी थोड़ी-सी सामग्री पालि गाथाओं में आ गयी है। पालि त्रिपिट के निर्माण (चौथी सदी ई. पू.) के समय तक रामकथा विषयक पर्याप्त आख्यान काव्य की रचना हो चुकी थी, किन्तु कदाचित् तब तक रामायण की रचना नहीं हुई होगी क्योंकि यदि ऐसा होता तो गाथाओं के कवि इससे अधिक प्रभावित हुए होते।

आदि रामायण में न तो बुद्ध का कोई उल्लेख है,[1] न ही बौद्ध धर्म का कोई प्रत्यक्ष प्रभाव है, किन्तु अप्रत्यक्ष प्रभाव से इनकार करना कुछ कठिन है। सीता का हिंसा के विरुद्ध भाषण और कोमल, शान्त, सौम्य स्वभाव के राम पर परोक्ष बौद्ध प्रभाव से इनकार करना थोड़ा कठिन होगा।

1. यदि रामायण के निम्न श्लोक को प्रक्षिप्त मान लिया जाय।

कुछ विद्वान् मानते हैं कि वाल्मीकि ने पहले पहल दो-तीन नितान्त स्वतन्त्र आख्यानों को एक ही कथासूत्र में संयोजित कर रामकथा का प्रणयन किया है। ये स्वतन्त्र कथाएँ हैं—रामकथा, रावण कथा, हनुमान कथा। इनका कहना है कि अयोध्याकाण्ड एवं अरण्यकाण्ड में काफ़ी अन्तर है। अतः इनकी कथाएँ स्वतन्त्र रही होंगी। वस्तुतः दोनों काण्डों में कोई मौलिक अन्तर नहीं है, वर्णन में अन्तर अवश्य है क्योंकि अयोध्याकाण्ड में वातावरण एवं स्थितियाँ अनुकूल/राजसी हैं, जबकि अरण्यकाण्ड में स्थितियाँ प्रतिकूल (सीताहरण) थीं।

भारतीय संस्कृति में रामकथा की लोकप्रियता एवं प्रसार का आलम यह था कि उस समय प्रचलित तीन धर्मों में राम ने एक निश्चित स्थान प्राप्त कर लिया था। ब्राह्मण धर्म में विष्णु के अवतार के रूप में, बौद्धों में बोधिसत्त्व के रूप में तथा जैनियों में आठवें बल्देव के रूप में मानकर रामकथा की लोकप्रियता एवं आकर्षकता का साक्ष्य दिया। आगे चलकर साहित्य की प्रत्येक शाखा में, भारतीय भाषाओं के साहित्य में, भारत के पड़ोसी देशों में सर्वत्र रामकथा का स्पष्ट प्रभाव दिखायी पड़ता है। विदेशों में सर्वप्रथम बौद्धों ने रामकथा का प्रचार किया।

संस्कृत धार्मिक साहित्य में रामकथा का स्थान महत्त्वपूर्ण नहीं है। वैदिक साहित्य में रामकथा कहीं है ही नहीं। हरिवंश तथा प्राचीन पुराणों में विष्णु के कई अवतारों में राम का नाम भी है किन्तु परवर्ती पुराणों (स्कन्दपुराण, पदमपुराण, महाभागवत पुराण आदि) में रामकथा में वृद्धि होने लगी। रामभक्ति के आगमन के बाद अनेक रामायणें उल्लेखनीय हैं, जिसमें अध्यात्म रामायण, अद्भुत रामायण, आनन्द रामायण, तत्त्व संग्रहरामायण व अनेक कालनिर्णय रामायणें प्रसिद्ध हैं। संस्कृत ललित साहित्य में अमर रामकथाओं की सृष्टि हुई है, जिनमें रघुवंश, रावणबह, भट्टिकाव्य, महावीर चरित, उत्तर रामचरित, जानकीहरण, कुन्दमाला, अनर्घराघव बाल रामायण महानाटक आदि प्रसिद्ध हैं।

सर्वप्रथम बौद्धों ने विदेशों में रामकथा का प्रचार किया। 'अनामकम् जातकम्' का तीसरी सदी ई. तथा 'दशरथ कथानम्' का पाँचवीं सदी ई. में चीनी भाषाओं में अनुवाद हुआ है। नवीं सदी ई. में तिब्बती तथा खोतानी रामायणें लिखी गयीं। चम्पा के सातवीं सदी ई. के एक शिलालेख में

वाल्मीकि द्वारा श्लोकोत्पत्ति का उल्लेख मिलता है तथा जावा के नवीं सदी के एक शिवमन्दिर में रामायण की घटनाओं को भित्तिचित्र के रूप में अंकित किया गया है। बाद में जावा तथा मलय में दो रूपों में रामकथा साहित्य की रचना हुई। जावा में 10वीं सदी में रामायण काकविन का रूप प्रचलित हुआ। जिसका आधार भट्टिकाव्य है, जबकि परवर्ती सेरीराम वाल्मीकि कथा से भिन्न है। रामकथा का यह परवर्ती रूप हिन्देशिया में अधिक लोकप्रिय है, जिसके आधार पर आज तक वहाँ, रामकथा विषयक नाटकों का अभिनय होता रहा। सेरीराम हिन्दचीन, स्याम, बर्मा में प्रचलित रामकथाओं का आधार रहा है। फिर भी कम्बोडिया की रामकेर्त्ति तथा स्याम के रामकियेंन में वाल्मीकि रामायण तथा सेरीराम का समन्वय करने का प्रयास किया गया है। 'राम' नाटक बर्मा में भी बहुत लोकप्रिय है।

इस प्रकार रामकथा भारतीय संस्कृति ही नहीं एशियायी संस्कृति का भी एक महत्त्वपूर्ण तत्त्व बन गयी। डॉ. कामिल बुल्के निस्संकोच घोषणा करते हैं कि विश्व साहित्य के इतिहास में शायद ही किसी ऐसे कवि का प्रादुर्भाव हुआ जिसने भारतवर्ष के आदिकवि वाल्मीकि के समान इतने व्यापक रूप से परवर्ती साहित्य को प्रभावित किया हो।

बहरहाल आदिकवि की लेखनी से राम का नाम क्या निकला, ब्रह्माण्ड के कण-कण में व्याप्त हो गया। वर्तमान अयोध्या जो विद्वानों द्वारा जैन संस्कृति का केन्द्र बिन्दु बतायी गयी है, आदिकवि की लेखनी से रामायण के निस्सृत होते ही वैष्णव संस्कृति का केन्द्र बन गयी।

●

रामायण : रचना-संसार तथा सन्देश

आदिग्रन्थ में मानव के दर्द, पीड़ा, व्यथा, यातना, उत्पीड़न, उत्थान-पतन, ईर्ष्या, राग-द्वेष, मानव-मूल्यों को एक गहरे अन्तर्द्वन्द्व के साथ वाणी दी गयी, जिसमें संघर्ष और ध्वंस अनिवार्य था, तभी तो नूतन की सृष्टि सम्भव थी। रामायण (राम+अयन) का शाब्दिक अर्थ है—राम का पर्यटन और पूरे काव्य में राम अपने अन्तर एवं बाह्य के द्वन्द्वों से जूझते हुए निर्वासन की प्रक्रिया से गुज़रते रहे। तभी तो राम के इतने भव्य, आत्मशोधक, व्यावहारिक एवं उत्कृष्ट चरित्र का निर्माण हो सका कि सदियों से भारतीय मनीषा उनके चरित्र को शब्दों का जामा पहनाती रही। राम ने न केवल नये पन्थों का निर्माण किया वरन् परम्परा से प्राप्त पुराने पन्थों की मरम्मत की। इस तरह राम ने इस अन्तर्बाह्य द्वन्द्वों के साथ इस दोहरी जिम्मेदारी को भी उठाया।

सार्वजनिक जीवन में होने के बावजूद वे स्वयं स्वतन्त्र भी नहीं रह सके जबकि उन्होंने एक समूची पीड़ित मानवता को आतंक, त्रास, कुण्ठा, उत्पीड़न से मुक्ति दिलायी। कतिपय विद्वानों ने एक प्रश्न उठाया कि अपने नायक के रूप में राम को क्यों चुना जबकि आदिकवि के समय में कृष्ण अधिक लोकप्रिय थे। इसका उत्तर कुछ जटिल है। ऐसा प्रतीत होता है कि 'भारत' में कृष्ण नायक के रूप में ही प्रचलित-प्रसिद्ध हो चुके थे, साथ ही 'भारत' बहुनायकों का काव्य था जबकि वाल्मीकि की आवश्यकता कदाचित् एक नायक काव्य की थी, किन्तु एक नायक काव्य होने के कारण चरित्र में काफ़ी जटिलता आ गयी। राम का चरित्र सरल नहीं बल्कि एक जटिल बहुमुखी चरित्र है, जो एक दृष्टि से देखें, जो अपने अन्तर्द्वन्द्व व बाह्य संघर्ष की पीड़ा के साथ-साथ परतन्त्र भी था क्योंकि उसके हर व्यवहार पर, प्रत्येक निर्णय पर तथा यहाँ तक कि चाल-ढाल, आचार-विचार, प्रेम-विवाह,

खान-पान, शिक्षा-परिवार, कला-कौशल पर हज़ारों नहीं बल्कि लाखों निगाहें टिकी थीं, उनसे प्रेरणा लेती थीं।

शिखर पर पहुँचना भी आसान नहीं होता, शिखर पर बने रहना तो और भी आसान नहीं होता। असाधारण विषम् परिस्थितियाँ, अपने निज की व्यथाएँ, शिखर पर का आचरण—सब को गरल की भाँति राम ने पिया और नीलकण्ठ हो गये। भारतीय जनमानस में राम की लोकप्रियता, आज तक उनकी प्रतीक्षा, प्रत्येक शिखर-पुरुष में राम की छवि की तलाश, यह सब-कुछ यूँ ही नहीं है। कोई सुखान्त कथा इतनी सशक्त नहीं हो सकती जो इतनी गहराई तक जाकर एक विशालकाय भूखण्ड के निवासियों के हृदयों को उद्वेलित कर सके।

उस प्रेमी की पीड़ा को कौन समझ सकता है, जिसकी प्रेयसी और पत्नी भरी राजसभा में दोषमुक्त हो जाने के बावजूद अपने प्रेमी/पति के साथ अब सहवास नहीं चाहती, अपनी मृत्यु चाहती है—

यथाहं राघवादन्य मनसापि न चिन्यते
तथा में माधवी देवी विवरं दातुमर्हति।[1]

सभ्यता के इतने प्रारम्भिक समय में आदिकवि ने प्रकृति की विविध दशाओं का उसके वास्तविक रुप में अपने काव्य में अंकन किया है। रामायण में फूल-पौधे, पशु-पक्षी, नदी-नाले, बादल-मार्ग, पठान-समन्दर और दुर्गम उपत्यकाओं आदि को बिना कोई लेप लगाये नैसर्गिक रूप में उद्घाटित किया गया है। यहाँ प्रकृति अपने स्वाभाविक रूप में आयी और वर्णित हुई है। इस प्रकार नगर, ग्राम, राजा-महाराजा, रानी-पटरानी, युद्धभूमि आदि सभी का विवरण सहज स्वाभाविक रूप में अपनी समस्त विराटता एवं सूक्ष्मता के साथ यहाँ उपलब्ध है। अपने प्रिय छन्द अनुष्टुप् का आदिकवि ने व्यापकता से प्रयोग किया है, परन्तु स्थान-स्थान पर इन्द्रवज्रा, उपजाति छन्दों का भी प्रयोग किया है।

इस ग्रन्थ में प्रायः सभी रस हैं किन्तु करुण, शृंगार और वीर रस की प्रधानता है। उपमा, रूपक, उत्प्रेक्षा, अर्थान्तरन्यास आदि अलंकारों का विशिष्ट सुन्दर उपयोग किया गया है। ऋतु वर्णन में अलंकारों की चारुता दर्शनीय है। शृंगार के संयोग-वियोग दोनों पक्षों का वर्णन किया गया है,

---

1. राघव के अतिरिक्त चिन्तन में भी पुरुष नहीं। यदि यह सच है तो मुझको स्वीकार ले मही।

जबकि युद्धकाण्ड में वीररस प्रमुख हैं। इन दोनों रसों के साथ सम्पूर्ण रामायण के करुण रस की एक स्रोतस्विनी प्रवाहित होती है, विशेष रूप से सीता परित्याग के बाद राम की दयनीय मनःस्थिति के समय।

रामकथा का स्वतन्त्र विराट्काय संसार है, जिसमें छुद्रमानव एकाएक बड़ा हो गया है, बलवान् हो गया है, प्रतिबद्ध हो गया है। उसके पराक्रम के सम्मुख शक्तिशाली साम्राज्य ताश के पत्तों जैसे बिखर गये। उस क्षुद्रमानव ने देवताओं को, उच्चवर्ण के नागरिकों को और मूल्यों के मार्गदर्शन हेतु अपनी अँगुली पकड़ा दी। रामायण एक गतिमान् विशालकाय शून्य है जिसके भीतर सैकड़ों घात-प्रतिघात, अन्तर्बाह्य द्वन्द्व विषधरों की भाँति रेंग रहे हैं, सरक रहे हैं, एक दूसरे को फाड़ खाने को झपट रहे हैं, खा रहे हैं। इस शून्य के भीतर क्षीण प्रकाश है। इन द्वन्द्वों, उलझावों, कुण्ठाओं, रक्तपात, प्रतिशोध की जटिल परिस्थितियों के निकाय में ज्वलन्त विनाशक विस्फोटक होते हैं और काव्य में जैसे कुछ सुनहरे शिखर दिखायी देने लगते हैं। सभी पात्र अपने अन्तर्बाह्य द्वन्द्वों से ग्रस्त हैं। दशरथ, लक्ष्मण, कौशल्या, सुमित्रा, भरत, विभीषण, रावण, सुग्रीव, सीता—सभी द्वन्द्वग्रस्त हैं, जिनके द्वन्द्व एक-दूसरे से टकराते, फुसफुसाते, हमला करते दिखायी देते हैं। राम सबसे विराट् द्वन्द्व हैं। वे महाशून्य हैं जिनके भीतर सारे द्वन्द्व जन्म लेते हैं, समाप्त हो जाते हैं। इसी महाशून्य की विराट्काय द्वन्द्वात्मकता ने रामचरित को भारतीय जनमानस को घनीभूत रूप से सदियों तक उद्वेलित किया है। भारतीय जनमानस के लिए राम वह उत्तर हैं जिसमें उनके सारे प्रश्न समाहित हो जाते हैं।

आदिकवि के राम एक मानव हैं किन्तु असाधारण द्वन्द्वात्मकता के साथ मर्यादित और सहज राम जब भयानक क्रोध करते हैं या जितेन्द्रिय राम जब सीता के अभाव में विरह वेदना से विफल होते हैं तो जैसे आदिकवि के काव्य में एक ज्वाला भर जाती है। विपरीत परिस्थितियों की टकराहट से जो चिनगारियाँ निकलती हैं, उनके आलोक से विश्व-साहित्य प्रकाशित हो उठता है, कवीश्वर की कविताई शिखर पर पहुँच जाती है, वाल्मीकि अमर हो जाते हैं। राम के द्वन्द्वों की गाथा ही रामायण है। जब सीता कहती हैं कि तपस्वी जीवन में शस्त्र धारण उचित नहीं तो कठोर होकर राम कहते हैं कि सीता मैं तुम्हें छोड़ सकता हूँ, लक्ष्मण को छोड़ सकता हूँ किन्तु मानव

के उत्पीड़न और अन्याय का प्रतिकार नहीं छोड़ सकता जिसके लिए शस्त्र ज़रूरी है। वहीं इन्द्रजीत, मर्यादित राम, सीता के अपहरण के बाद जैसे पागल हो जाते हैं–

शंस स्व यदि सा दृष्टा
बिल्ब बिल्वोपमस्तनी[1]

वहीं मर्यादित राम सीता को खोजते-खोजते राह में कोई टूटा हुआ धनुष देखते हैं तो उनका आक्रोश जैसे क्रोध की सीमा लाँघ जाता है। वे कहते हैं कि मेरे मर्यादित सहज स्वभाव को मेरी कमज़ोरी समझ लिया गया है। किसी ने सीता की रक्षा नहीं की। यदि सीता को वापस नहीं किया गया तो मैं समस्त त्रैलोक्य के प्रभुओं की मर्यादा नष्ट कर दूँगा। यदि इतनी प्रचण्ड शक्ति का स्रोत राम के पास न होता तो उनके संयम और मर्यादा का कोई अर्थ नहीं होता–

क्षमा शोभती उस भुजंग को
जिसके पास गरल हो
उसको क्या जो दीन हीन
मुखहीन विनीत सरल हो।[2]

सीता के प्रति प्रेम के मारण असंयमित उग्रता धारण करनेवाले वही राम लंका से ससम्मान लौट आयी सीता को देखकर निर्ममता से कहते हैं–"मैंने तुम्हें पाने के लिए नहीं, अपने अपमान का बदला लेने के लिए पर स्त्री पर पड़ी कामुक दृष्टि के स्वामी को दण्डित करने के लिए, व्यापक सामूहिक सत्यों की प्रतिष्ठा के लिए और मानव के उच्चतर निर्माण हेतु अपने प्राणों की बाजी लगाकर यह युद्ध लड़ा और जीता। अब तुम स्वतन्त्र हो, मेरे लिये ग्रहणीय नहीं, जहाँ जाना चाहो चली जाओ।" इतनी भयानक निर्ममता का प्रदर्शन वही प्रेमी कर सकता है।

लेकिन जब साकेत में सीता को लेकर पुनः लोकापवाद उठा तो यह जानते हुए भी कि सीता शीलवती एवं उत्कृष्ट चरित्रवान् है, स्वयं प्रज्वलित अग्निशिखा है–सीता को साकेत से निष्कासित कर दिया। सीता समझ गयीं कि यही उनकी नियति है। मात्र दुःख ही उनके जीवन की कहानी है।

---

1. बिल्क तुमने सीता को देखा होगा तुम्हारे फलों के जैसे उसके स्तन हैं।
2. रामधारी सिंह 'दिनकर' की काव्य रचना से उद्धृत।

कलंकित बचपन, लज्जित यौवनारम्भ, तेरह वर्ष का अरण्य काल, एक वर्ष (तेरह माह) लंकेश की बन्दिनी और गर्भस्थ अवस्था में नारी के लिए क्रूरतम अपवाद सहित मृत्युपर्यन्त अनन्त काल के लिए निष्कासन। उदर के शिशु को छोड़कर अब जीवन का इस धरा पर कोई औचित्य नहीं। लेकिन यह तेजस्वी महिला झुकी नहीं। उसे इस अन्तिम निष्कासन का उतना दुःख नहीं हुआ जितना इस बात का दुःख था कि अरण्य में लोग राम के परित्याग का कारण पूछेंगे तब वे क्या बतायेंगे।

शान्ति कुमार नानूराम व्यास अपनी पुस्तक रामायणकालीन समाज में लिखते हैं कि इस दुःख से सीता आत्मघात कर लेंगी। यदि प्रचेता के दसवें पुत्र आदिकवि वाल्मीकि ने उनकी निर्दोषिता का स्वयं ही उद्घोष न किया होता। उन्होंने यह उद्घोष कुश, लव से साकेत के जनगण में भी कराया और राम की राजसभा के समक्ष एवं समाज के समक्ष अन्तिम बार नतसिर मौन अपनी साक्षी हेतु प्रस्तुत हुई। यह यातना के अन्तिम कोण तक अपने अधिकारों के लिए सतत संघर्षरत नारी के इतिहास के रामकथा के अन्तिम पृष्ठ पर पर्दापण के समान उनका आगमन था।

लेकिन क्या दुःख भोगना और सत्यनिष्ठा की साक्षी देना ही उनके जीवन का अभीष्ट है। साकेत के निष्कासन के सोलह वर्ष बाद तक साम्राज्ञी ने रघुकुल दीपकों को प्रज्वलित किया, व्रत, उपवास, अनुष्ठान किये, पति के प्रेम तथा सम्मान की स्मृति में विषाद किया, कुश, लव को रघुकुल की परम्परा/गौरव से दीक्षित किया। भारतवर्ष के प्रख्यात ऋषि, मुनि, साधकों, विद्वानों से खचाखच भरी राज्य परिषद् को एक नीची नज़र से देखते हैं, तब फिर उनके जीवन का कोई उद्देश्य शेष नहीं रहा। यातना से विदीर्ण सीता ने अन्ततः अपनी सत्य निष्ठा से एक बार फिर भारतीय समाज को पराभूत कर दिया। इस अग्निशिखा की, इस महान् महिला की कितनी अपराजेय संकल्प शक्ति थी कि सारे जीवन की भटकन के बावजूद उसके पति और पुत्र फिर चक्रवर्ती सम्राट् हुए।

शान्ति कुमार नानू व्यास अपनी पुस्तक में आगे लिखते हैं कि कदाचित् सीता की इन करुण व्यथाओं एवं त्रासदी ने महाकवि को रामायण लिखने की प्रेरणा दी हो। लगता है कि सीता के ज़रिये ही आदिकवि रामकथा की व्यक्तिगत व गोपनीय कथा से परिचित हुए होंगे। इस प्रकार सीता अपने

लम्बे द्वितीय अरण्य काल में आदिकवि के अत्यन्त महान्, मर्मस्पर्शी, उदात्त एवं यातना के मध्य भी न झुकनेवाले लौह लोकोत्तर चरित्र की कीर्तिपताका को अमरता के भारतीय स्तम्भ पर फहराने की अपार्थिव सन्तुष्टि की अनुभूति कर सकीं। व्यर्थ पदार्थ मानकर समाज द्वारा निष्कासित कर दिये जाने के बावजूद सीता ने क्रान्ति के एक सिपाही के रूप में अपनी उपयुक्त भूमिका का चयन कर लिया, समाज के लिए उपयोगी बनी रहीं और असंख्य भारतीयों को संस्कारित करनेवाले गौरव ग्रन्थ के प्रणयन की प्रेरणा और साक्षी बनी। यातना में भी मुस्करा सकने का साहस सीता एवं राम के चरित्र में अपूर्व रहस्य छुपा है। यह विराट् करुण शोकगीत है, जो महासमय के पश्चात् अर्द्धसत्यों के ध्वंसावशेषों पर लिखा गया है।

आदिकवि के इस ज्वलन्त त्रिकोण की तीसरी भुजा लंका थी और तीसरा कोण दशग्रीव। यह एक वेदपाठी, कर्मकाण्डी, महान् वीर, विद्वान् जगद्विजयी योद्धा किन्तु जीवन के प्रथम और अन्तिम कायरतापूर्ण कार्य में सीता का बलपूर्वक अपहरण करके अपने कुल एवं विशाल सेनाओं सहित अपयश लेकर वीरगति को प्राप्त हो गया। रावण यदि क्षुद्र होता तो राम के सतत अभियान और जाग्रत संघर्ष मूल्यहीन हो जाते। कतिपय लोग रामायण को निहित स्वार्थों के लिए की गयी रचना बताते हैं, वे देखें कि ब्राह्मण धर्म यह पोषक ग्रन्थ, वेदपाठी एवं कर्मकाण्डों के सर्वश्रेष्ठ अध्येता महान् ब्राह्मण रावण दशग्रीव के लिए भी मृत्युदण्ड की घोषणा करता है। कोई भी व्यक्ति चाहे कितना भी महान्, बलशाली, वैभवशाली, धनवान् और विद्वान् क्यों न हो, वह मानव-मूल्यों एवं सामाजिक नियमों के ऊपर नहीं।

•

मानस : रचना-संसार एवं सन्देश

बहुत कम वस्तुएँ अपने काल की माँग होती हैं, अपने समय की प्रतिनिधि होती हैं, अपने युग का इतिहास होती हैं अथवा मानव से अपने घनीभूत सम्पृक्ति के चलते समाज के हृदय की सम्पत्ति होती हैं। जिस प्रकार नेपोलियन फ्रांस के समय की माँग था, बिस्मार्क जर्मन युग का इतिहास था, गाँधी अपने समय के प्रतिनिधि भारतीय थे, पवित्र बाइबिल, ईसाई समाज के हृदय की सम्पत्ति है, उसी तरह तुलसी की अलौकिक पुस्तक 'रामचरित मानस' में से चारों तथ्य एक साथ समाहित हो गये हैं। मानस अपने समय की माँग, अपने समय का प्रतिनिधि काव्य, अपने युग का इतिहास एवं भारतीय समाज के हृदय की सम्पत्ति थी।

तुलसी के युग में भारतवर्ष के हिन्दुओं में तमाम सम्प्रदाय प्रचलित थे। देश के शासक मुस्लिम थे। जनगण में संन्यास, तपस्या और रहस्यमयी साधनाओं के प्रति ललक बढ़ रही थी। कर्मकाण्ड का उच्चवर्ग में बड़ा महत्त्व था। राजधर्म में एकेश्वरवाद की प्रधानता थी तथा वे समता का सन्देश दे रहे थे। इन समस्त वर्गों और जातियों को एक करने, उनमें आत्मविश्वास भरने, अपनी संस्कृति के प्रति विश्वास करने हेतु एक महापुरुष के जन्म की काल ने माँग की। इस तरह तुलसी अपने काल की माँग, अपने समय के प्रतिनिधि थे और उनका मानस अपने समय का आईना और विगत युग का सांस्कृतिक इतिहास। रामायण संस्कृत में होने के कारण आमजन की जुबान से उतर चुकी थी—मानस अपनी भाषा में थी जिसे तुलसी अयोध्या/काशी के मेले/दशहरे/बाज़ारों में वर्षों सुनाये थे, इसीलिए मानस प्रजा से अपनी घनीभूत सम्पृक्ति के कारण समाज के हृदय की सम्पत्ति बन गयी थी।

तुलसी ने मानस की निम्न भूमिका दी है—

मुद मंगलमय संत समाजू
जो जग जंगम तीरथराजू।
राम भक्ति जहँ सुरसरि धारा
सरसइ ब्रह्म बिचार प्रचारा।
बिधि निषेधमय कलिमल हरनी
करम कथा रबिनंदनि बरनी।

डॉ. कामिल बुल्के कहते हैं कि मानस भी एक नया तीर्थराज है, नया प्रयाग है, एक नयी त्रिवेणी है, जिसकी तीन धाराएँ हैं–अनन्य भगवद्भक्ति की गंगा, आदर्श रामचरित की यमुना और अनिर्वचनीय काव्यकला की सरस्वती। मानस के कथानक पर सर्वाधिक प्रभाव रामायण और अध्यात्म रामायण का है। इसके अतिरिक्त यह अत्यन्त लोकप्रिय रचना प्रसन्नराघव, महानाटक, शिव पुराण, भागवत पुराण, भुशुण्डि रामायण, राम गीत गोविन्द आदि ग्रन्थों से लिये गये प्रसंगों पर आधारित है। इसकी मौलिकता पूर्व परम्परा से गृहीत सामग्री के चयन और व्यवस्थापन में है। जिसके पीछे भक्त, समाज निर्माता और कवि की सम्मिलित दृष्टि कार्य करती है।

गोस्वामी जी की रचनाएँ शांकर अद्वैतवाद तथा रामानुज के विशिष्टाद्वैत से प्रभावित लगती हैं। किन्तु दार्शनिक प्रतिपादन उनका लक्ष्य नहीं था। वस्तुतः उन्होंने विभिन्न भारतीय दर्शनों को सरलीकृत करके उन्हें समन्वित करने का प्रयास किया और मूलतः भक्ति का प्रतिपादन किया। उनकी दास्य भक्ति के आधार राम हैं। जो सत्यवादी निर्भीक क्षत्रिय, विष्णु तथा ब्रह्म के अवतार हैं। जो निर्गुण रूप में परमब्रह्म तथा भक्तों के हित में सगुण रूप में परमब्रह्म अवतरित होते हैं। भक्ति की तुलना में तुलसी ज्ञान, कर्म, संन्यास तीनों को अपूर्ण मानते हैं, वर्णाश्रम धर्म का प्रतिपादन करते हैं और मनुष्य मात्र को भक्ति का अधिकारी मानते हैं। उनकी भक्ति नैतिक मूल्यों की पर्याय है। परहित या लोक-कल्याण मानस की आधारशिला है। भक्ति के साधन के रुप में परहित को रखना तुलसी की भक्ति की आधारशिला है।

रामचरित के माध्यम से समाज को प्रेरणा देना तुलसी का एक मुख्य उद्देश्य था। महान् पुरुषों और नारियों के ढ़ेरों मोहक चरित्र रामकथा में भरे पड़े हैं। पुरुषों में राम तो मानवीय क्षमताओं और मूल्यों की पराकाष्ठा हैं, वैसा ही जानकी का चरित्र है। इसके बाद सर्वाधिक उज्ज्वल चरित्र भरत का है। स्वयं राम कहते हैं–

भरतहि होइ न राजमदु,
बिधि हरि हर पद पाइ।
कबहुँ कि काँजी सीकरनि,
छीरसिंधु बिनसाइ।।

बातचीत, दैनिक कार्य-व्यवहार के जितने अनुकरणीय उदाहरण मानस के हैं, कदाचित् ही कहीं अन्यत्र उपलब्ध हों। मोह, सत्ता, अभिमान के बजाय व्यापक सामाजिक हित में त्याग, परहित को लोकमानस में स्थापित करने का प्रयास किया गया है–

परहित सरस धरम नहिं भाई।

मानस की नारी निन्दा पर बड़ी चर्चा हुई है। यह तुलसी के शब्दों निहत विराट् सामाजिक सत्य के युक्तिसंगत (Reasonable) परीक्षण के अभाव का परिणाम है। मैंने अपने लेखन में अनेक स्थलों पर इंगित किया है कि हर हमले का पहला शिकार हमेशा कोई औरत होती है। तुलसी का युग आर्थिक, धार्मिक, नैतिक, सामाजिक दृष्टि से पूर्णतः पराभव का युग था। भयानक अकाल, भूख, दरिद्रता, मृत्यु, कामुक एवं सामन्ती समाज, विशृंखलित मर्यादाएँ, नारी अपहरण, परनारियों से खचाखच भरी हरमें, वाम मार्ग को मान्यता और निर्गुण सन्तों की अटपटी नीरस वाणियों में निहित अप्राकृतिक सत्य। कुल मिलाकर पूर्णतः आत्मविश्वास खो चुकी, पलायन को तत्पर एक क़ौम तुलसी के सामने थी। इस माहौल में तुलसी पुरुष को क्या उपदेश करते।

पौराणिक साहित्य गवाह है कि भारत की मनीषा दार्शनिकता, देवत्व कामसूत्र की किताब को हाथ में लिये किसी षोडसी की योनि में बीजारोपण हेतु शताब्दियों से घूम रहा है। इस तरह नारी तुलसी की आस्था का केन्द्र बन गयी। नारी अपने आचरण से अपने चारों ओर एक सामाजिक कवच का निर्माण करे। जिसके भीतर यदि कोई पुरुष अनधिकार घुसता है तो वह मृत्युदण्ड का पात्र होगा।

तुलसी ने भुजा उठाकर यह घोषणा की–

अनुज बधू भगिनी सुत नारी
सुनु सठ कन्या सम ए चारी।

इन्हहि कुदृष्टि बिलोकइ जोई
ताहि बधें कछु पाप न होई।

पुरुष के, नारी के, परिवार के, समाज के खण्डित व्यक्तित्व को बचाने का यह तुलसी का नुस्ख़ा था। उनकी मान्यता पर खरी उतरनेवाली नारियाँ उनकी श्रद्धा की पात्र हैं—सीता, अनुसुइया, लोपामुद्रा, तारा, मन्दोदरी, शबरी, पार्वती, कौशल्या, अहिल्या, सुमित्रा आदि और ऐसा न करनेवाली नारियाँ उनके कोप का भाजन बनी हैं—कैकेयी, मन्थरा, शूर्पणखा आदि यद्यपि यही व्यवहार उन्होंने पुरुषों के लिए भी किया है किन्तु उन्हें पुरुषों में बिलकुल विश्वास नहीं है।

मानस महाकाव्य है या नहीं, इस पर सन्देह हो सकता है परन्तु यह महान् सच्चाइयों का अनुपम समन्वय है, इसमें मुझे बिलकुल सन्देह नहीं। वस्तुतः इसका कवित्व ही इसे महाकाव्यात्मक गरिमा प्रदान करता है। इसके मार्मिक स्थलों में इसकी विषयवस्तु का पूँजीभूत रूप निहित है। जिसमें पात्रों के विविध मनोभाव, परिस्थितियों में असाधारण परिवर्तन दृष्टिगोचर होता है। मानस के अनुशीलन के समय इन मार्मिक स्थलों पर कई बार मैं स्वयं शब्दशः रोया हूँ। इसकी भाषा के दो विशिष्ट स्तर हैं। पश्चिमीकृत अवधी में लिखी गयी मानस एक ओर तो काव्य के शास्त्रीय स्तर को स्पर्श करती है तो दूसरी ओर अपनी सम्पूर्ण निष्ठा से आमजन, ग्राम उसकी प्रकृति, आम चिन्ताओं, छोटे-मोटे राग-द्वेष का विवरण देने लगती है। भाषा पर यह व्यापक अधिकार मानस की शक्ति का प्रमाण और तुलसी के कवित्व की उत्कृष्टता है। यह भाषा जब जनगण से जुड़ती है तो जैसे एकदम अनुप्राणित हो जाती है।

मानस का एकमात्र सन्देश क्या है, यदि एक शब्द में कहें तो सम्पूर्ण क्रान्ति-परहित में कण्ठहीन आस्था। अन्य सारी बातें इसी तर्क के प्रतिफलन हैं। जीवन-सागर में जिस विविधता से जिस गहराई में, जिस सूक्ष्मता से परहित के साथ तुलसी ने प्रवेश किया तब मानस से कमतर किसी अन्य वस्तु को लेकर बाहर कैसे आते। ऐसा कहीं अन्यत्र नहीं हुआ। ऐसा नहीं कि मानस की तर्ज़ पर भारतवासी सुधर गये हों किन्तु मानस के सन्देश ने इतने आयामों में भारतीय मानस में प्रवेश किया कि न चाहते हुए भी भारतीयों के मानसिक पृष्ठभूमि का कुछ संस्कार अवश्य हुआ है। इस बिन्दु

पर तुलसी असमानान्तर हैं, अपराजेय हैं। जिसने अकाल, मृत्यु, दरिद्रता में जीनेवाले जन को वाणी दी, उसे आत्मविश्वास दिया और भक्ति रसायन से रसबोर कर दिया। उसे भरोसा दिलाया कि जीवन कितना भी कठिन हो जाय, तुम विश्वास के साथ जीवित रहने योग्य हो और जीवित रहोगे। मानव की अपराजित जिजीविषा, संकल्पशक्ति, मानव-मूल्यों के प्रति समर्पण, व्यथाओं में घिरकर भी साहस के साथ संघर्ष, विश्वास का संचरण और टूट कर भी न झुकनेवाले चरित्र का सन्देश मानस ने उत्तर-भारतीयों को दिया है। उत्तर भारतीय पर इस एकमात्र पुस्तक का जो प्रभाव दिखायी देता है, वैसा कोई अन्य ग्रन्थ नहीं कर पाया।

यह इसके गम्भीर प्रभाव का असर है कि आज भी प्रायः नित्य ही इसका पारायण होता है। तीस दिनों में तथा नौ दिनों में क्रमशः मासपारायण और नवाह्न पारायण के रूप में इसके पारायण की व्यवस्था तो तुलसी ही कर गये थे, किन्तु समय की कमी के कारण अब चौबीस घण्टे में भी पूरे मानस के पारायण की योजना की जाती है। भले ही यह आयोजन अनैतिक तरीक़े से प्राप्त धन को हजम करने की दवा का काम करे।

रोज ही हम मानस सुनते हैं किन्तु अगले रोज भाई-भाई का, चाचा-भतीजे का, भांजा-मामा का क़त्ल कर देता है, पिता-पुत्री का, श्वसुर-वधू का, भाई-बहन का मानमर्दन कर देता है। क्या समाज और व्यक्ति पर मानस का प्रभाव कम हो गया है या कि मानस की शिक्षाएँ अप्रासंगिक हो गयीं। मानस का परहित जैसे अब विनोद की वस्तु हो गयी है या विचार के अयोग्य वस्तु हो गयी। त्याग, तप, बलिदान, संकल्प-शक्ति जैसे छीज गयी लगती है। निपट नंगे स्वार्थ, धन की जिज्ञासु लिप्सा, परम्परागत मूल्यों के टूटने की कड़वाहट समाज में खुले आम दिखायी दे रही हैं, सुनायी दे रही है। नाइण्टी नाइन बेईमान, प्यारा भारत महान्। क्या राम की पूजा कराना या मन्दिर निर्माण तुलसी का उद्देश्य था और इससे पृथक् रामकथा का महत्त्व निःशेष हो गया? क्या महिलाओं को समाज से निर्भयता का प्रमाण-पत्र मिल गया और तुलसी के काल का दुःख, दारिद्र्य, अकाल, पीड़ा समाप्त हो गयी? क्या भारतीय शिखर पर राम का-सा आचरण आज भी देखना चाहते हैं और क्या भारतीय फिर किसी राम की प्रतीक्षा कर रहे हैं।

क्या कोई विद्वान् आँकड़ेबाज दावा कर सकता है कि भारत से दरिद्रता का लोप हो गया। भारत या विश्व की कोई महिला आज यह दावा कर सकती है कि वह समाज की गालीज कामुकता से मुक्त हो गयी। मेरे विचार से अशिक्षा, अज्ञान, अन्धविश्वास, अनास्था, भूख आज के युग का सत्य है और कामुकता के स्तर पर अनुजा तनुजा में आज भी कोई फ़र्क़ नहीं आया। परहित से रहित कर्मकाण्ड, उपासना, तप, दाक्षिण्य पाखण्ड नहीं तो क्या है? मानवीय मूल्यों की दृष्टि से आज हम निम्नतम बिन्दु हैं। आज़ादी के बाद वैचारिक सांस्कृतिक क्षेत्र में कोई गम्भीर कार्य न हो सकने के कारण प्रभुवर्ग के पश्चिमीकरण ने इन्सान को एक औद्योगिक इकाई के रूप में बदल दिया है।

तुलसी के जीवनकाल में ही ब्राह्मणों, समाज के ठेकेदारों, कर्मकाण्डियों ने उनका कड़ा विरोध किया था। उसका कारण था–तुलसी की विशिष्ट दृष्टि। अपने साहित्य में उन्होंने जटिल कर्मकाण्ड, विशिष्ट जाति-पाँति व्यवस्था कठिन ज्ञान मार्ग, नारी के प्रति समाज की दृष्टि, अन्याय के प्रति सहिष्णुता को मान्यता नहीं दी। किन्तु फिर भी वे कबीर की भाँति परिवर्तन के क़ायल न थे। वस्तुतः तुलसी के दृष्टि-पथ पर एक सम्पूर्ण सामाजिक चेतना भी जिसके सुधार के लिए उन्होंने उसके भीतर जाकर प्रयास किया। यदि कबीर ने मस्तिष्क में बाहर से क्रान्ति करनी चाही तो तुलसी ने शरीर के भीतर घुसकर बदलाव की कोशिश की। तुलसी के उपकरण मगर परम्परा से लिये गये थे, इसीलिए वे वेदशास्त्र, वर्णाश्रम पद्धति, मर्यादा, ब्राह्मण की जगह-जगह चर्चा करते हैं। इन उपकरणों के माध्यम से तुलसी लोक-जीवन के शरीर में उतर गये और साधारण जन की आशाओं/आकांक्षाओं, राग-द्वेष से प्राण-मन से एकाकार हो गये। सामाजिक दमन और उत्पीड़न की उन्होंने धज्जियाँ उड़ा दीं। नारी की ओर अनधिकार हाथ बढ़ानेवाले व्यक्ति के लिए उन्होंने मृत्युदण्ड घोषित किया। पाखण्डी ब्राह्मणों को जमकर लताड़ा और धर्म की ध्वजा उठाये धूर्तों की लानत-मलामत की। तुलसी ने अपने साहित्य में वह मौलिक घोषणा की जिस तक महात्मा कबीर तक नहीं पहुँच सके। उन्होंने कहा कि समाज में दरिद्रता और बेरोज़गारी के समान कोई दुःख नहीं। जब पेट की आग जलती है तब जंगल की आँच शीतल लगती है। अपने समाज में उन्होंने चार मूलभूत समस्याओं को रेखांकित किया–ग़रीबी, स्वार्थ, अहंकार, यौनकुण्ठा–जिसे अपने शब्दों में उन्होंने काम, क्रोध, लोभ

और दरिद्रता कहा और स्पष्ट किया कि विवेक और समुचित परीक्षण के पश्चात् किया गया कर्म ही समस्याओं का निदान है–

कर्म प्रधान विश्व रचि राखा।

ब्राह्मणों का नाम भले ही उन्होंने लिया हो किन्तु उनके सम्मान के पात्र तो जाति-पाँतिविहीन सन्त हैं। नारियों के कथित निन्दक तुलसी के पास नारियों के लिए सम्मान के अतिरिक्त कुछ भी तो नहीं है। मानव के प्रति दुराचारी, हिंसक, परपीड़क ही राक्षस है और परहित में राक्षसों का नाश और सन्त समाज का पीड़ा निवारक ही धर्म है जो राम की सेना के ध्वज पर लिख दिया गया है, राम के प्रत्येक सैनिक के हृदय पर अंकित है। यही राम का काम है जिसे करने को तुलसी अवतीर्ण हुए–

राम काज लगि तव अवतारा।

तुलसी के विराटत्व में निहित सन्देश अपने समय की एक जनक्रान्ति थी। जिसने परम्परागत सामाजिक व्यवस्था को भी गम्भीर चोट पहुँचायी। जिस कारण तुलसी को भयंकर सामाजिक विरोध झेलना पड़ा और समाज को स्वयं अपनी जाति बतानी पड़ी–

धूत कहौ अवधूत कहौ
रजपूत कहौ, जुलहा कहौ कोई
काहू की बेटी से बेटा न ब्याहब
काहू की जाति बिगार न सोऊ।

मुक्तिबोध कहते हैं कि निर्गुण सन्त, सूफ़ी, कृष्णभक्त कवियों में कई प्रभावशाली कवि निम्नजातीय शूद्र और विजातीय मुस्लिम रहे किन्तु रामभक्ति शाखा में ऐसा नहीं हुआ। जो भक्ति आन्दोलन तीन शताब्दियों तक देश में एक महत्त्वपूर्ण घटना रही, वह अन्ततः समाप्त हो गया क्योंकि भक्ति आन्दोलन को उच्च वर्गों ने अपनी तरह बना लिया और उससे समझौता करके जनता के तत्त्वों को उससे निकालकर अन्ततः उस पर प्रभुत्व स्थापित कर लिया।

वस्तुतः अन्धस्वार्थ शताब्दियों से भारतीय मानस को आक्रान्त किये हुए हैं। इनमें से कट्टरपन्थी प्रतिक्रियावादी तत्त्वों ने सर्वदा महापुरुषों की प्रेरणाओं का दुरुपयोग किया। तुलसी का भी दुरुपयोग हुआ है, नानक का भी और कबीर का भी। कबीर हमें सहज रखना चाहते थे, हम असहज ही

बने रहे। नानक ने निर्भय होकर सत्य को हृदयंगम करने का उपदेश दिया मगर महान् ग्रन्थ साहिब बन्दूक के साये में हाथी के हौदे पर बैठकर प्रदर्शन की वस्तु बन गया। तुलसी हमें राम के जीवन का अनुकरण करवाना चाहते थे, हम राम की पूजा करने लगे और मन्दिर बनाने लगे। यकीनन हमने अपनी सांस्कृतिक विरासत के प्रगतिशील तत्त्वों के विश्लेषण और हमेशा अवहेलना की और परिणामतः उसका स्वस्थ स्वरूप पृष्ठभूमि में चला गया और उसके निकृष्ट रूप के हम पोषक हो गये, पुजारी बन गये। उचित होगा कि हम तुलसी साहित्य के प्रगतिशील शक्तियों को विश्लेषित करके सामाजिक चेतना के ऊर्ध्वगामी निर्माण में उनका इस्तेमाल करें।

जिस तरह निर्गुण सन्त अपने काल के ऐतिहासिक दायित्वों को पूरा करके किनारे हो गये, उसी तरह तुलसी ने अपने युग के ऐतिहासिक दायित्वों को पूरा किया परन्तु वे इतने विराट् व्यक्तित्व के थे और समाज से इतनी घनीभूत रूप से सम्पृक्त थे कि दायित्व निर्वहन के बावजूद वे किनारे नहीं हो सके और पश्चगामी शक्तियों ने उनके साहित्य को अपने निहित स्वार्थों के लिए जमकर दुरुपयोग किया। तभी तो राम के आदर्शों पर चलने के बजाय हम अयोध्या का दर्शन करने लगे, राम कथा सुनने व समझने के बजाय हम लाउडस्पीकर से पड़ोसी से पड़ोसियों को चौबीस घण्टों में रामकथा सुनाने लगे। चूँकि तुलसी भक्ति युग के सम्राट् थे, इसलिए मरकर भी वे उपेक्षा के पात्र नहीं बन सके। तुलसी को उपेक्षित करना सम्भव नहीं है। यदि प्रगतिशील चेतना उनका सदुपयोग नहीं कर सकी तो पश्चगामी लोगों ने उनका दुरुपयोग कर लिया।

●

मन्थन

मैंने कहा कि तुलसी भक्ति-युग के सम्राट् थे। आइये, मध्ययुग के अत्यन्त तेजस्वी नक्षत्र कबीर से उनकी थोड़ी-सी तुलना करें। अपनी समस्त क्रान्तिदर्शिता के बावजूद तत्कालीन सामाजिक व्यवस्था में क्या वैकल्पिक परिवर्तन किया जाय, इस सम्बन्ध में उन्होंने कोई ठोस सुझाव प्रस्तुत नहीं किये लेकिन तुलसी ने परम्परागत व्यवस्था से ही मानव-मूल्यों पर आधारित, परहित के प्रतिष्ठापक, लोकमर्यादा के संरक्षक के रूप में राम का एक ऐसा भव्य, विराट्, उदात्त एवं व्यावहारिक चरित्र प्रस्तुत किया जिसमें राम स्वयं पीड़ित होने के बावजूद मानव को पीड़ामुक्त किया और मानव, परिवार, समाज, राज्य आदि सभी को संस्कारित कर दिया।

जहाँ कबीर अपने विचारों अपने सामाजिक सरोकारों में तुलसी से कहीं अधिक प्रगतिशील हैं, वहीं समग्र मानव जीवन से अपनी बहुस्तरीय सम्पृक्ति, उसके व्यापकतर विवेचन, परम्परागत मूल्यों के मानववादी परिष्कार और कविताई के चरमोत्कर्ष की दृष्टि से तुलसी कबीर से कोसों आगे पड़ाव किये हुए है। वस्तुतः दोनों ही महापुरुषों ने अपने युग की माँग को पूरा किया था। दोनों युगों को अपनी खुराक के लिए एक-एक समूचे महान् भारतीय की ज़रूरत थी और काल ने दानों को समूचा निगल लिया। वस्तुतः कबीरोत्तर युग में अलख और अरु ने समाज की मानसिक संरचना में एक शून्य को उत्पन्न कर दिया था, तिस पर अकाल, बेरोज़गारी, लोभ, मोह, दम्भ से पीड़ित समाज—जनता जैसे दिग्भ्रान्त हो उठी। तुलसी ने न केवल उस शून्य को भरा वरन् इस शून्य से राम का भव्य, विराट्, लोकहितवादी चरित्र की झाँकी भर दी। जिसमें प्रभुवर्ग ने अपनी मान्यताओं का प्रतिफल देखा और दरिद्रजनता ने अपना उद्धारक। कदाचित् आज फिर कबीर एवं तुलसी की ज़रूरत है।

तुलसी ने वस्तुतः बड़ी गहराई से उत्तर भारतीयों के मार्मिक मानसिक स्थलों का स्पर्श किया है। वे हमारी संस्कृति के सर्वश्रेष्ठ गायक हैं। राम वह प्रतिमान हैं, जिसमें तुलसी ने लोकहित में सर्वस्व त्याग देनेवाला, टूटकर भी न झुकनेवाला चरित्र प्रस्तुत किया है। जिस राम का निर्माण हज़ारों वर्षों की सर्वश्रेष्ठ भारतीय मनीषा ने किया है, वह पूजा की नहीं अनुकरण की वस्तु है। मानस हिन्दुओं का धार्मिक ग्रन्थ नहीं, मेरे विचार से विश्व का सर्वश्रेष्ठ ट्रेजिक महाकाव्य है। जिसे चौबीस घण्टे में पढ़ना उसकी भव्यता को समाप्त करना है और जिस पर चौबीस मिनट चिन्तन करना महानतम कार्य है। मानस तुलसी का शिखर बिन्दु है, उस शिखर पर रामबोला कैसे पहुँचा। काशी की उन बारह सीढ़ियों पर तुलसी का एक ग्रन्थ रखा है। जिस पर पैर रखे बिना यदि किसी ने शिखर छू दिया तो मानो रामबोला के निवास पर पहुँचे बग़ैर उससे मिल लिये। यदि आपमें हिम्मत है तो कृपया रामबोला के घर तक पहुँचिये।

परिवर्तन एक सतत प्रक्रिया है। उचित होता कि तुलसी परवर्ती युग में कोई ऐसा व्यक्ति होता जो तुलसी के कार्य को आगे बढ़ाता। दुर्भाग्यवश ऐसा नहीं हो सका। इसके विपरीत ऐसे पश्चगामी लोगों ने तुलसी की ध्वजा थाम ली। जो अपने निहित स्वार्थों से कभी उबर ही नहीं सके। परिणामतः इन प्रतिक्रियावादी लोगों ने तुलसी-साहित्य के पुरातन पन्थी चरित्र पर बल दिया और तुलसी व्यवस्था—परिवर्तन के विरोधी नज़र आने लगे। इन लोगों ने न केवल तुलसी के जीवन-काल में उनकी लानत-मलामत की बल्कि उनके जीवन के बाद तो जैसे उनका जनाजा ही निकाल दिया। यह सब परम्परा का सही विश्लेषण न किये जाने का नतीजा था। आप रामबोला के घर जाइये। आप पायेंगे कि राम का काम अभी शेष है। पुरातनपन्थियों और स्वार्थवादी सिर्फ़ मन्दिर बनवाने की प्रतिज्ञा करते हैं, पूरा चढ़ावा स्वीकार करते हैं, तुलसी की प्रच्छन्न भर्त्सना करते हैं। जबकि मानस की चुनौती स्वीकार करने से डरते हैं। क्योंकि मानस चुनौती दे रही कि 'है कोई भारतीय जो राम का काम कर सके—

राम काज लगि तव अवतारा।

जी करता है कि तुलसी की गाँधी से तुलना करूँ। दोनों ही कर्मयोगी रहे और सारा जीवन लोकमंगल की कामना की। तुलसी ने भी जीवन के

चौथे अध्याय में रामलीला के माध्यम से रामचेतना का प्रचार किया। उस समय सार्वजनिक गतिविधियों में यह क़दम एक मौलिक एवं क्रान्तिकारी प्रयोग था। भय, बीमारी के मनोवैज्ञानिक भूत से बचाने के लिए ग्राम तथा नगर प्रवेशद्वारों पर महावीर की मूर्तियाँ लगाकर मनोवैज्ञानिक उपचार किया गया। इस तरह रामकथा को लोक में प्रवाहित कर लोगों को भय, दीनता के पंक से निकालकर उसे साहस, त्याग एवं आत्मविश्वास का मार्ग दिखाया। दोनों महापुरुषों ने देश में व्याप्त बुराइयों से आजीवन संघर्ष किया। दोनों वर्ण-व्यवस्था के समर्थक थे किन्तु दोनों ही मानव द्वारा मानव के शोषण के विरोधी रहे। दोनों ने पाखण्ड, असहजता की निन्दा की। दोनों ही कर्मयोगी के रूप में जनता के हीरो रहे, जनगण को निराशा के भँवर से निकालकर कर्म की ओर प्रेरित किया। असाधारण रूप से लोकप्रिय दोनों महापुरुष सांसारिक सुविधाओं के प्रति भयंकर रूप से उदासीन थे। जहाँ तुलसी के कर्म में भक्त एवं समाज सुधारक प्रमुख था, तत्कालीन राजनीतिक समस्याओं के प्रति उनका दृष्टिकोण अत्यन्त सीमित था। क्योंकि उस समय ऐसा करना न तो वांछित था, न ही तुलसी जैसे व्यक्ति के लिए सम्भव तो दूसरी ओर गाँधी का राजनीतिक रूप प्रमुख था, समाज सुधारक रूप पीछे था। यदि तुलसी ने परहित को सभी-ज्ञान, बुद्धि, भक्ति का मूलाधार बताया तो गाधी ने इसे कुछ अधिक परिष्कृत करते हुए 'ट्रस्टीशिप' के सिद्धान्त का प्रचार किया कि समाज का धनी व्यक्ति निर्धनों के अंश के धन का संरक्षक है, स्वामी नहीं।

गाँधी और तुलसी दोनों के उपकरण प्राचीन व्यवस्थाओं पर आधारित थे। यह निर्विवाद है कि इनका अनुकरण अधिक कठिन और दुरुपयोग कुछ आसान है। ये लोग नैतिकता के जिस स्तर पर थे, वहाँ पर पहुँचने में साधारण मानव को काफ़ी कठिनाई होती है और इनके नैतिक स्तर को छुए बग़ैर इनका अनुकरण सम्भव नहीं। गाँधी और तुलसी का अनुकरण शिव के धनुष को उठाने जैसा है, संजीवनी लाने जैसा है। जिस प्रक्रिया में न सिर्फ़ आपके तमाम स्वार्थ लहूलुहान होंगे बल्कि आपको सतत अन्तर्द्वन्द्वों से गुज़रना होगा। दोनों महापुरुषों ने राम की दुर्निवार शक्ति को स्वीकार किया और सन्तुलित जीवन का मार्ग प्रशस्त किया। दोनों ने जीवन का धर्म दरिद्र नारायण की सेवा—दलितोत्थान—में देखा। दोनों ने सार्वजनिक जीवन में

शुचिता के लिए घोर आत्मबलिदान की माँग की। ये दोनों महापुरुष भारतीय संस्कृति के सारतत्त्वों के तेजपुंज रूप थे। जो जब तक जीवित रहे—अच्छाई और सत्य जनमानस में प्रभावी रहा—

सन्तन को कहा सीकरी सों काम।

सहजता, पारदर्शिता, उच्च नैतिक स्तर के हामी ये महामानव मानवीय कमज़ोरियों को परखने और भारतीय जनमानस को अवलोकित करने में इतने दक्ष थे कि अपने जीवनकाल में इनका प्रभाव एक विराट् बरगद की भाँति था। वैयक्तिक रूप से दोनों ही इतने स्वच्छ थे कि अपने जीवन के कमज़ोर पक्षों को भी इन्होंने सार्वजनिक कर दिया। दोनों ने युगीन सामूहिक सत्यों से साक्षात् किया था। दोनों ही अपने युग के सर्वश्रेष्ठ निष्कर्षों के सारांश थे जिनका देश के क्षितिज से विदाई के साथ ही शब्दों के अर्थ और परिभाषाएँ बदल गयीं।

•

रामकथा : आस्था के आयाम

मैंने भारत के सात सर्वकालीन सर्वश्रेष्ठ महामानवों की गणना की है। नाम देने का कोई मक़सद नहीं। तुलसी, गाँधी की तुलना करते समय ऊपर मैंने कहा कि उसका अनुकरण कुछ कठिन, दुरुपयोग थोड़ा सरल था। निहित स्वार्थी वर्ग इनके विकास के बजाय अपने हित में इनका जमकर दुरुपयोग कर रहे हैं। इस बिन्दु पर मुझे अपने भारतीय होने को लेकर सख़्त अफ़सोस है कि हमने सत्य-निष्ठा और उच्च नैतिक मर्यादाओं की न केवल सतत अवहेलना की है वरन् अपने स्वार्थों के ऊपर इनका बलिदान करके अपनी राष्ट्रीयता को दोहरी चोट पहुँचायी है। सत्यनिष्ठा एवं उच्च नैतिक मूल्य किसी सभ्य समाज के भवन की आधारशिलाएँ हैं। मुझे खेद है कि हमने इस भवन की नींव में विशेषाधिकार, पाखण्ड, चापलूसी, असहजता, असुरक्षा, चारित्रिक दोहरापन, सेक्स कुण्ठाएँ, परपीड़न, शीघ्र धनप्राप्ति की लालसा और कुरूप अनास्थाओं की ईंटें दरिद्र भारत के रक्त से सानकर जोड़ दी हैं। भवन तैयार हो गया है और हमने इस भवन के साथ अपने शान्तिपूर्ण सहअस्तित्व की सम्भावनाएँ विकसित कर ली हैं।

वस्तुतः हमने सभी सातों महामानवों की हत्या कर दी है। उनके शवों का पंचायतनामा भर दिया गया है किन्तु मेरे विचार से उनका पोस्टमार्टेम अभी करना शेष है। अफ़सोस तो इतना है कि हम पोस्टमार्टेम करने के बजाय उनके शवों की पूजा कर रहे हैं। उनसे प्रेरणा लेने के बजाय हम अपने वैयक्तिक और सामूहिक हितों के लिए उनकी प्रेरणाओं का उपभोग कर रहे हैं। रामकथा पुनः लिखने के पीछे मेरा उद्देश्य यह नहीं कि राम की पूजा हो, वे प्रातः स्मरण किये जायें, उनके मन्दिर बनें जिनमें राम के विग्रह स्थापित हों। राम की पूजा करना तो वस्तुतः उनकी हत्या करने के बराबर है।

पूजा करने में जो भाव पूज्य व पूजक स्थापित होता है, वह श्रद्धा है। श्रद्धा सदैव अन्धसमर्थन की माँग करती है। अन्धसमर्थन किसी विवेकशील प्राणी के लिए मृत्युदण्ड के तुल्य है। तब हमारे द्वारा रामोपासना का क्या अर्थ, 24 घण्टों में मानस-वाचन का मतलब क्या रामकथा से मेरा आशय इस पर विचार करने का है, इस पर विवाद करने का है। खुले मन से इस पर तर्कपूर्ण विवाद करने का है। आशय यह है कि रामकथा पर श्रद्धा के बजाय विवेचन हो ताकि अतीत की पुनर्व्याख्या हो सके, उसकी प्रासंगिकता को रेखांकित किया जा सके और जो कुछ परम्परा के अनुकरणीय है, उसे सामने लाया जा सके।

विवाद से मेरा आशय उस विवाद से नहीं है जो वर्षों पूर्व अयोध्या में 'सहमत' के पोस्टरों के कारण हुआ था। यह पोस्टर दशरथ जातक की कथावस्तु के आधार पर बनाये गये थे। जिसमें राम और सीता को भाई-बहन दर्शाया गया था और जिसका हिन्दू जनता ने कड़ा विरोध किया था। हो सकता है कि राम-सीता भाई-बहन ही हों और तत्कालीन व्यवस्था के मुताबिक़ उनके बीच वैवाहिक सम्बन्ध को मान्यता भी हो। परन्तु आज समाज में कहीं भी भाई-बहन को मान्यता नहीं है, तब ऐसी बात को चित्रित करके 'सहमत' कौन-सी प्रगतिशीलता का सन्देश देना चाहता था, कहना कठिन है। पूरे रामकथा साहित्य में दशरथ-जातक को छोड़कर कहीं भी राम-सीता भाई-बहन के रूप में चित्रित नहीं हैं, तब 'सहमत' का दशरथ-जातक के चित्रण का इतना आग्रह क्यों था? इस देश के कुछ प्रगतिशील कई अवसरों पर ऐसे कुरूप और सामान्य दिखायी देते हैं कि यह पहचानना बड़ा कठिन हो जाता है कि वे किधर से प्रगतिशील हैं? बहरहाल मेरा आशय तो उस विवाद से है कि रामचरित ने भारतीय समाज का कितना भला किया, कितना बुरा किया। मेरे विचार से जीवन के हर पहलू की रामकथा में विवेचना की गयी है। पारिवारिक सम्बन्ध हो या अनुशासन लोकाचार हो या नैतिकता का प्रश्न, नारी-पुरुष के सम्बन्ध हों या सन्तसमाज की अवधारणा रामकथा जीवन का एक विशद विवेचन है जिसे भारतीय मनीषा ने अपने-अपने तरीक़े से व्यक्त किया है। तुलसी कहते हैं–

सचिव बैद गुर तीन जौं, प्रिय बोलहिं भय आस।
राज धर्म तन तीनि कर, होइ बेगिहीं नास।।

कितनी गम्भीर बात कितने संक्षिप्त व असन्दिग्ध तरीक़े से कही गयी है।

आधुनिकता के दबाव से शब्दों के अर्थ व परिभाषाएँ बदल गयी हैं या कम-से-कम पिचक गयी हैं। किन्तु दो शब्दों के अर्थ व महत्त्व कभी कम नहीं हुआ—निष्ठा और उच्च नैतिक मूल्य। क्योंकि अगर हम एक राष्ट्र हैं तो उसके प्रति निष्ठा पहली शर्त है और राष्ट्र की नींव में उच्च नैतिक मूल्यों की आधारशिलाएँ होती हैं। इसीलिए मैंने भारतीय जन से सत्यनिष्ठा और नैतिक मर्यादा की माँग की है। भारत में (और दुनिया में कहीं भी) हो रहे परिवर्तन इतने तीव्र हो रहे हैं कि आज़ादी के समय जो मानव यहाँ थे—आज उनके क़द का एक भी व्यक्ति यहाँ नहीं। नैतिक रूप से पराभूत इस राष्ट्र की समाधि खण्डित हो चुकी है, ध्यानमग्नता टूट गयी है, निष्ठा के सीमेण्ट में दरार पड़ चुकी है। पतन के उस भयानक गर्त में भारत पहुँच गया है कि आज यहाँ सब परम स्वतन्त्र हैं, कोई अनुशासन नहीं, कोई निष्ठा नहीं, कोई मूल्य नहीं। हर जगह अपने-अपने तर्क, अपने-अपने मूल्य, अलग-अलग वैतरणी। इतनी भयानक राष्ट्रीय असहमति का कहीं कोई सामुदायिक मिलन केन्द्र नहीं? मिलना तो अब महज़ षड्यन्त्रकारियों का होता है।

इस कुरूप अनास्था के काले दौर में, आइये, मैं आपको आमन्त्रित करता हूँ। आइये, आकर हम रामकथा पर विवाद करें। यदि आज भी रामकथा में कोई रस है, कोई आस्था है तो आज से हम इस मृतप्राय समाज के जीवन की सींच के लिए खींच लें और यदि रामकथा में कहीं कोई अनास्था भी है तो उसे भी हम गरल की भाँति स्वीकार लें। युग किसी-न-किसी नीलकण्ठ (शंकर) को उत्पन्न तो करता ही है। आइये, भारत के पतन के चरम बिन्दु पर पहुँचने पर उत्पन्न होनेवाले सम्भावित राम की प्रतीक्षा करना छोड़कर हम अपने भीतर स्थित रामांश को विकसित करने का प्रयास करें। तब कदाचित् किसी राम या सीता को इतनी भयानक भौतिक एवं मनोगत व्यथाओं और चरम अनास्थाओं के बीच आत्महत्या करने की आवश्यकता नहीं होगी।

●

आज का समाज

प्रदर्शन, दिखावा या पाखण्ड मानव के मूल चरित्र का एक कृत्रिम परिवेष्ठन है। इस दोहरेपन से आज भारतीय समाज भयानक रूप से पीड़ित है। अतिशय भावुकता, अतिशय सम्मान, अतिशय नफ़रत इसी दोहरेपन की विविध विधाएँ हैं। इस प्रदर्शन ने देश की सत्यनिष्ठा और उच्च नैतिक आदर्शों के विकास को अवरुद्ध कर दिया है। इसने देश की सहजता को समाप्तप्राय कर दिया है। यहाँ किसी अन्धे व्यक्ति या कुरूप वृद्धा को सड़क पार नहीं कराया जाता बल्कि साफ़-सुथरी कमसिन अन्धी को हाथ पकड़कर सड़क पार करानेवाले कितने ही लोग होंगे। अगर किसी ने एक जेबकतरे को पकड़ लिया है तो उसे पीटनेवाले लोगों में वे लोग भी हो सकते हैं जो हत्या, बलात्कार, डकैती के वांछित अपराधी हों और वे लोग भी हो सकते हैं कि यदि कोई बालक भी उन पर गुर्रा दें तो उन्हें अपनी पैण्ट में जलतरंग की आर्द्रता अनुभव होने लगे। रिक्शे से कोई नौजवान लड़की सड़क पर गिर जाये तो उसे सहारा देनेवाले, उसे उठानेवाले सैकड़ों लोग होंगे। वस्तुतः वे तो सहायता करने के बजाय स्कर्ट के नीचे उसकी रानें देखना चाहते हैं, उसकी पैण्टी में उलझी मादकता का स्पर्श करना चाहते हैं, उसकी अँगिया के साइज़ का माप करना चाहते हैं। असहजता के ये चरम उदाहरण हैं और हर व्यक्ति (अपवादस्वरूप) ऐसे नहीं सोचता, ऐसा नहीं करता मगर इस असहज प्रदर्शन ने समाज की नींव हिला दी है।

अतिशय भावुकता, अतिशय धार्मिकता, अतिशय प्यार, अतिशय नफ़रत, अतिशय सम्मान, अतिशय सच्चाई हिन्दी फ़िल्मों की एक अतिशय सामान्य विशेषता है। यदि इसमें अतिशय घटना प्रधानता, एक-दो कामुक उत्तेजक डान्स, एक-दो बलात्कार एवं बेहद सेक्सी बेडरूम सीन, नदी में उत्तेजक

स्नान, बचपन में भाई-बहन/भाई-भाई का बिछड़ना, एक की परवरिश हिन्दू तथा दूसरे की परवरिश मुस्लिम परिवार से जोड़ दिया जाये तो जैसे हिन्दी कथा फ़िल्मों के इतिहास का सारांश हो जायेगा। टेलीविज़न पर फिर भी कभी-कभी जनसाधारण का यथार्थ दिखायी दे जाता है। कहने का आशय यह है कि हम सामाजिक यथार्थ को बर्दाश्त ही नहीं करते, उसे सहन नहीं कर सकते। इसलिए ही हमारे समाज का दर्पण सिनेमा हमें वही चीज़ परोसता है जो हमें हज़म हो, जिसे हम देखना चाहें। समाज के दर्पण के साथ सिनेमा एक उद्योग भी है और उद्योग का मूल मन्त्र ज़्यादा मुनाफ़ा है। तब सिनेमा को कुछ कहना ही अनुचित है।

सिनेमावाले कहते हैं कि दुःखी और निराश जनता को हम उसके मनःस्थिति में पैबस्त विविध मनोभावों का अतिशय विवरण देते हैं ताकि कुछ लम्हों को ही सही जनसाधारण सुख की अनुभूति कर सके। रजतपट साहित्य का सबसे प्रभावशाली तथा सबसे गहराई तक असर करनेवाला माध्यम है। इसका ग्लैमरस पार्ट सबसे ज़्यादा असरकारी है जो आज भारत के सिर पर चढ़कर बोल रहा है। सिनेमा का उद्‌देश्य तात्कालिक, तदर्थ औद्योगिक होने के साथ दूरगामी भी तो हो ताकि एक ओर भारतीय अपने आदर्शों की अतिशयता से बच सके तो दूसरी ओर अपने सामाजिक सरोकारों एवं उसके यथार्थ का मुक़ाबला कर सके। जनसाधारण में सत्यनिष्ठा और उच्च नैतिक मूल्यों की स्थापना का कार्य सरकार का ही नहीं, सारे भारत का है जिसमें सिनेमा भी आता है। भारत का बाल, युवा, वृद्ध तीनों ही वय सिनेमा के करिश्माई ग्लैमरस प्रभाव की गिरफ़्त में हैं। ऐसी भयावह स्थिति में सिनेमा को प्रभावकारी भूमिका का उपयोग समाज को यथार्थवादी परिस्थितियों का अभ्यस्त होने में करना चाहिए। मेरा आशय है कि ऐन यही उपयोग रामकथा का होना चाहिए कि वह पूजा-पाठ के बजाय सामाजिक सरोकारों की वस्तु हो तथा उससे जनता को सामाजिक यथार्थ से मुक़ाबला करने की शक्ति मिल सके।

भारतवर्ष की भयावह समस्याओं में एक जनसंख्या विस्फोट है जिसने विकास के समस्त क्रियाकलापों को ध्वस्त कर दिया है। एक सर्वेक्षण के मुताबिक़ हर साल भारत में कोई पाँच करोड़ महिलाएँ गर्भधारण करती हैं, एक करोड़ तीस लाख गर्भपात होते हैं और प्रतिवर्ष बीस हज़ार महिलाओं

की मृत्यु इन्हीं गर्भपातों में होती है। यदि रामकथा के माध्यम से लोगों को अपने सामाजिक सरोकारों से वाकिफ़ करा दिया जाय कि दो से अधिक बच्चे होना राष्ट्र के साथ घात करना है, राष्ट्रद्रोहिता है तो कदाचित् ही ऐसी भयावह स्थिति हो। अधिक जनसंख्या विकास कार्यों को तो खा ही जाती है, बेरोज़गारी की एक विशालकाय फ़ौज भी पीछे छोड़ जाती है जो अन्ततः कुण्ठित होकर समाजविरोधी, राष्ट्रविरोधी भूमिका में संलग्न होते हैं।

दूसरी बड़ी समस्या है—बढ़ता हुआ वित्तकोषीय घाटा और मुद्रास्फीति। राजकीय सहायता जितनी बढ़ती जायेगी उतनी ही राष्ट्र की आर्थिक स्थिति ख़स्ता होती जायेगी। राजकीय सहायता बढ़ने का आज समाज पर वही असर हो रहा है जो फ़िल्मों की ग्लैमरस अतिशयता का हो रहा है यानी सामाजिक यथार्थ से जनसाधारण का कटाव। पचास वर्ष की आज़ादी के बाद आख़िरकार जनता यह सब समझेगी कि राजकीय सहायता प्राप्त वस्तुओं का वास्तविक मूल्य कितना है। राज्य की कोशिश यह होनी चाहिए कि मुद्रास्फीति न केवल नियन्त्रण में रहे बल्कि नागरिकों को अधिकाधिक मूलभूत सुविधाएँ उपलब्ध करायी जायें। अर्थशास्त्री मुद्रास्फीति तथा राजकोषीय घाटे को विकसित होते अर्थतन्त्र से जोड़ते हैं। वे कहते हैं कि ये लक्षण विकास के प्रतीक हैं और विकास क्या है? सड़क, पुल, पुलिया, खड़ञ्जा!

विकास एक औपनिवेशिक अवधारणा है। गाँधीवाद चिन्तक सुगतदास गुप्त ने कहा है कि ग़रीबी और विकास के सिलसिले की तीन मान्यताएँ हैं—

(1) 1940 के दशक में जब देश आज़ाद हो रहा था, यह मान्यता थी कि उनकी ग़रीबी विकास के दौर में मिट जायेगी। यानी ग़ैर औद्योगिक देश विकास कर जायें तो उनकी ग़रीबी अपने-आप दूर हो जायेगी।

(2) फिर पश्चिमी अर्थशास्त्रियों ने कहा कि विकास और ग़रीबी साथ-साथ बने रह सकते हैं।

(3) परन्तु हम लोग अब तीसरी मान्यता पर पहुँच गये हैं कि अगर आप विकास के कार्यक्रम उठायेंगे तो वह ग़रीबी दूर नहीं करेंगे उस अनिवार्यता को बढ़ायेंगे।

सुगत दासगुप्त के मुताबिक़ अर्थशास्त्र ने तीसरी दुनिया में तीन मुख्य परिवर्तन किये हैं। उसने अमीर लोगों को और अमीर बनाया है तथा ग़रीब लोगों को और गरीब। एक ही देश में कुछ क्षेत्र अन्य क्षेत्रों के मुक़ाबले

अधिक सुदृढ़ हैं। इस तरह नये आन्तरिक उपनिवेश का निर्माण हुआ है। दूसरे तीसरी दुनिया में जहाँ-तहाँ विकास हुआ है, उसने उस क्षेत्र के देहातों की अनेक मूलभूत आर्थिक और सामाजिक प्रणालियों को नष्ट कर दिया है जो एक लम्बे इतिहास के दौरान विकसित हुई थी। उसकी जगह किसी नये समाज़ का निर्माण नहीं हुआ है। तीसरे प्रगति के परिणामस्वरूप (बढ़ती जनसंख्या, बेरोज़गारी, असन्तुलित क्षेत्रीय विकास के दृष्टिगत) तनाव, संघर्ष, हिंसा की प्रवृत्तियाँ बढ़ी हैं। वस्तुतः पुरानी जीवन-शैली की बुराइयों को उसी ढाँचे में समझ और दूर कर सकते हैं। तुलसी ने ऐन यही कार्य अपने साहित्य के माध्यम से करने की कोशिश की है।

विकास बहस का विषय हो सकता है किन्तु उसमें किसी विवाद की गुंजाइश नहीं कि एक भव्य और शक्तिसम्पन्न राष्ट्र के विकास की तीन आधारभूत ज़रूरते हैं—राष्ट्र के अतीत की तर्कपूर्ण विवेकशील पुनर्व्याख्या कर उसके प्रगतिशील तत्त्वों का अन्वेषण/अनुसरण, राष्ट्रीय जीवन में सत्यनिष्ठा और उच्च नैतिक आदर्श। कम-से-कम इन तीन चीज़ों के विकास में किसी भी राष्ट्रवादी को परहेज़ नहीं होगा। इसके लिए नागरिकों में शिक्षा ज़रूरी है। 'ग़रीबी की रेखा' एक भ्रम, एक छलना हो सकती है किन्तु आज देश दिशाहारा है, अपनी दिशा से भटक गया है, कहीं किसी जटिल दुश्चक्र में फँस गया है, इसमें मुझे कोई भ्रम नहीं, कोई संशय नहीं। आज अवसर है कि हम रामायण, महाभारत व अन्य पौराणिक आख्यानों को विवाद की विषयवस्तु बनाएँ और उनमें से जो विवेकपूर्ण, उपयोगी प्रासंगिक वस्तु हो, अपने सार्वजनिक जीवन में उसे व्यवहृत करें। इसमें राज्य के स्तर पर मैं केवल तीन माँगें करता हूँ—

- बच्चों की गहन शिक्षा-दीक्षा (जिसमें व्यावसायिक एवं सेक्स शिक्षा भी सम्मिलित हो)
- प्रत्येक गाँव पुख़्ता मार्ग से जनपद मुख्यालय के सम्पर्क में हो, वहाँ पेयजल की व्यवस्था हो।
- अतीत के प्रगतिशील तत्त्वों के सदुपयोग की व्यवस्था एवं निष्ठापूर्वक नैतिक जीवन को प्रोत्साहन।

अन्य किसी ग्रामीण विकास की मैं राज्य से अपेक्षा नहीं करता। विकास करना राज्य का नहीं नागरिकों का कार्य है। नागरिक अपने राष्ट्र का स्वयं विकास करें। मैं सभी सार्वजनिक, सरकारी, ग़ैर-सरकारी संस्थाओं का

आवाहन करता हूँ, सभी धनसम्पन्न एवं शक्तिसम्पन्न भारतीय जो कि आमजन के धन एवं शक्ति के ट्रस्टी हैं, का आवाहन करता हूँ, सभी फ़िल्मकारों, कलाकारों, अध्यापकों, राजनीतिक/सांस्कृतिक/श्रमिक संगठनों, समाज के सभी तबकों, विशालकाय कृषक वर्ग का आवाहन करता हूँ कि वे आगे आयें और भारतवर्ष की पंचवर्षीय योजनाएँ बनाकर उन्हें स्वयं क्रियान्वित करें। राज्य उनके इस विशद प्रयासों को समायोजित कर दे, एकीकृत कर दे।

बेहतर होगा कि हम अपने विकास की एक बार पुनः समीक्षा कर लें। विकास में राज्य अपनी भूमिका की भी एक बार पुनः विवेचना कर लें। जब जापान में अपनी परम्पराओं का विकास करके विश्व में एक सम्मानजनक विकसित स्थान पा लिया है तब हमारे लिये निराशा की ऐसी कोई बात नहीं। आख़िरकार एक भयानक, अतिशय कुरूप, अतिशय अशिक्षित, बेरोज़गार, कुण्ठित, अतिशय भावुक, अतिशय श्रृद्धालु, हत्यारे और बलात्कारी समाज का विकास करके ही हम क्या उपलब्धि हासिल कर लेंगे जहाँ विकास के नाम पर राजकोष से निकले एक रुपये में से गाँव में केवल पाँच नये पैसे पहुँचते हैं। नौकरशाहों की दानवाकार मशीन ने अपने भीतर पचास वर्ष तक आम आदमी को विकसित किया है। इस सम्बन्ध में देश की आज़ादी के समय नौकरशाही की भूमिका पर पण्डित नेहरू व सरदार पटेल के विवेचन का अध्ययन समीचीन होगा। बेहतर होगा कि अब हम आम आदमी के विकास को आम आदमी के लिए छोड़ दें। हम अपने आम लोगों के मानस को गहराई से विवेकपूर्ण ढंग से शिक्षित करने की व्यवस्था कर दें, यही राज्य का सबसे बड़ा काम होगा, राष्ट्र पर सबसे बड़ा उपकार होगा।

आज देश दिशाहारा है। अभी पचास साल पहले इस देश में गाँधी, नेहरू, बोस, भगतसिंह, तिलक थे। इनसे कुछ पहले विवेकानन्द, राममोहन राय, विद्यासागर थे। आज सहसा विश्वास नहीं होता कि ये लोग कभी भारत में रहते होंगे और चलते-फिरते होंगे। हम बिलकुल ही भूल गये कि हम किसकी सन्तानें हैं। विवेकानन्द वे महान् भारत पुत्र थे, जिन्होंने इस अतिशय श्रद्धालु और आध्यात्मिक भारत में वेदान्त को व्यक्तिगत मोक्षदाता नहीं राष्ट्रीय मुक्तिमार्ग, पुनर्जागरण और पुनर्निर्माण की धार्मिक विचारधारा के रूप में लोगों के सामने प्रस्तुत किया। भगतसिंह, बोस, तिलक राष्ट्रीय

स्वाभिमान के प्रतीक थे तो राममोहन राय, विद्यासागर ने समाज के पिछड़ेपन के विरुद्ध संघर्ष किया। नेहरू ने भारत की नींव डाली तो गाँधी के साथ सदियों से भयभीत बैठा भारतीय समाज निर्भय होकर जैसे सड़कों पर निकल आया। आज़ादी के पन्द्रह वर्ष बाद तक लोगों में क़ौमी तराने का जोश बना रहा। मगर आज तो जैसे देश के सामने कोई दिशा ही नहीं है। जन सामान्य के पास जीवन धारण करने हेतु बहुत सीमित तर्क रह गये हैं। भयानक मेहनत करना, अपराधी होना या आत्महत्या कर लेना।

यदि भगवान्, सन्तोष, लोक-परलोक की कल्पना न होती तो तीन-चौथाई भारतीय अब तक विप्लव कर देते या आत्महत्या कर लेते। अतिशय श्रद्धा और उच्च आध्यात्मिकता भारतीय जनगण में सदियों से है। भगवान् का अस्तित्व काल्पनिक हो या वास्तविक, इस पर विवाद हो सकता है किन्तु भगवान् के काल्पनिक अस्तित्व ने भी जनसाधारण के मस्तिष्क में जीने की एक आशा बनाये रखी है, यह एक वास्तविक, असन्दिग्ध तथ्य है और इस पर विवाद की कोई गुंज़ाइश नहीं। भारतीय जनगण की विकृत अनास्था और अस्मिता के संकट के बीच में आशा का यह प्रसार उस काल्पनिक भगवान् का वास्तविक कार्य है।

रामकथा की आध्यात्मिकता ने यह आशा भारतीयों को दी है, किन्तु रामकथा के गहन अध्यवसाय से मैं इस निष्कर्ष पर पहुँचा हूँ कि आशा का यह आरोपण रामकथा का दुरुपयोग था। इसके अतिरिक्त रामकथा एक समग्र जीवनानुभव है, एक जीवित इतिहास है, सामूहिक सत्य का सारांश है। यदि हम रामकथा के या भारतीय अतीत के प्रगतिशील तत्त्वों का सन्धान कर लें तो भी हमें अनास्था और अस्मिता के संकट से बेहतर तरीक़े से मुठभेड़ करने के लिए वे वास्तविक उपकरण मिल जायेंगे जो परम्परागत होते हुए भी आधुनिक होंगे, जिनके उपयोग के बाद हमें किसी भी स्तर पर शर्मिन्दगी का एहसास नहीं होगा।

●

रामकथा : कवि की दृष्टि में

असंख्य भारतीय मनीषाओं ने रामकथा को किस तरह देखा, सर्वविदित है। मैं तो महज़ अपनी बात कह सकता हूँ कि मैंने रामकथा को एक ग्लोब के रूप में देखा है, एक विशालकाय महाशून्य के रूप में इसकी पहचान की है और राम का पर्यटन (राम-अयन)। इस महाशून्य के निम्नतम बिन्दु से शिखर तक की यात्रा है। सैकड़ों त्रिभुज, चतुर्भुज, बहुभुज इस महाशून्य में इलेक्ट्रॉन, प्रोटॉन जैसी गति कर रहे हैं जिसके बीच एक विशालकाय चमकीला त्रिभुज मैंने देखा जिसके एक सिरे पर राम, दूसरे पर सीता, तीसरे पर रावण है। सभी आकृतियाँ एक दूसरे से सटी, अनवरत गति कर रही हैं, टकराती हैं एक-दूसरे से, फुसफुसाती हैं, फूत्कार करती हैं, नोचती हैं, चिल्लाती हैं और राम सतत इस महाशून्य में अपने दंशों, घाव, पीड़ाओं के बावजूद ऊर्ध्वगामी गति कर रहे हैं।

मैंने बड़ी हिम्मत से इस महाशून्य में उतरने का साहस किया है। इस महासागर में उसकी गहराई तक में जान की परवाह किये बग़ैर डूबा हूँ, उतराया हूँ, थका हूँ, विश्राम किया हूँ, किन्तु जब बाहर आया तो पसीने से लथपथ मगर एक मानसिक शान्ति के साथ एक किताब हाथ में लिये जिस पर अर्थ-कथानक-दो लिखा था। राम-आयन (रामायण के साथ यह हेमन्त-विहार भी था और मैं दावे से कह सकता हूँ कि हेमन्त-विहार के दौरान मैंने गहरे जल में जो खोज की, तलाश की, उसमें मेरे हाथ खाली नहीं रहे और मेरा विश्वास है कि भविष्य का कोई दूसरा हेमन्त, कोई दूसरी प्रतिभा, कोई दूसरा भारतीय या कोई विश्व मानव जब भी रामायण में प्रवेश करेगा, खाली हाथ बाहर नहीं आयेगा। जो कुछ मैं हेमन्त-विहार से लाया हूँ, वह सार्वजनिक था, मानव का था, मानवता का था जिसे मैं हज़ारों वर्षों

की भारतीय मनीषा की लम्बी यात्रा के क्रम में आज बड़े संकोच के साथ प्रस्तुत कर रहा हूँ।

हेमन्त-विहार के इस क्रम में एक तथ्य मैं कभी नहीं भूला बल्कि उससे कुछ आक्रान्त ही रहा कि मैं जो भी प्रस्तुत करूँगा उसकी अब तक की उपलब्धियों से तुलना होगी तथा आज जो कुछ मैं लाया हूँ, उसे प्रस्तुत करने में अपने क़द के कारण कुछ संकोच तो है, लज्जा नहीं। मैं भुजा उठाकर निर्भय होकर कह सकता हूँ कि जो कुछ मैंने किया है पूर्ण निष्ठा और शुद्ध अन्तःकरण से निष्काम होकर किया है। तब मेरी उपलब्धि छोटी और त्रुटिपूर्ण भले ही हो, लज्जा का कोई कारण नहीं, प्रश्न नहीं। गुरुजनों के समक्ष लज्जा कैसी। जिन्होंने उँगली पकड़कर चलना सिखाया, ककहरा सिखाकर बोलने का अभ्यास कराया, अक्षर के माध्यम से संस्कार दिया, उनसे शर्म कैसी, लज्जा कैसी। मेरे सामने तो गुरु और गोविन्द दोनों ही थे और मैंने अत्यन्त विनम्रता से आदिगुरु के चरण पकड लिये जिन्होंने एक साधारण राजपुत्र को विश्व का अप्रतिम 'हीरो' बना दिया जो एक समस्त विस्तृत भूखण्ड के कोटि-कोटि प्राणियों के मन-मस्तिष्क में बस गया, उसके रहन-सहन, खान-पान, व्यवहार में समा गया।

रामायण की इस यात्रा में मैंने एक समूचे कालखण्ड की माप की है। आज कोई रामायणकालीन व्यक्ति भारत में आ जाय तो हैरत में पड़ जायेगा कि आज भारत कितनी जातियों/उपजातियों/मज़हबों/वर्गों में संवेदनशील रूप से विभक्त है। जाति की कतिपय श्रेणियाँ कदाचित् तब भी थीं, किन्तु ऐसा भयानक जाति-विभाजन नहीं था जैसा कि आज है। ब्राह्मण अवस्त्य क्षत्रिय कन्या लोपामुद्रा को अपनी पत्नी बनाकर भी जाति-बहिष्कृत नहीं थे। अन्धमुनि (श्रवण-पिता) वैश्य थे तथा उनकी पत्नी (श्रवण-माता) शूद्र थीं, इसके बावजूद यह परिवार सम्मानित था। इसी तरह प्रतिलोम-विवाह भी अपवादस्वरूप स्वीकृत थे। यहाँ तक गन्धर्व और असुर विवाह भी समाज में स्थान पाये हुए थे, किन्तु रावण ने इस ढाँचे को बुरी तरह झकझोर दिया था। हर समाज में एक-दूसरे के विपरीत दो धाराएँ हमेशा बहती रही हैं। रावण ने विपरीत धारा का इतने ज़ोरदार तरीके से परम्परागत धारा का प्रहार किया कि सम्मुख युद्ध अवश्यम्भावी हो गया और दोनों धाराओं के सर्वश्रेष्ठ प्रतिनिधि लंका के समरांगण में आ जुटे जिसमें ज़ाहिर है कि एक को मरना ही था।

रामायण को एक अन्य दृष्टि से भी मैंने देखा। राम का अपराजेय शत्रु रावण कोई साधारण व्यक्ति नहीं था। यदि साधारण होता तो राम के इस हिमालय-प्रयास का इतना गौरवगान नहीं होता। रावण उच्च आर्यकुल का एक प्रबल प्रतापी, तपस्वी, वैदिक संस्कृति का प्रकाण्ड पण्डित, कर्मकाण्डी, शूरवीर, त्रैलोकजयी, चक्रवर्ती सम्राट् था जो ब्राह्मणों के सर्वश्रेष्ठ वंशजों की सन्तान था। उसने अपनी चतुरता, राजनय, कूटनय, बुद्धिविवेक और बलविक्रम से एक वैभवशाली राज्य की नींव डाली किन्तु वह एक निरंकुश सम्राट् था। भारतीय उपमहाद्वीप की परम्परागत संस्कृति से भिन्न उसने राक्षसी संस्कृति की स्थापना की जो तीन बिन्दुओं पर आर्य संस्कृति के विपरीत थी। प्रथमतः वह आर्य-यज्ञों की विरोधी थी। द्वितीयतः राक्षस परमांस भक्षण करते थे। तृतीयतः स्त्री की इच्छा के विरुद्ध उसका बलात् भोग। इसके बावजूद रावण जीवित था, शक्तिशाली था, सम्राट् था।

केवल जानकी हरण के प्रश्न पर रावण समुचित राजनीतिक चातुर्य का प्रदर्शन नहीं कर सका। सीता रावण द्वारा पूर्व में अपहृत महिलाओं से भिन्न प्रास्थिति की महिला थीं। वे अपहरण के समय विवाहित थीं और उन्होंने अपहरण के बाद रावण को कभी स्वीकार नहीं किया। वे आर्यावर्त्त के एक गौरवशाली परिवार की ज्येष्ठ पुत्रवधू थीं। राम को राज्यभ्रष्ट मानकर रावण ने उन्हें 'अण्डर इस्टीमेट' किया। फलतः रामायण को ब्राह्मणग्रन्थ माननेवाले विद्वान् देख लें कि लोकहित में प्रचण्ड योद्धा, प्रकाण्ड वैदिक पण्डित, महान् सम्भावनाओं से परिपूर्ण ब्राह्मण सम्राट्, दिव्यास्त्रों का महान् निर्माता, लंकेश रावण लोकहित में राम ने तिरोहित कर दिया। रावण की असाधारण महानता में ही राम के कालजयी यश के बीज छिपे हैं। यदि रावण एक साधारण राजा होता तो कदाचित् आदिकवि से लेकर अब तक किसी भी भारतीय को रामकथा लिखने की कोई प्रेरणा नहीं मिलती।

मुझे लगता है कि जैसे एक व्यक्ति के जीवन में सुख-दुःख के दोनों रूप होते हैं, वैसे ही समाज में अच्छाई-बुराई होती है। दुःख एक सतत धागे की भाँति है जिसमें सुख की गाँठें लगी हैं। इसीलिए आधुनिक विद्वान् सुख के क्षणमात्र को ही उपयोग करने का परामर्श देते हैं। इसी प्रकार समाज बुराइयों से निर्मित है। अच्छाई व्यक्ति या संस्था के प्रयास से बुराई को कम करता है। जब विश्व में कोई राम, बुद्ध, गाँधी जीवित होता है तो अच्छाई

प्रभावी हो जाती है। मंच से इनके विदा होते ही अच्छाई न्यून होती जाती है। इसलिए यह परमावश्यक है कि सद्प्रयास सतत होते रहें। संस्थाओं के निर्माण के पीछे भी यही तर्क है कि व्यक्ति की मृत्यु हो जाती है, संस्था की नहीं। संस्था के निर्माण में सद्प्रयासों की भावी सततता की सम्भावना निहित होती है। रेडक्रास के जन्मदाता मर गये किन्तु रेडक्रास का औचित्य आज भी प्रासंगिक है।

दुःख या बुराई का क्रमशः व्यक्ति या समाज पर प्रभावी नियन्त्रण है कि कदाचित् ही कोई मानव, कोई समाज यह दावा कर सके कि वह सुखी या अच्छाइयों से युक्त है। उपनिषद् कहती है–

तमसो मा ज्योतिर्गमय

इस तर्क को मैंने अपनी पुस्तक 'अँधेरे में औरत' में कुछ और विकसित किया है। अन्धकार अनादि, अनन्त, अगोचर एवं शाश्वत है। अन्ततः सभी अन्धकार में जन्म लेते हैं, उसी में विलीन हो जाते हैं। प्रकाश तभी प्राण पाता है जब कोई उसे उद्‌भासित करे, अन्धकार अजन्मा है। ढिबरी, बल्ब, तारा सभी को 'ऑन' करना पड़ता है, और फिर 'ऑफ' कर दिये जाते हैं। अन्धकार को 'ऑन' नहीं करना पड़ता है, वह 'ऑन' रहता है। उसमें प्रकाश करने के लिए मानव प्रयास की आवश्यकता होती है। इस अन्धकार की दुःख या बुराई से तुलना की जा सकती है। दुःख या बुराई या अँधेरा प्राकृतिक सत्य है, शाश्वत है। मानव प्रयास इसमें परिवर्तन लाता है। प्रकृति की ओर जाने से दुःख की अनुभूति तो होगी ही। मानव का लक्ष्य या मोक्ष इस दुःख से सुख की ओर सतत यात्रा में है। दूसरे शब्दों में कहें तो जीवन में प्रकाश और अन्धकार की शक्तियों में सन्तुलन ही कदाचित् स्वस्थ मानवीय दृष्टिकोण के लिए अपरिहार्य होगा। क्योंकि प्रकृति से बहुत दूर यदि व्यक्ति जायेगा तो शक्तिशाली प्रकाश केन्द्रों के नीचे खड़ा होगा जहाँ उसकी छाया भी नहीं होगी, तब वह शायद अपने को पहचान भी नहीं सकेगा। इसलिए बेहतर है कि हम मानव के हित में प्रकाश और अन्धकार के उपयोगी अंश को उठाकर समायोजित कर लें।

सुख या दुःख के ही प्रश्न पर ऊपर मैंने लिखा है कि राम चक्रवर्ती सम्राट् के ज्येष्ठ पुत्र होकर भी सुखी नहीं रह सके। कैकेयी राज्य पाकर भी सुख नहीं देख सकी। दशरथ ने सम्राट् होकर भी देवनामयी मृत्यु का वरण

किया। जब राजे-महाराजों को सुख नहीं मिला तो हम आप कैसे सुख के दावेदार हो सकते हैं। सुख तो क्षणों में मिलना ही सम्भव है जिसके लिए वैयक्तिक रूप से ही सतत गतिशीलता की ज़रूरत है। परिणाम की आशा किये बग़ैर मानवीय कर्म ही अन्ततः मानव/समाज की नियति को बदलता है, यह ध्रुव सत्य है।

इस महाशून्य के भीतर अपने पर्यटन या विहार के दौरान किये गये अवलोकन से मैं इस निष्कर्ष पर पहुँचता हूँ कि आज भारत में जो भी समस्याएँ विकराल रूप धारण किये हुए है, वे अपने मूल रूप में तत्कालीन रामायणकालीन समाज में भी विद्यमान थीं जो कि स्वाभाविक है। जैसा कि वर्तमान भारत का नक़्शा सेक्सग्रस्त, तनावग्रस्त, असुरक्षित, जाति-पाँति, हिंसा, दमन, उत्पीड़न और क़बीलाई मानसिकता से निर्मित है, वैसा ही अपने सूक्ष्म रूप में उस समय था। समाज आज भी एक सामन्ती ढाँचे पर खड़ा है। सारा विकास इसी ढाँचे के भीतर हो रहा है। आवश्यकता इस ढाँचे में आमूल परिवर्तन की थी जो नहीं हो सका। हाँ, इस ढाँचे के भीतर और इसके ऊपर विकास का इतना कूड़ा जम गया है कि लगता ही नहीं कि आधुनिक भारत की नींव में हज़ारों भारतीयों के ख़ून से सने पत्थर लगे हैं।

हम भारतीयों में सबसे बड़ी कमी है अपने को दूसरे से विशिष्ट होकर दिखने की। यदि आज 'प्रिविलेज़्ड' क्लास में नहीं हैं तो आप भारतीय ही नहीं हैं। अब ज़रूरत हुई तो इसके लिए हम अंग्रेज़ी का इस्तेमाल कर सकते हैं, धन का इस्तेमाल कर सकते हैं, राजसत्ता का उपयोग कर सकते हैं, विदेश के निवासी हो सकते हैं, कुछ भी कर सकते हैं। विशेषाधिकार सम्पन्नता की भावना इतनी गहरी है कि अपने से निम्न व्यक्ति पर यदि हमारी सर्वोच्चता स्थापित करती है, हमें विशेषाधिकार सम्पन्न करती है तो हमें मंजूर है। हमारी पाखण्डी प्रकृति और चरित्र के दोहरेपन ने वस्तुतः समाज को सस्तेपन के उस स्तर पर ला खड़ा किया है कि अब यहाँ एक खाँटी व्यक्ति को धुआँ, सड़ाँध, कुण्ठा, घुटन, आत्मघात के अतिरिक्त कुछ प्राप्त नहीं होगा।

रामायणकालीन कोई व्यक्ति यदि सेक्स से ग्रसित था तो उसकी भरपायी तत्काल कर लेता था किन्तु उसे (सेक्स को) लेकर वह कुण्ठित है किन्तु चरित्र के दोहरेपन के चलते अपनी कुण्ठा को स्वीकार भी नहीं कर

पा रहे हैं। निश्चित रूप से प्राचीन समाज ज़्यादा खुला था, इसलिए कुण्ठाहीन था। अब खुलापन दिखावटी है इसलिए कुण्ठा सर्वाधिक है। प्राचीन समाज में समयाभाव नहीं था जो आधुनिक युग की देन है। इस कारण भी काफ़ी जटिल हुआ है अपना समाज, रिश्ते सिकुड़ गये हैं। औरत की परिस्थितियों में आज कोई ख़ास बदलाव नहीं है। वह आज कहीं ज़्यादा असुरक्षित है। हाँ, कामकाजी महिलाओं की परिस्थितियों में कुछ बुनियादी बदलाव आया है। आर्थिक आज़ादी के साथ-साथ काम के कुछ अधिक घण्टे, कुछ अधिक तनाव औरत के हक़ में आ जाते हैं।

जब औरत उत्तर भारतीय नशे में हो या भीड़ की शक्ल में हो तब उसके आचरण का अध्ययन करिये। आप पायेंगे कि इन स्थितियों में ऊपर लिखे तत्त्व साकार हो जाते हैं। आर्थिक जगत् के चरम दबाव ने भारतीय औरत को बौना कर दिया है। उसके सुख-दुःख की परिभाषा बदल गयी है। सुख में अपने सुख के अतिरिक्त एक व्यक्ति द्वारा दूसरे को पहुँचनेवाला दुःख भी सम्मिलित हो गया है। परपीड़न की यह प्रवृत्ति वस्तुतः आधुनिकता की देन है। आज आपका महत्त्व उस 'न्यून वैल्यू' के कारण है जो आपके भीतर अन्तर्निहित है। अब योद्धा की परिभाषा बदल गयी है। 'न्यून वैल्यू' धारण करनेवाला ही अब सच्चा शूरवीर है। यदि आप किसी को कष्ट नहीं दे सकते तो आप योद्धा नहीं, विशेषाधिकार-प्राप्त नागरिक नहीं, जनता हैं। मेरे विचार से प्राचीन समाज में भी परपीड़न की यह प्रवृत्ति विद्यमान थी जिसकी चरम परिणति रावण में हुई

आधुनिक युग के राजनीतिशास्त्र की एक मूलभूत अवधारणा है—राष्ट्र—राज्य की स्थापना। भारत में राष्ट्रीयता की बात करना ही कदाचित् आज के माहौल के उपयुक्त है नहीं। हमारी राष्ट्रीयता तब जागती है जब भारत पुत्र कारगिल में शहीद होते हैं। मानो शान्तिकाल में राष्ट्र का कोई अर्थ नहीं। राज्य की सम्पत्ति को क्षति, उसका विरूपण, नियमों/क़ानूनों की अवहेलना, खाद्य पदार्थों में मिलावट, आयकर/व्यापार कर की चोरी, मादक द्रव्य/स्वर्ण/अन्य विदेशी सामानों की स्मगलिंग, भौतिक सुखों की प्रचण्ड लिप्सा, विदेशी धन एवं शक्तियों से अपवित्र गठजोड़ और राष्ट्र की एकता व मानवीय गरिमा के विरुद्ध उठे हथियार। यह सब जैसे भारत की रक्त शिराओं में समा गया है और अब हर गली, मुहल्ले, तिराहे, चौराहे, सड़कों पर दिन-रात रक्तबीज घूम रहे हैं। ऐसा नहीं कि भारत में राष्ट्रप्रेमी नहीं हैं

या जो शान्तिकाल राष्ट्र का कार्य नहीं कर रहे हैं। राष्ट्र के कार्य को ही मैं राम-काज मानता हूँ जिसके सम्बन्ध में तुलसी ने लिखा–

राम काज लगि तव अवतारा।

मेरा यह आकलन ऐसे ही भारत पुत्रों के चरणों में एक विनम्र प्रणाम करने के साथ ही उस वर्ग के लिए है जिसने राष्ट्र का मतलब ही नयी पीढ़ी को भुला दिया। मैं पूछता हूँ कि क्या अब राष्ट्र राजनीति विज्ञान की किताबों तक सीमित हो गया है? क्या यह अचरज नहीं कि पचास वर्ष में ही भारत के नक़्शे में से भारत ग़ायब हो गया है और 'हम भारत के लोग' में से केवल 'हम' रह गये।

●

राम की त्रासदी

राम की त्रासदी को, उनकी व्यथा को मैंने स्वयं व्याधित के माध्यम से सामने लाने की चेष्टा की है और इसे अर्द्धकथानक—प्रथम के क्रम में ही रख रहा हूँ। उर्मिला एवं राम एक ही वृहत्‌कथा के बहुभुज के दो कोण हैं जो कहीं-न-कहीं एक-दूसरे से जुड़े हैं। इस प्राचीनतम व्यथा को मैंने आज की मानवीय यातना के बीच देखने की कोशिश की है। मैंने भारत के व्यतीत की प्रासंगिकता की तलाश भी ज़ारी रखी है। यह भी कोशिश की कि इस बात की गम्भीर पड़ताल कर ली जाय कि आज जो समस्याएँ भारत में हैं, क्या वे अपने बीज रूप में प्राचीन भारत में विद्यमान थीं।

रामकथा पीड़ा की आत्मकथा है। दशरथ के घर एक राजकुमार का जन्म हुआ, साधारण बात है। कितने ही राजाओं की एक साथ सैकड़ों रानियाँ गर्भवती रहती हैं और प्रतिदिन ही एक राजा के महल में कोई-न-कोई राजकुमार पैदा होता होगा। राम पर हमारा ध्यान नहीं जाता। राजमहिषी होकर भी महलों में कौशल्या प्रथम महिला होती है, सम्राट्‌ की प्रायः प्रथम विवाहिता होती है, राज्य की महान्‌ परम्पराओं की प्रथम वाहक होती है, भावी युवराज की माता होती है, राष्ट्र की प्रथम महिला होती है किन्तु है तो औरत ही ना, और औरत पुरुष के बिस्तर की चादर जैसी होती है जिसका नयापन एक दिन बाद समाप्त हो जाता है, जिसका आकर्षण एक धुलाई के बाद और जिसका जीवन एक वर्ष बाद समाप्त हो जाता है किन्तु जो एक सन्तान होने के बाद पुनर्जन्म ग्रहण करती है। इस तरह दशरथ पिता आज की मृत्यु के बाद अधेड़वय कौशल्या उपेक्षित हो गयी तो हमारा ध्यान उस पर या राम पर नहीं जाता।

राम पर सबसे पहले हमारा ध्यान तब जाता है जब विश्वामित्र दस दिनों के लिए राम को अपने यज्ञों की रक्षा हेतु दशरथ से माँगते हैं कि जैसे

रामकथा का ध्यानभंग हो जाता है और दशरथ को पहली बार एहसास होता है कि राम इतना बड़ा और परिपक्व हो गया है जो वनों में राक्षसों से संघर्ष कर सके। इसके बाद राम पर ध्यान अहिल्या के प्रसंग में जाता है। धनुर्भंग और अभिषेक तथा फिर वनगमन के निर्णय पर राम ध्यानाकर्षण करते हैं ये सब घटनाएँ कुल मिलाकर एक वर्ष के अन्दर हुई होंगी। फिर एकाएक सीताहरण के समय राम पर तत्काल हमारा ध्यान जाता है जो लगभग एक सवा वर्ष तक सीता के वन में निष्कासन के आदेश देने तक बना रहता है। सीताहरण वनगमन के चौदहवें वर्ष के प्रारम्भ में हुआ था। इस प्रकार से राम के जीवन के पूर्वाद्ध के पन्द्रह वर्षों तक राम का क्रियात्मक जीवन रहा जिसमें पहले और अन्तिम वर्ष की घटनाओं को छोड़कर बीच के राम के जीवन के तेरह वर्षों के अरण्यकाल को भारतीय मनीषा ने मेरे विचार से समुचित रूप से रेखांकित नहीं किया।

अन्तिम वर्ष तो विगत तेरह वर्षों के राम के विशालकाय कार्य का प्रतिफल ही था। इन तेरह वर्षों में राम ने वन में क्या किया। समानता, स्वतन्त्रता, भ्रातृभाव मानवीय गरिमा को प्रतिष्ठित करने का विशद कार्य इन वर्षों में तो किया ही, निराशा, कुण्ठा, भय, दीनता के भावों को जन-गण मन से निकालकर राम ने उसे जागरूक किया, संस्कार दिया और विविध जातियों में विभाजित इस भूभाग को मानव-मूल्यों के सूत्र में बाँधकर भारतवर्ष को एक राष्ट्र के रूप में संगठित कर दिया। आर्यों के समय से ही भारत में अन्ध विश्वासों में ग्रस्त, जाति-धर्म का बोझ उठाये, दलित गलित अंग वेश्या की तरह था और राम ने भगीरथ प्रयास करके इस कोढ़ से समाज को मुक्ति दी। इन तेरह वर्षों में राम ने समाज को एक दिशा दी, मार्ग दिखाया और स्वयं एक प्रकाश-स्तम्भ की भाँति हिमालय पर जगमगाने लगे। वस्तुतः राम के पूर्वार्द्ध के इन पन्द्रह वर्षों के इतिहास में यह तेरह वर्ष ही महत्त्वपूर्ण हैं क्योंकि प्रथम वर्ष इन तेरह वर्षों की भूमिका और अन्तिम वर्ष इनका प्रतिफलन है। भारतीय मनीषा ने इन तेरह वर्षों के इतिहास को संक्षेप में समेट दिया किन्तु मैंने इन वर्षों को पूरी गम्भीरता से प्रस्तुत कृति में उकेरने का प्रयास किया है।

राम को सारा जीवन अपने हिस्से में यातना और पीड़ा ही मिली है चाहे व्यक्ति ने दी हो या समाज ने। कलंकित जन्म लेकर अपमानित बचपन

जियें। माँ कौशल्या को सर्वदा पीड़ित, अपमानित और कैकेयी से भयभीत देखा। राम के अभिषेक के समय मँझली माँ बीच में आ गयीं और न केवल राम को राज्य से वंचित कर दिया वरन् प्राणप्रिय अयोध्या से जंगलों की ओर भेज दिया। राम अहिल्या आख्यान को सुनकर जितने पीड़ित हुए उतने ही पीड़ित अविवाहित युवती सीता की परिस्थितियों को देखकर हुए। यह उस पीड़ा से कहीं अधिक थी जितनी उन्हें पिता के सात सौ बार विवाह करने पर हुई थी। पिता का वश चलता तो वे अपने शव से भी एक-दो विवाह कर लेते। अरण्य के ख़तरनाक अभावग्रस्त जीवन में ही राम तेरह वर्ष तक जानकी के साथ एक प्रकार से सुखी रहे। यद्यपि जंगल में वे माताओं, अयोध्या से अलग परिवारविहीन रहे। अन्ततः परिवारविहीन रहे। अन्ततः रावण ने मैथिली का अपहरण करके उन्हें अत्यन्त पीड़ित किया।

राम के जीवन की सर्वाधिक बड़ी त्रासदी तब हुई जब लोकोपवाद के सम्मुख नतमस्तक उन्होंने स्वयं अपनी निष्पाप जानकी को सोलह वर्ष के लिए वन में निष्कासित कर दिया। जानकी वापस अयोध्या तो आयीं किन्तु जीवित वापस नहीं आयीं—उनका शव राज्यसभा में पड़ा था। यह सबसे भीषण सामाजिक दंश था जिस गरल को पीने के बाद राम नीलकण्ठ ही नहीं—मृतप्राय हो गये। आश्चर्य यह नहीं कि यातनाओं के इतने विषों को पीने के बाद भी राम जीवित कैसे रहे—आश्चर्य तो यह कि इस विकृति, कुण्ठा, पराजय, प्रतिशोध, रक्तपात, आत्महत्या, अनास्थामयी भूमिकाओं और अन्धकार से न केवल उन्होंने जान की बाजी लगाकर संघर्ष किया बल्कि मानव की गरिमा, कोमलता, शुभ्रता आत्मनिर्णय के लिए उसे मरना सिखाया, भारत को एक राष्ट्र के रूप में एकीकृत होना सिखाया और उस युद्ध में विजित होकर दिखाया जो राम के विरुद्ध एक विषय किन्तु न्याय का पहला विश्वयुद्ध था—जिसने भविष्य को प्रेरणा दी कि न्याय के लिए सामूहिक संकल्प का बल स्वार्थों पर टिकी महाशक्तियों से बेहतर है।

यदि राम यह न सोचते कि इतनी अनास्थाओं के बाद भी उन्हें न केवल जीना है बल्कि मानव के उच्चतर निर्माण में अपना निजी योगदान भी करना है तो कदाचित् रामकथा का औचित्य ही नहीं होता। राम के चरित्र से गिरकर भी उठने की, पराजित होकर भी संघर्ष करने की और मानव की हीन परिस्थितियों में भी प्रखर अपराजेय संकल्पशक्ति की जो प्रेरणा मिलती है,

जो ऊर्जा मिलती है, भारतीय मनीषा से उसे विस्तार से उल्लेख करने में कुछ संकोच किया प्रतीत होता है, जबकि मेरे विचार से मानव की अपराजेय संकल्पशक्ति ही रामायण की प्राण है, पुष्प की सुगन्ध है जिसे पूरी दृढ़ता से रेखांकित किया जाना चाहिए।

लौकिक सुख विशुद्ध रूप से संयोग पर निर्भर है। आवश्यकता नहीं कि राजपरिवार के सदस्य होने से आप सुखी होंगे। कौशल्या राजमहिषी होने पर सुखी नहीं रहीं, सीता चक्रवर्ती सम्राट् की एकमात्र पत्नी एवं सम्राज्ञी होने के बावजूद सोलह वर्ष वन में निष्कासित रहीं और जब उन्हें साकेत के जनगण से निष्पाप मानकर स्वीकार किया तब तक वे इस पीड़ा-लोक से कूच कर चुकी थीं। भरत चौदह वर्ष अयोध्या के सम्राट् रहे किन्तु एक क्षण को सुखी नहीं रहे, नन्हें बच्चों को नन्दीग्राम में पढ़ाकर अपना जीवन-यापन करते रहे। मँझली माँ ने साम्राज्य तो पाया, सुख नहीं। सारांश यह कि जब इतने महान् लोगों को अपने जीवन में सुख नहीं मिला, महज़ सुख की आशा ही रही तब आज हम आप कैसे सुख का दावा कर सकते हैं। इसलिए उचित होगा कि हम सुख-दुःख के पचड़े में पड़े बग़ैर मानव के प्रति अपने कर्त्तव्य को प्रथम वरीयता दें—रामायण का कदाचित् यही सबसे व्यापक सन्देश है—जो राम के जीवन में परिलक्षित होता है। सम्पूर्ण रामायण एक विशालकाय ट्रेजेडी है जिसमें पात्र अपनी भूमिका के अनुसार अपनी पीड़ा उठा लेते हैं और उसे अपने जीवन में भोगते हैं। सुख तो केवल मानव के उच्चतर निर्माण में है—यही रामायण का व्यापकतर सन्देश है।

•

अपने भीतर राम का विकास

कालजयी राम ने भारतीय जनमानस पर अपनी अमिट और उज्ज्वलतम छाप छोड़ी है। मूल्यों को हर स्तर पर प्रभावित किया है। अपने बुद्धि विवेक, मानवीय गरिमा, सतत यातनाएँ, संघर्ष और असाधारण पराक्रम के साथ राष्ट्र को दिशा-निर्देश देते हुए नितान्त एकाकी, मौन और जलता हुआ एक शिखर बिन्दु जिससे उठती लपटों की कौंध को भारतीय जनमानस अनुभूत नहीं कर सका, यद्यपि उसका ताप भारतीय मनीषा ने महसूस किया। मैंने इस विराट् त्रासदी के माध्यम से यह निष्कर्ष निकालने (की कोशिश की है कि) का दुस्साहस किया है कि राम का सन्देश चौरासी कोसी परिक्रमा में नहीं, अयोध्या भ्रमण में नहीं, राम की पूजा में नहीं, मन्दिर-निर्माण में नहीं, उस सुलगते शिखर बिन्दु के भीतरी सतह पर दबी मानव की अपराजेय संकल्पशक्ति के शोध में है जिसने 'परहित' में अपने व्यक्तिगत सुख-सुविधाओं को सामूहिक सुख के लिए सजाए-मौत दे दी। राम ने कहीं-न-कहीं भारतीय जनमानस को उसके हृदय की अतल गहराइयों से स्पर्श किया है, इस नाते उनके जीवन के सन्देश का थोड़ा-बहुत अंश भारतीय जनमानस में विद्यमान है। बेहतर होगा कि हम एक ओर राम की प्रतीक्षा किये बग़ैर अपने भीतर छुपे बैठे रामत्व को, मानव को उच्चतर बनानेवाली भावनाओं को विकसित करें। हज़ारों वर्षों से विकसित की गयी रामकथा का यही सत्य है, यही संकल्प है, यही सन्देश है, यही संक्षेप है, यही शिव है, यही सुन्दर है।

अपनी आदत के मुताबिक़ भारत के अतीत की प्रासंगिकता की तलाश का अपना मनपसन्द काम भी इस ग्रन्थ में मैंने पूर्ण मनोयोग से किया है। प्रारम्भ से ही राम का मानवीय रूप मुझे आकर्षित करता रहा है। पिताश्री सुरेन्द्र द्विवेदी कहते हैं कि यदि तुम रामायण पढ़ोगे, जीवन की तुम्हारी समस्त शंकाएँ पानी में नमक की भाँति धुल जायेंगी। रामकथा संशय नहीं राजपथ है जो मानव को, मानव के लिए मानव द्वारा बनाये हुए रास्ते पर 'लाइट हाउस' का काम करती है। अति बौद्धीकरण, यान्त्रिकीकरण ने परम्परागत भारतीय जनमानस में एक अव्यक्त

कुण्ठा, त्रास, चीख़ की आत्मधारा प्रवाह भर दी है। जब तक हम अपने 'स्व' को समाज में तलाश करेंगे, यह प्रवृत्ति कम होने के बजाय बढ़ेगी। बेहतर होगा हम अपने 'स्व' में समाज को तलाशें। आज भारतीय इतनी भयानक मनोदशा में हैं कि छोटे-छोटे प्रयत्न व्यर्थ हैं। हमें एक नहीं सैकड़ों रामों की ज़रूरत है और जब तक राम हज़ारों वर्षों में उत्पन्न होता है तब सैकड़ों रामों की उत्पत्ति एक कल्पनामात्र है। यह कल्पना तभी साकार होगी जब हम अपने भीतर पैठे एक छोटे रामत्व को विकसित करें, हम स्वयं एक राम हो जायें। रामकथा इसी रामत्व के विकास की कुंजी है, फार्मूला है, निष्कर्ष है।

आभार रामकथा में हज़ारों-हज़ार वर्षों से निमग्न भारतीय मनीषा का जिसने इसे हर कोण से परखने का प्रयास किया। आभार उन पुस्तकों का जो इस ग्रन्थ के प्रणयन में सहायक बनीं। प्रिय उपमा का आभार कैसे व्यक्त करूँ जिन्होंने इस प्रेरणा के दौरान सीता-सदृश व्यथा सही, मुझे मार्गदर्शन दिया, रामकथा की कतिपय मनोवैज्ञानिक गुत्थियाँ सुलझाने में मेरी सहायता की और बिना अधिक रोष व्यक्त किये मुझे असाधारण समय दिया जिससे यह ग्रन्थ आकार ले सका। चि. पूर्वा और चि. क्षितिज तो इस ग्रन्थ के प्रणयन के दौरान मुझसे बातें करने, मेरे साथ खेलने, कुछ साझे क्षणों को हासिल करने के लिए कितनी बार थककर सो गये। दोनों ही अभी छोटे बच्चे हैं। उनका भी मुझ पर उतना ही अधिकार है, जितना समाज का कदाचित् समाज का पलड़ा भारी हो गया और बच्चों का समझदारी भरा एकाकी मौन मुझे व्यथित करते हुए भी मेरा सबल रहा है। आभार उन सभी साथियों का जिन्होंने जाने-अनजाने मेरी सहायता की, मुझे मार्गदर्शित किया।

ग्रन्थ के सम्बन्ध में मेरा कोई दावा नहीं। यह वैचारिक कम मानसिक ज़्यादा है। मेरे मानस ने मुझे यह जानते हुए भी कि विश्व में हज़ारों रामकथाएँ लिखी जा चुकी हैं, मुझे रामकथा लिखने पर विवश कर दिया, अभिशप्त कर दिया। मैं विवश था, यह भार था, यह ऋण था जो मुझे चुकता करना ही था। भारतवासियों का यह न जाने कैसा ऋण मुझ पर था जिसे उतारकर भी मैं जाने क्यों ऋणमुक्त महसूस नहीं कर पा रहा हूँ। आपकी कैसी भी प्रतिक्रिया की मुझे प्रतीक्षा है—

सादर

दिनांक 03.09.1999 —विनीत—

कृष्ण जन्माष्टमी हेमन्त द्विवेदी

•

परिशिष्ट

उड़न-तश्तरी

विज्ञान कथा कविता

1.1 हिन्दी में विज्ञान कथा कविता अपने शैशवावस्था में है, लेकिन अंग्रेज़ी में विज्ञान कथा कविता अपनी किशोरावस्था पार कर चुकी है। इस बीच इसके रूप और विभेद को लेकर इतने विवाद हुए हैं कि उन्हें लिखने के लिए शायद हज़ारों पन्ने कम पड़ जायेंगे। इस लेख में हम अपने को अंग्रेज़ी की विज्ञान कथा कविता तक सीमित रखेंगे। क्योंकि हिन्दी विज्ञान कथा कविता अपना स्वरूप ग्रहण करने की प्रक्रिया में है। उस पर इस समय चर्चा करना अपरिपक्व होगा।

1.2 विज्ञान कथा कविता पर चर्चा करने के पूर्व यह देखना उचित होगा कि किन तत्त्वों से मिलकर एक विज्ञान कथा कविता लिखी जा सकती है। जैसा कि नाम से स्पष्ट होता है, इसे तीन शब्दखण्डों में विभाजित कर सकते हैं—विज्ञान+कथा+कविता! ज़ाहिर है कि यह एक जटिल विधा है। चूँकि विज्ञान+कथा—विज्ञानकथा नाम से फिक्शन की एक सुपरिचित धारा सदियों से अंग्रेज़ी साहित्य में स्थापित है, अतः अब प्रश्न उठता है कि विज्ञान कथा कविता विज्ञान कथा का कविता स्वरूप है या कविता का ऐसा स्वरूप है जिसमें वर्ण्यविषय विज्ञान कथा से समादृत किये गये हों।

1.3 कविता निश्चित रूप से साहित्य है। कथा भी साहित्य है। विज्ञान कथा एक विशेषीकृत साहित्य है, जिसमें विज्ञान विषयों की प्रेरणा से कथा के स्वरूप का गठन किया जाता है तो निश्चय ही विज्ञान कथा कविता साहित्य का एक भाग है तथा उसकी पृष्ठभूमि में विज्ञान कथा संचरित है तथा उसका स्वरूप कविता का है। अब यह विवाद बेमानी होगा कि विज्ञान

कथा कविता में कविता प्रमुख है या विज्ञान या कथा। वस्तुतः उसमें साहित्यिकता प्रमुख होना अनिवार्य है। तीनों का सिल्क फ्यूज़न ही उसे सााहित्य की ओर ले जायेगा। उसके बाद ही कोई उसे विज्ञान कथा कविता कह सकता है। इस सम्बन्ध में विशद विवेचन हेतु मेरा आलेख **'कथा बनाम विज्ञान कथा'** को पढ़ना समीचीन होगा!

2.1 वर्ष 1978 ई. में अमेरिका में सुश्री **सुजेट हैडेन एल्गिन** ने अमेरिकी **विज्ञान कथा कविता संघ** की स्थापना की। इसकी पृष्ठभूमि में प्रमुख कारण था कि महान् लघु कथा, महान् उपन्यास या महान् फ़िल्म की भाँति महान् विज्ञान कथा कविता को उसका मुक़ाम हासिल नहीं था। कह सकते हैं कि जैसे आरम्भिक दिनों में ईसाइयों के बहुमत रोमन कैथोलिक के सामने मुट्ठी भर प्रोटेस्टेण्ट आये, वैसे ही साहित्य के क्षेत्र में विज्ञान कथा कविता उठ खड़ी हुई। लेकिन सुश्री एल्गिन ज़ोर देकर कहती हैं कि विज्ञान कथा कविता में साहित्यिक मूल्यों हेतु परिश्रम की दरकार है। इस तरह वे विज्ञान कथा कविता को परिभाषित करते हुए कहती हैं कि इस कविता के दो तत्त्व हैं—**विज्ञान और कथा यानी नैरेशन।** बिना इनके कोई कविता विज्ञान कथा कविता नहीं हो सकती।

2.2 ग्रेग बीयर इस प्रश्न को दूसरे छोर से पकड़ते हुए कहते हैं कि वैज्ञानिक विषयों पर कविताएँ विज्ञान कविता की श्रेणी में होना चाहिए तथा काव्यात्मक कथात्मकता के अंश के रूप में—वैज्ञानिक थीम्स को काल्पनिक प्रसंगों में प्रयुक्त करनेवाले काव्य को विज्ञान कथा कविता की श्रेणी में रखा जाना चाहिए। किन्तु अन्य विधाओं की भाँति इसकी भी स्पष्ट सीमाएँ नहीं खींची जा सकती।

2.3 विज्ञान कथा कविता को लेकर एक विवाद इस बिन्दु पर भी रहा कि विज्ञान कथा कविता के केन्द्रबिन्दु में केवल विज्ञान की प्रेरणा से संचालित कथाएँ हों या विज्ञान कथा के साथ फन्तासी, हॉरर कथाएँ भी सम्मिलित की जायें! यह बिन्दु शुद्ध विज्ञान कथा कविता को उसकी शुद्धता से विचलित करने जैसे माना गया। मगर आज यह बिन्दु विवाद का विषय नहीं रहा। आज विज्ञान कथा कविता में विज्ञान कथा के अतिरिक्त फन्तासी, हॉरर कथाएँ आदि सभी से सम्बन्धित वर्ण्यविषय सम्मिलित हैं।

3.1 विज्ञान कथा कविता के एक पुरोधा **ब्रूस बोस्टन** अपनी कमेण्ट्री **Failure of genre poetry** में लिखते हैं कि मुख्यधारा कविताओं से पाठक के

जीवन का तादात्म्य हो जाता है। विज्ञान कथा कविताओं का उद्गम विज्ञान कथा, फन्तासी या भयावह कथा से होता है तथा इनका अनुभव के बजाय कल्पना से अधिक नाता है। यद्यपि विज्ञान कथा कविता के इतिहास पर मतभेद है। कुछ **इसे होमर, ब्लैक, मिल्टन, एडगर एलन पो, लवक्राफ्ट क्लार्क एश्टन स्मिथ, लिलिथ लोरेन, 1960-70 के न्यू वेव आन्दोलन** से आज तक लेते हैं। फिर भी 1978 में स्थापित अमेरिकी **विज्ञान कथा कविता संघ** ने तीन दशकों के इसके इतिहास को सहेजकर कवियों का एक समुदाय (Community) विकसित किया है। विश्वास करें कि विज्ञान कथा कविता को रोबोट कवि या पिशाच प्रेमिका की दरकार नहीं।

3.2 विज्ञान कथा कविता को अपने इतिहास की पहचान और बीसवीं सदी के साहित्य कला की पकड़ ज़रूरी है। विज्ञान कथा के प्रभाव तथा शुद्ध कल्पना को वर्ण्यविषय बनाये बिना इसके द्वारा आधुनिक ग़ैर विज्ञान कथा कविता के प्रभाव को ग्रहण किये जाने की ज़रूरत है। उसे वर्ण्यविषय से नहीं बल्कि भाषा, रूप, कला से क्या सम्प्रेषित करना है, इसके लिए अध्ययन की ज़रूरत है। विज्ञान कथा कविता लेखन हेतु मुख्यधारा कविता के अहम्—केन्द्रित स्वभाव को छोड़कर उस प्रसंग का ज्ञानार्जन ज़रूरी है, जिस पर लिखा जा रहा है। प्रतिबद्ध पाठक वर्ग तथा महत्त्वाकांक्षी, जटिल तथा मौलिक सर्जना के लिए छोटे पुस्तक विक्रेताओं के बिना विज्ञान कथा किशोरावस्था में बनी रहेगी।

4.1 माइकेल कॉलिंग्स विज्ञान कथा कविता में तीन तरीक़ों में गहराई से उतरते हैं। वे स्टीव रेसनिक टेम के कथनों से अपनी बात शुरू करते हैं। **स्टीव रेसनिक टेम** के अनुसार विज्ञान कथा की तरह विज्ञान कथा कविता भी अपने लम्बे और विशिष्ट इतिहास को लेकर चिन्तित रही है। जैसे भारत में हर वस्तु का उत्स वैदिक ऋचाओं में खोजने की प्रवृत्ति है, ठीक वैसे ही विभिन्न आलोचक एवं कवि भी विज्ञान कथा कविता को **होमर कृत ओडिसी, ब्लैक कृत फोर जोआस** तक में ढूँढ़ते हैं। **अम्ब्रल एन्थालोजी आफ साइन्स फिक्शन पोएट्री** में टेम ऐसे दावों को खारिज़ करते हुए **'जाने पहचाने विज्ञान कथा विषयों'** से सम्बन्धित कविताओं को प्राथमिकता पर रखते हैं। इस प्रकार अप्रत्यक्ष रूप से टेम विज्ञान कथा कविता के अस्तित्व को स्वीकारते हैं।

4.2 बरख़िलाफ़ इसके ऐसे लोग भी हैं जो न केवल विज्ञान कथा कविता के स्वतन्त्र रूप के विरोधी हैं, बल्कि सामान्य रूप से अनिश्चयवादी (Speculative) कविता के ही विरोधी हैं। संरचनात्मक आधारों पर केन्द्रित अपनी पुस्तक **The Fantastic : A Structural Approach to a Literary Genre.** में अनिश्चयवादी साहित्य के मशहूर सिद्धान्तकार **तोदोराव** कथात्मक तकनीकों पर ज़ोर देते हैं, जो अनिश्चयवादी साहित्य का सृजन सम्भव करती हैं। कविता 'प्रवचन की मूल प्रकृति' के कारण कथा से खुद को पृथक् करती है, कविता वर्णनात्मकता की ओर नहीं जाती बल्कि एक आलंकारिक व्याख्या का साहित्य है, न कि उसका शाब्दिक निरूपण। शुद्ध अर्थवान् शब्द समूह में फैण्टेस्टिक खोजना उचित नहीं। क्योंकि फैण्टेस्टिक में घटनाओं की वैसी प्रतिक्रिया होती है, जैसे कि वे विश्व में घटित होती हैं। इस प्रकार कविता फैण्टेस्टिक नहीं हो सकती।

4.3 अपने संक्षिप्त लेख **'फैण्टेस्टिक में कविता का अनस्तित्व'** में **जेसिका अमन्दा साल्मन्सन** तोदोरोव के तर्कों को आगे बढ़ाते हुए कहती हैं कि फैण्टेस्टिक आलंकारिक वास्तविकता जैसा कुछ है तथा विज्ञान कथा कविता आलंकारिक वास्तविकता के तत्त्वों—चरित्र, घटनाएँ तथा कार्य—को नहीं सहेजती। **साल्मन्सन** का निष्कर्ष है कि फैण्टेस्टिक कविता का विचार एक समुदाय का तरीक़ा है, जो लेखकों के मध्य अस्मिता का भाव देता है, किन्तु आख़िरकार सामुदायिक टैग के अतिरिक्त बेमानी है और जिसके अन्तर्गत काफ़ी अच्छी कविता लिखी जायेगी।

5.1 स्पेकुलेटिव कविता मैगज़ीन में **एण्ड्रयू जोरान** ने विज्ञान कथा कविता के सम्बन्ध में महत्त्वपूर्ण प्रेक्षण किये, जिसमें **तोदोरोव** व **साल्मन्सन** के मौलिक विचारों को ख़ारिज करते हुए स्पष्ट किया गया कि विज्ञान कथा कविता का अस्तित्व है, मगर इसके उद्देश्य और कार्यकलाप में समुदाय का भाव प्रमुख है। आज विज्ञान कथा कविता पाठक समुदाय से आगे जाकर अधिगम समुदाय (Learning Community) बन गयी है। पिछले वर्षों में एक परम्परा की खोज करने, ऐसी कविता को सुदृढ़ करने तथा परिभाषित करने में क़ामयाबी मिली जो पहले लगभग अस्तित्व में नहीं थी।

5.2 स्टार*लाइन के अंक में **राबर्ट फ्रेजियर** जोरान के दावे को आगे बढ़ाते हुए कहते हैं—परम्परा की खोज में आगे जाकर हमने और अधिक

क्षेत्रों में कार्य किया। और ऐसा हमने लेखन-शैली से नहीं, लेखन रूप के साथ किया। इस प्रकार **एण्ड्रयू जोरान, राबर्ट फ्रेजियर, ब्रूस बोस्टन, एलिसा मैल्कोह्न, डेविड लुण्डे, सुसान पालविक, रोजर डचर, माइकिल कोलिन्स** आदि कवियों ने फन्तासी कविता या विज्ञान कविता के विपरीत विज्ञान कथा कविता या दूसरे शब्दों में विशिष्ट रूप तथा शैली की कविता विकसित की।

6.1 ढेरों विज्ञान तथा कविताएँ लिखी गयीं, लिखी जा रही हैं, जो छोटे या बड़े प्रकाशकों की सहायता के बिना हम तक पहुँचना सम्भव नहीं था। लेखकों की रुचि और पृष्ठभूमि के दृष्टिगत विविधतापूर्ण लेखन हो रहा है। लेखन में कई दृष्टियाँ हैं—फैण्टेस्टिक कविता, विज्ञान कथा कविता, स्पेकुलेटिव कविता, बहिर्वेशी (extrapolative) कविता, विज्ञानोन्मुखी कविता आदि।

6.2 यह विविध प्रवृत्ति उन्मुख क्षेत्र है जहाँ विज्ञान, कथा तथा कविता के विविध सम्पर्क हैं। कुछ मानव समुदाय पर विज्ञान तथा वैज्ञानिक विकास को विस्तार देते हैं। कुछ रूप (Form) के संशोधन तथा रूपान्तरण का शोध (जैसे परम्परा को बहिर्वेशन से योग कर दिया हो) तथा कुछ बहिर्वेशी वस्तुओं का सन्धान। विभिन्न स्तर के कवियों का योगदान है। विज्ञान कथा लेखकों ने भी इस कविता को अंगीकृत किया। **अम्ब्रल एन्थोलोजी** तथा **बर्निंग विद अ विज़न** में **ब्रायन एल्डिस, मार्गरिट एटवुड, ग्रेगोरी बेनफोर्ड, माइकेल बिशप, रे ब्रेडबरी, थामस डिच, फिलिप जोश, फार्मर जो हेल्डमैन, उर्सला लेगुईन, नैंसी स्प्रिंगर, डी.एम. थामस, जीन वोल्फ, जेन पोलेन, रोजर जेलाज्नी** तथा अन्य लेखकों की कविताएँ शामिल हैं। मुख्यधारा के कवि **टेड ह्यूज, जैक एण्डरसन, विलियम स्टेफर्ड, आर्चवाल्ड मैकलीश** की कविताएँ भी इस संग्रह में संगृहीत हैं। यहाँ केवल उन कवियों का उल्लेख है जिन्होंने अधिगम समुदाय (Learning Community) में दिशा की खोज तथा विज्ञान कथा कविता को विशिष्ट मानते हुए परिभाषित करने का यत्न किया।

7.1 विज्ञान एवं विज्ञान कथा कविता

राबर्ट फ्रेजियर ने विज्ञान कथा के कवि समुदाय के लिए विज्ञान कथा कविता में निहित विज्ञान से सीधे मुठभेड़ की है। जैसा कि फ्रेजियर कृत **बर्निंग विद अ विजन** से स्पष्ट है। **'वईस आफ म्यूटेण्ट रेन फारेस्ट'** तथा **'इनकैश्ड इन दि एम्बर आफ प्रोबेबिलिटीज'** जो **इसाक असीमोव** की

विज्ञान कथा पत्रिका के मार्च, 1987 अंक में प्रकाशित हुई, में **फ्रेजियर** ने विज्ञान कथा कविता के बिम्ब विधान तथा थीमों की खोज की है। **'परसेप्शन बैरियर'** की कविताएँ **जोहान्स केपलर एण्ड हिज कॉस्मिक मिस्ट्री** तथा **ट्विण्ड स्टार्स : न्यूटन एण्ड हैली'** में उन्होंने विज्ञान कथा कविता में एक नया आयाम जोड़ा यानी विज्ञान तथा विश्व पर पड़नेवाले उसके प्रभाव पर चिन्ता। **'परसेप्शन बैरियर'** की कविताएँ अपनी सीमाओं और सम्भावनाओं के प्रति भी सतर्क हैं तथा ये उन सतहों को स्पर्श करती हैं, जहाँ विज्ञान तथा मानवता का सम्पर्क होता है, ताकि मानव होने का अर्थ पता चल सके।

7.2 कथा तथा विज्ञान कथा कविता

तोदोरोव तथा **साल्मन्सन** के उत्तर में जैसे अनेक समकालीन विज्ञान कथा कवियों ने वैज्ञानिक बहिर्वेशन का न केवल प्रयास किया बल्कि विवरणात्मक तथा कथात्मक तकनीकों का कविता में प्रयोग किया। इस धारा की श्रेष्ठ कविताओं में से एक **सुसान पालविक** की **'दि नेवर्स वाइफ'** है, जिसे लघु कविता वर्ग में **रिजलिंग पुरस्कार** मिला। विषयवस्तु में बहिर्वेशीय, रूप में परम्परागत, भ्रम तथा बिम्बों के माध्यम से विवरणात्मक। रूप, संरचना तुकान्तता तथा मीटर (Meter) ने इसके इतिवृत्तात्मक प्रभाव को धार देकर इसे श्रेष्ठ विज्ञान कथा कविता में बदल दिया।

'दि नेवर्स वाइफ' की भाँति **माइकेल कोलिंग्स** की **'दि लास्ट पैस्टोरल'** भी वे नये क्षेत्र खोलती हैं जहाँ भूत और भविष्य के बीच मुठभेड़ होती है। जो स्पष्टतः रेनेसाँ लव पोएट्री (पुनर्जागरणकालीन प्रेम कविताएँ) की लयात्मक चतुष्पदी पर आधारित है। **ब्रुस बोस्टन** की पुस्तक **'न्यूक्लियर फ्यूचर्स'** की कविता **'द इवोल्यूशन आफ डेथ म्युरल्स'** इस तकनीक को आगे ले जाती है, इतिवृत्त को बोध के स्तर तक संक्षिप्त करती है तथा ऐसे बिम्बों का निर्माण करती है जिसमें भूत, भविष्य और वर्तमान काल तीनों समय उपलब्ध रहते हैं। बिम्ब इतिवृत्त का उद्देश्य पूरा करते हैं एवं कथा स्पेकुलेटिव तथा बहिर्वेशीय दोनों ही हैं। भाषा तथा वाचिक संरचना समकालीन गद्य की तरह एवं आन्तरिक लय प्रारूप के अनुरूप है।

उपर्युक्त कविता के कुछ अंश निश्चय ही विगत की ओर देखते हैं तथा कुछ तत्त्व बहिर्वेशीय या स्पेकुलेटिव हैं। विज्ञान तथा विज्ञान कथा दोनों

उपलब्ध हैं एवं गम्भीर इतिवृत्तात्मक तत्त्वों से निर्मित हुई हैं। इन कविताओं में परम्परा से प्राप्त विगत साहित्यिक रूपों को भावी मानवता की आवश्यकताओं एवं चिन्ताओं से जोड़ा गया है तथा यह भी कि मानवता को अपने क्रियाकलापों के क्या परिणाम भोगने होंगे।

7.3 कविता तथा विज्ञान कथा कविता

विज्ञान कथा कविता की तीसरी प्रवृत्ति परम्परागत रूप (Form) भाषा एवं कथ्य से पृथक्, विज्ञान कथा कविता की विशिष्टता पर ज़ोर देनेवाला, कवियों के समुदाय की प्रवृत्ति है। इसके कवि विज्ञान कथा कविता के आयामों पर शोध करते हुए विज्ञान कथा के Vision की विशिष्टता पर तथा उसे सम्प्रेषित करनेवाली भाषा पर खुद को केन्द्रित करते हैं। 1986 में लिखित **एण्ड्रयू जोरान** कृत **फोर्स फील्ड्स** की कविता **'शिपरैक्ड इन डेस्टिनी फाइव'** जोरान तथा विज्ञान कथा कविता की इस प्रवृत्ति का सर्वश्रेष्ठ कार्य है। सतत लयात्मक प्रारूप, परम्परागत मीटर (Meter) एवं अकविता शैली में लिखी गयी यह कविता अपनी संरचनात्मक पठनीयता, विम्ब-विधान में पृथकूता, कुण्ठा तथा कवि की हताशा से मनोरंजन करती है। ये रूप तथा कथ्य को मिलाकर एक विशिष्ट विज्ञान कथा कविता का सृजन करती है। **फोर्स फील्ड्स** की अन्य कविताएँ इस प्रक्रिया को आगे बढ़ाती हैं। उनका कार्य ऐसे प्रसंगों को सृजित करता है, जिसमें विज्ञान कथा कविता तीनों एक साथ मिलकर अन्तिम प्रभाव देती हैं।

उपर्युक्त तीनों प्रवृत्तियों को निश्चय ही किसी सीमा-रेखा में नहीं रखा जा सकता। यह तीनों प्रवृत्तियाँ परस्पर एक-दूसरे से सम्पृक्त हैं तथा यह विज्ञान कथा कविता की सम्पूर्णता का द्योतक नहीं है। इतना ज़रूर है कि इन्होंने लेखकों के एक विशिष्ट समुदाय को निर्मित करने के प्रयास में अपनी ऊर्जा का इस्तेमाल किया है। तीन भिन्न प्रवृत्तियाँ होते हुए भी इन्होंने एकल लक्ष्य के लिए कार्य किया है तथा विज्ञान कथा कविता की एक विशिष्ट पहचान बनाने में इनका योगदान भुलाया नहीं जा सकता।

8.1 निष्कर्ष में यह कहा जा सकता है कि मुख्यधारा कविता उस वास्तविकता का शोध करती है जबकि अनिश्चयवादी (Speculative) कविता के सरोकार कल्पना की दुनिया से है कि विश्व कैसा हो सकता है। इस तरह यह कविता कथा के निकट है। यदि इसमें कवि उपस्थित है, तो वह एक

कथात्मक चरित्र के रूप में। इसका प्रमुख तत्त्व इसकी जिज्ञासा है। 'यदि ऐसा होता तो क्या होता?' भाषा, काव्य रूप या कथ्य के साथ नये प्रयोग करनेवाली कविता को भी अनिश्चयवादी कविता के अन्तर्गत रखा जाना चाहिए।

8.2 कोई विधा इस बात से अधिक जानी जाती है कि उसकी दृष्टि क्या है, उसका फोकस कहाँ है, बनिस्बत उसके रूप से। विज्ञान कथा कविता की श्रेणी में आज विज्ञान कथा के अतिरिक्त फन्तासी, अनिश्चयवादी, भयावह कथा से सम्बन्धित कविताएँ भी ली जाती हैं। इनकी दृष्टि इनके जिज्ञासु होने में है। काव्य तथा कथा में कई स्तरों पर समानताएँ तथा भिन्नताएँ होती हैं, किन्तु दोनों ही साहित्य के अभिन्न अंग हैं। दोनों के मणिकाञ्चन योग से काफ़ी अच्छी कविताएँ लिखी जा रही हैं। (यद्यपि कि रद्दी कविताओं की कमी नहीं है) बत्तख का बच्चा पैदा होते ही तैर सकता है, मगर कोई साहित्यकार क़लम पकड़ते ही परिपक्व लेखन नहीं कर सकता। विज्ञान कथा कविता में कथ्य, रूप, भाषा, बिम्ब-विधान के साथ नये प्रयोग किये जाने की अपरिमित सम्भावना है। मुख्य बात है कि परिश्रम की दरकार। बिना श्रम किये सिद्धहस्त होना असम्भव है।

8.3 मेरी विज्ञान कथा कविता सम्बन्धी दृष्टि नितान्त पृथक् है। मेरे विचार से हर व्यक्ति जन्मतः कवि, लेखक, संगीतकार आदि होता है। वातावरण एवं परिस्थितियों के साथ सतत संघर्ष के दौरान ये कलाएँ किसी में विकास पाती हैं, किसी में नहीं। कौन बच्चा स्कूली कविता नहीं गुनगुनाता या उसे रोमाण्टिक क़िस्से-कहानियों में रुचि नहीं या नाच-गाना देखकर सड़क पर थमककर खड़ा नहीं हो जाता। जीवन के अन्य क्षेत्रों (विशेष रूप से साहित्यिक, वैज्ञानिक, तकनीकी, प्रौद्योगिकी के क्षेत्र में) में कार्य करते समय इनकी ये जिज्ञासाएँ अवचेतन में पड़ी रहती हैं और कभी-कभी मौक़ा पाकर बाहर भी आ जाती हैं। किन्तु यह अवसर सभी लोगों को नहीं मिलता। इस समुदाय में वे लोग और सम्मिलित हो जाते हैं जिनकी रुचि जीवन के थपेड़ों से सूख नहीं गयी। साहित्यिक जगत् भी जो इस ओर उन्मुख होता है, वह भी इसमें सम्मिलित हो जाता है। यह समुदाय विज्ञान कथा कविता का आधार है, जिसकी चर्चा ऊपर की गयी है। यह समुदाय ही अधिग़म समुदाय है। अधिग़म प्रक्रिया का आधार परिश्रम है,

वस्तुतः विज्ञान कथा कविता साहित्य में प्रयोग के माध्यम से संघर्ष का प्रतीक है। जिज्ञासा के शमन हेतु यह प्रयोग करती है तथा कथा-कविता के मध्य समानता से लाभ लेकर एवं उनकी विभिन्नताओं के संघर्ष से जीवन दृष्टि अर्जित करती है।

8.4 मैं **ब्रूस बोस्टन** की एक कविता को उद्धृत करते हुए अपनी बात को विराम दूँगा। यह एक नयी दृष्टि से गुरुत्वाकर्षण सिद्धान्त की व्याख्या करती है–

If gravity were like weather
fickle, girdling the planet in
waves and pockets There would
be days on which we could not move
We would lie helpless, strapped
to the slowly turning earth
For hours at a time we would consider
the nature of such existence
its underpinnings, its weights.

9. पठनीय पुस्तकें

Bruce Boston : All the clocks are melting. Berkeley, CA : Velocities Chapbook Series, 1984

Bruce Boston : Nuclear Futures, Berkeley, CA : Velocities 1987

Collins, Michael R : Naked to the Sun; Dark Visions of Apocalypse, Mercer Island, W.A.; Starmont House, 1985

Elgin, Suzette Haden : Reviews of all the clocks are melting. Star*Line 9 (March/ April 1985) 12-13

Frazier, Robert : ed. Burning with a Vision ; Poetry of Science and Fantastic, Philadelphia; Owlswick Press, 1984

Frazier, Robert : Perception Barriers, Berkeley, CA : Berkeley Poets workshop and press, 1987

Joron Andrew : Shipwrecked on Destiny five, Isaac Asimov's Science Fiction Magazine, May, 1985

Joron Andrew : Force Fields, Mercer Island, W.A. : Starmont House, 1985

Palwick Susan : The Neighbour's Wife Isaac Asimov's Science Fiction Magazine, May, 1985

: The Non Existence of Poetry of Fantastic : Commentary on a Theory, Star* Line 9 (January/ February, 1985) 6-7.

Tem, Steve Rasnic : ed. The Umbral Anthology of Science Fiction Poetry, Denver C.O.; Umbral Press, 1982

Todorov, Tzvetan The Fantastic : A Structural Approach to a Literary Genre, 1970, Trans. Richard Howard, Ithaca NY ; Cornell University Press, 1975.

●

हाइकू : विज्ञान कथा कविता में

हाइकू जापानी कविता का एक रूप (form) है, जिसे स्तम्भ रूप (column) में 5,7,5 कुल 17 ध्वनि इकाइयों में लिखा जाता है। मूल हाइकू में एक कीगो (kigo) या प्राकृतिक या सीजनल शब्द तथा एक किरेजी (kiregi) या कटिंग शब्द होता है। किरेजी तीनों वाक्यांशों में से किसी एक के अन्त में होता है। जापानी पद्य में ध्वनि इकाइयों (Moras) को ऑन कहते हैं, जिसे अक्सर अंग्रेजी में syllable तथा हिन्दी मात्रा में कह देते हैं।

पूर्व में **होक्कू** नाम की इस जापानी कविता को 19 वीं सदी के अन्त में जापानी लेखक मसाओका शिकी ने हाइकू नाम दिया। अंग्रेज़ी हाइकू को एक कॉलम या स्तम्भ में लिखने के बजाय तीन पंक्तियों के निम्न प्रारूप में लिखा जाता है–

- तीन पंक्ति तथा अधिकतम 17 मात्राएँ।
- सीजनल शब्द प्रयोग।
- कटिंग शब्द के रूप में डैश (–), कोलन (:), विस्मयबोधक (!) या किसी अन्य रूप में।

अंग्रेज़ी में प्राकृतिक सन्दर्भ छोड़कर उस अनुभव पर दृष्टि केन्द्रित करते हैं जो किसी कविता में स्पष्ट विम्ब से बनती है। इसमें प्रायः दो बिम्बों या विचारों को परस्पर साथ (जापानी रेसों) रख दिया जाता है। अधिकतर हाइकू शीर्षकरहित, उपमारहित, रूपकरहित होते हैं।

अब अक्सर अंग्रेज़ी हाइकू 10 से 14 मात्राओं में बिना किसी प्रारूप के लिखे जा रहे हैं। आज एक शब्द, एक पंक्ति, दो पंक्ति, चार या चार से अधिक पंक्ति के हाइकू मिल सकते हैं। सम्भवतः सर्वाधिक प्रसिद्ध जापानी हाइकू **'ताल पुराना'** है जिसे सुप्रसिद्ध जापानी कवि **मत्सुओ बाशो** (1644-1694) ने इस तरह लिखा (अंग्रेज़ी अनुवाद)–

Old pond
A frog leaps in
Water's sound
या
Ancient pond
frog leaps
splash!

इसका हिन्दी अनुवाद समर्थ कवि सच्चिदानन्द हीरानन्द वात्स्यायन 'अज्ञेय' ने इस तरह किया—

ताल पुराना
दादुर कूदा
घुड़प!

बाशो के कुछ और प्रसिद्ध हाइकू का अंग्रेज़ी अनुवाद निम्नवत् है—

The wind of Mt. Fuji
I have brought on my fan!
A gift from Edo[1]

The first cold shower
Even the monkey seems to want
A little coat of straw.[2]

Waterjar cracks
I like awake
Thin icy night[3]

---

1. फूजी की हवा
मैं अपने पंखे में लाया
एडो का उपहार!
2. पहली शिशिर वर्षा—
कपियों को भी तिनकों का
कोट पहनने की ख़्वाहिश हुई!
3. पानी भरा मर्तवान चटका—
हल्की बर्फीली रात में लेटे
मैं जागता रहा!

Lightening
Heron's cry
Stabs the darkness*.

Sick on a journey
Over Parched fields
Dreams wander on.

संक्षेप में हम कह सकते हैं कि तीन सौ वर्षों पहले शुरू हुई जापानी हाइकू में शब्दों का एक संक्षिप्त समुच्चय प्रयुक्त किया जाता है, जो एक विशिष्ट विचार या अनुभव को अभिव्यक्ति दे। यह संक्षिप्त कविता उस भोगे हुए क्षण के सारांश को लिपिबद्ध करती है, जिसमें मानव प्रकृति के साथ सम्बद्ध हो जाता है। इस सदी में यह बहुत लोकप्रिय हुई है। अपने वैविध्यपूर्ण अनुभवों को 17 जापानी 'आन' में सीमित कर देना लेखकों के लिए एक बड़ी चुनौती है।

सायफायकू जापानी हाइकू से प्रेरित है। लेकिन इसके वर्ण्य-विषय विज्ञान, विज्ञान कथा तथा अन्य स्पेकुलेटिव कथाएँ जैसे फन्तासी, डरावनी कथाएँ हैं। ये हाइकू के सिद्धान्तों (Principles) एवं रूप (Form) से प्रभावित हैं, परन्तु संरचना एवं वर्ण्य-विषय में कतिपय भिन्नता है।

इण्टरनेट पर सायफायकू आने के पहले ही अंग्रेज़ी में विज्ञान कथा हाइकू लिखे जा रहे थे। **करेन एण्डरसन** के 1962 में लिखे 6 हाइकू में से एक देखिये–

Those crisp cucumbers
Not yet planted in syrtis.
How I desire one!

इन छिटपुट प्रयत्नों के बावजूद राबर्ट फ्रेजियर कृत **'एल-5 के हाइकू'** के पूर्व विज्ञान कथा हाइकू के प्रकाशन की नियमित व्यवस्था नहीं थी। **'एल-5 के हाइकू'** इसाक असीमोव की विज्ञान कथा पत्रिका (1979) में

* बिजली तड़पी
जैसे हेरोंन की चीख़ चाकू सी
अँधेरे में घुस गयी!

छपे। अगले वर्ष राबर्ट फ्रेजियर कृत **'स्पेस शटल के हाइकू'** इसी पत्रिका में छपे। माइकल बिशप की हाइकू प्रतियोगिता (1994) के बाद विज्ञान कथाओं में हाइकू का चलन बढ़ गया।

1995 ई. में **टाम ब्रिंक** ने विज्ञान कथा हाइकू के लिए नया नाम सायफायकू (Scifaiku) देते हुए एक घोषणा-पत्र जारी किया। इसके अनुसार विज्ञान कथा हाइकू विज्ञान कथा की अभिव्यक्ति का एक सशक्त माध्यम है जो मानवीय अन्तर्दृष्टि, प्रौद्योगिकी तथा भविष्य-दृष्टि को तीन पंक्तियों में पिरो देता है। हाइकू से प्रेरणा तथा सिद्धान्त का ऋणी विज्ञान कथा हाइकू अक्सर अपनी दिशा तथा दशा तय करते समय परम्परागत हाइकू से मुक्त हो जाता है। यह सीधी अभिव्यक्ति तथा सरल सुन्दरता के लिए जाना जाता है। तात्कालिकता, संक्षिप्तता, विज्ञान कथा सम्बन्धी वर्ण्य-विषय तथा मानवीय अन्तर्दृष्टि इसकी विशेषताएँ हैं।

तात्कालिकता में कवि एक क्षण को इस तरह पकड़ता है कि पाठक स्वयं को उस दृश्य का एक अंश अनुभव करें। संक्षिप्त सुन्दरता के लिए विज्ञान कथा हाइकू का कवि परम्परागत 17 मात्राओं का अतिक्रमण कर उन्हें कम या अधिक कर सकता है। विज्ञान कथा हाइकू का वर्ण्य-विषय विज्ञान या विज्ञान-कथा है। गोकि इसमें प्रकृति से सम्बन्धित विषयों के समावेश की मनाही नहीं। सबसे चुनौतीपूर्ण कार्य विज्ञान कथा विषयों में मानवीय अन्तर्दृष्टि की उपस्थिति का है, जो सायफायकू को हाइकू से जोड़नेवाला सबसे ज़रूरी आन्तरिक धागा है।

सायफायकू घोषणा-पत्र (1995) के पन्द्रह साल बाद यह देखना समीचीन होगा कि विज्ञान कथा विषयक इस कविता की वर्तमान धारा कैसी बह रही है। **अमेरिकी हाइकू सोसाइटी (H.S.A.)** ने हाइकू को इस तरह परिभाषित किया है–हाइकू एक संक्षिप्त कविता है जो मानवीय परिस्थितियों से सम्पृक्त प्रकृति या सीजन के अनुभव-सार को बिम्बात्मक भाग में अभिव्यक्त करती है।*

---

* A haiku is a short poem that was imagintic language to come the essence of an experience of nature or the season intutivety linked to the human condition.

इस प्रकार एक सायफायकू संक्षिप्त, बिम्बात्मक भाषा, अनुभव सार तथा स्पष्टतः साथ रखे गये बिम्बों से मिलकर बनी होनी चाहिए। 17 मात्राओं का अतिक्रमण समझा जा सकता है। हाइकू के कीगो या प्राकृतिक (मौसमी) शब्द की जगह विज्ञान शब्द का रखना समझा जा सकता है। लेकिन सीधी, सरल, संक्षिप्त अभिव्यक्ति से समझौता नहीं किया जा सकता। बिम्ब-विधान में जटिलता हाइकू या सायफायकू को ग्राह्य नहीं। अच्छे विज्ञान कथा हाइकू लिखे जा रहे हैं, किन्तु ऐसे विज्ञान कथा हाइकू की भी कमी नहीं, जो इस बिन्दु पर खरे नहीं उतरते।

हिन्दी के लिए विज्ञान कथा हाइकू एक नया शब्द है। हमने डॉ. अरविन्द दुबे के साथ आन लाइन पत्रिका **www.hindi.kalkion.com** में 8 फरवरी, 2010 से विज्ञान कथा हाइकू को सायफायकू नाम से शुभारम्भ किया है। लेकिन हिन्दी पाठकों के लिए सायफायकू एक बोझिल-सा नाम है। उचित होता कि हम इसे 'विज्ञान कथा हाइकू' कहते, जो अपेक्षाकृत स्पष्ट, सरल तथा सीधा है और परम्परागत हाइकू की मूल सरल प्रवृत्ति के बेहद निकट है। यह नाम हिन्दी के हाइकू कवियों से अपने को पृथक् भी करता है तथा उनसे सायुज्ज भी स्थापित करता है।

हिन्दी में प्रख्यात कवियों में से एक अज्ञेय के एक हाइकू का विवरण हमने ऊपर दिया है। उन्हीं के कुछ अन्य हाइकू जैसी संक्षिप्त सुन्दर कविता को उद्धृत करके हम अपनी बात को विराम देंगे—

पति सेवारत साँझ
उझकता देख पराया चाँद
लजाकर ओट हो गयी।

सो रहा है
झोंप अँधियाला
नदी की जाँघ पर!

●

उड़न-तश्तरी

(1)

मेरे घर के पिछवाड़े
ईसाइयों की सेमेट्री है
चारों ओर चारदीवारी से घिरा
बहुत बड़ा मैदान है
कँकरीली अनुपजाऊ मिट्टी
सैंजन के हज़ारों पेड़
काफ़ी दूरी पर एक मकान
ग़ज़ब की मनहूसियत!

अभी मैं बत्तीस बरस की हूँ
जब पिछले बरस मेरे
पति का देहान्त हो गया—
आठ बरस का बेटा दीपक
जब सो जाता था
मुझे समय काटने को दौड़ता था
टीवी, मैगज़ीन्स कभी मेरा
अकेलापन नहीं भर पाये!

(2)

दीपक के जन्म के पहले ही
हमने यह मकान ख़रीदा था
कितने खुश थे मेरे पति
मैंने सेमेट्री का हवाला दिया
तो बोले कि इसी कारण
ये मकान सस्ता मिल गया
बेशक खिड़कियाँ सेमेट्री की तरफ़ हैं
हवाएँ तो आती हैं
बिलकुल सोच थी उनकी
कितना लगाव था सेमेट्री से
कहते थे कि ये अंग्रेज़
जो यहाँ सो रहे हैं
सब-के-सब महान् सैनिक थे
जो 1857 की लड़ाई में
देसी फ़ौज के हाथों
शहीद हुए थे—

उनका कहना था कि मृत
जीवित की तुलना में कम ख़तरनाक हैं
क्यों ज़िन्दे मानुस को
गिरने के अवसर प्राप्त हैं
मृतक की गिरावट तो
मरते ही रुक जाती है—

कि जहाँ मरघट या क़ब्रिस्तान है
वह शिव का निवास है

(३)

मुझे यह कभी अच्छा नहीं लगा
मैं दावा तो नहीं कर सकती
मगर दिल के किसी कोने में
एक शिकायत दबी है मेरे
कि मेरे पति की सड़क दुर्घटना में
इस सेमेट्री का निष्क्रिय योगदान ज़रूर है।
मगर वे मरने के बाद भी
पूर्व जैसे थे—सरल, हँसमुख, जोकिंग!

मगर पिछले पाँच वर्ष में
सेमेट्री मेरे जीवन का
हिस्सा बन गयी
हम आज भी खाने के पहले
समस्त प्राणियों के भोजन के निमित्त
कुछ ग्रास खाद्यान्न लेकर
उन्हें अर्पित करते हैं
तब ख़ुद खाते हैं।

यह व्यवस्था मेरे पति ने मुझे
मनोवैज्ञानिक भय, अलगाव, संन्यास से

बाहर निकालने के निमित्त
की होगी, हालाँकि ऐसा
उन्होंने कुछ नहीं कहा,
यह उनकी मानसिक प्रक्रिया थी
इसी कारण कभी-कभी उनके कार्यों की
कोई वजह नहीं मिलती थी।

(4)

आज सेमेट्री हमसे पृथक् नहीं
हमारे परिवार का अंश है
वह भय या त्रास की नहीं
सम्मान या मनोरंजन का साधन है
दीपक के सो जाने के बाद
मैं घण्टों देखती रहती हूँ
नीम रोशनी में हिलते सैंजन पेड़
एकान्त मकान के बरामदे में टिमकता बल्ब, सन्नाटा

कभी-कभी मुझे भय लगता था
लेकिन सेमेट्री से मेरी
एकात्मकता ज़्यादे मज़बूत थी
सेमेट्री के कोने पर बने
घर में कुछ लड़के-लड़कियाँ
अक्सर चाँदनी में बाहर निकलते थे
लम्बे, चौड़े, गोरे-चिट्टे अंग्रेज़
शान्त, स्तब्ध भाव से प्रकृति को निहारते

पूरे चाँद की एक रात में
इसी उजाड़ मकान के पास
तेज हवाएँ चलने लगीं अकस्मात्
कँकरीली धूल का उठा गुबार
जब थमा तो लगा कि इस मकान का
कुछ हिस्सा नया बन गया हो
एक वलयाकार विराट्-सा चबूतरा
एक क्षण में मकान से सट गया

(5)

वे शान्त स्वभाव के लड़के-लड़कियाँ
अब कुछ चहकने लगे
अकस्मात् मैंने खिलखिलाहट की आवाज़ सुनी
मैं अवाक् रह गयी—
इस आवाज़ को मैं पहचानती हूँ
क्या यह मेरे पति की आवाज़ है?
इसे बारह वर्ष सुना है मैंने
और आज मरने के साल भर बाद भी

लेकिन ये कैसे हो सकता है
मृत व्यक्ति की आवाज़ कैसे
सुन सकती हूँ मैं—
मैंने खिड़की से आँखे लगा दीं
फिर एक अट्टहास गूँजा

यह निश्चय ही उनकी आवाज़ है
तो साल भर पहले क्या
धोखा हुआ था मेरे साथ

मेरी गोद में रखा उनका मृत शरीर
क्यों किसी और का था
नहीं-नहीं, वह सच था
तो फिर सच ये भी है
तो फिर मैं क्या करूँ
क्या मैं सेमेट्री जाऊँ
या फिर कुछ प्रतीक्षा करूँ
इसकी तसदीक करनी होगी।

(6)

सारी रात मैं सो नहीं पायी
सुबह दीपक को स्कूल भेजा
मैंने बाज़ार से एक
दूरबीन ख़रीदी और
सेमेट्री को दिन में देखा
तो रात के आश्चर्य की पुष्टि हुई
उस मकान से सटी तश्तरीनुमा
आकृति खड़ी थी जो पहले नहीं थी

निश्चय ही इस उड़न-तश्तरी से
कुछ लोग रात में आये होंगे

मगर वे फिर पृथ्वी के
हरगिज़ नहीं होंगे
जब फिर रवि की आवाज़ को
कैसे कापी कर लिया उसने
नहीं, नहीं, ये नहीं हो सकता
आज रात फिर देखूँगी उन्हें

रात हुई, दूरबीन लेकर
मैं खिड़की पर बैठ गयी
आधी रात को चहल-पहल
फिर वही हँसी
मैंने ग़ौर से देखा
रवि का क़द, वही तन
वही बिन्दास भाव, वही चश्मा उतारकर
उलटे हाथ से आँख पोंछने की आदत

(7)

मैंने कितनी ही रातें खिड़की पर
जागते हुए काट दी
अब इसमें मुझे कोई शक नहीं
कि रवि अभी जीवित है—
रवि अन्तरिक्ष वैज्ञानिक था
मुमकिन है किसी गुप्त मिशन के लिए
उसने अपनी मौत का
नाटक रचा हो

एक प्रश्न मगर अब तक
मेरे मस्तिष्क में अनुत्तरित था
इतने क़रीब रहकर उसने
सम्पर्क नहीं किया हमसे–
यदि आने में कोई मुश्किल थी
तो कम-से-कम मेरा
सेलफ़ोन ही खड़का दिया होता
दिमाग़ भन्ना गया

कई रातों की अनसोयी मैं
बिस्तर पर निढाल होकर गिर गयी
आख़िरकार तो वह आया
ठीक मेरे क़रीब वैसे ही हँसता
मैं उसकी बाँहों में बेसुध हो गयी
वैसे ही हाथों के कर्म स्पर्श
वैसा ही उन्मुक्त अन्दाज़
वही कौशल, वही संचालन

(8)

सुबह उठकर देखती हूँ
मन विस्मय से भर जाता है
सब-कुछ अस्त-व्यस्त है
भीगा बिस्तर, ठण्डी हवाएँ
मैंने कुण्डी खोलकर देखा
सूरज की साफ़-सुथरी किरणों

वृक्षों पर पड़कर जैसे
अस्तित्व का आभास दिया

अकस्मात् मैं चौंकती हूँ
मेरे ईश्वर
घर की कुण्डी रात को
मैंने ही बन्द की थी
और अभी-अभी
मैंने ही खोली थी
तब रवि कैसे आया था रात
और सुबह कैसे गया।

यदि रात को कुण्डी भूलवश
खुली छूट गयी
और रवि आया था
तो उसने बन्द की होगी
मगर घर का कोना-कोना छान मारा
रवि नहीं था वहाँ
मगर यदि प्रातः वो चला गया
तो कुण्डी किसने बन्द की थी

(9)

आज मैंने निश्चय कर लिया
कि जब आधी रात के

कुछ पहले ये लोग
बरामदे में आयेंगे
तो मैं सेमेट्री के मुख्य द्वार से
भीतर जाकर रवि से मिलूँगी
वह चाहे जो भी हो
मुझे अपनी ओर खींचता है

यह ठीक है कि रवि
अभी तक अनाड़ी है
क्योंकि ज़्यादेतर पुरुष
ऐसे ही होते हैं
मगर फिर भी यह उसका दोष
दोष उसके परिवेश का है
उसका परिवेश ही ऐसा था
जिसमें वह समाज में नहीं घुल पाया

यौवन के वे वर्ष, माह, दिन
जिनमें मानव सामाजिक बनता है
उसने रात-रात भर जागकर
फिजिक्स और गणित के नाम
कुर्बान कर दिये थे
सामाजिक होने के नाम पर
वह अभी तक एक बच्चा था
जिसे मेरी ज़रूरत है।

(10)

मेरे सारे वर्ष सुख के नहीं थे
कितनी बार मेरा झगड़ा हुआ
उसने मुझे धिक्कारा, हाथ उठाया
मैंने प्रताड़ित किया उसे
मगर वह पीड़ा सहकर भी अपने
लक्ष्य से डिगा नहीं कभी
न ही मैंने कभी उसमें
ऊर्जा का ह्रास देखा
वह नौकरी करने के अलावा
कुछ नहीं जानता था किताबें छोड़कर
मैं उसकी मूर्खता पर खीजती थी
रोती थी, उसे रोकती थी, चिढ़ाती थी
उसे उस रास्ते पर ले जाने की
कोशिश करती थी, जो
मेरे हिसाब से सही था
मगर वह विचलित नहीं हुआ

वह स्वीकार लेता था
कि उसे लोगों के व्यवहार की समझ नहीं
जीवन बहुत छोटा है
इसे समझने में ऊर्जा बहुत व्यय होगी
मुझे लक्ष्य तक जाने दो
तुम यदि मेरी सहायता

न भी कर सको तो कम-से-कम
उसमें बाधा तो न दो

(11)

मैंने बहुत बाधा दी रवि
तुम्हारा लक्ष्य बहुत ऊँचा था
मेरा लक्ष्य तुम थे
तुमने मुझे समझने की
चेष्टा भी तो नहीं की
फिर भी तुम सलीके से रहो
स्वस्थ प्रसन्न रहकर लक्ष्य तक पहुँचो
मात्र यही तो मेरा लक्ष्य था

तुमने अपना लक्ष्य पा लिया रवि
तुम मेरे पास रहो
या मंगल ग्रह पर
कितने भी रूप बदलो
मुझे छल नहीं सकते
मैं हर रूप में तुम्हें पहचान लूँगी
और आज कोई भी शक्ति
मुझे तुमसे मिलने से नहीं रोक सकेगी

आज अमावस्या की रात तारों की छाँव में
मैं अपने हाथ में
शक्तिशाली टार्च लिये
घर से बाहर निकली निःशब्द

मैंने बाहर से ताला लगाया
और सड़क पर चल पड़ी
मुझमें एक आक्रोश था
एक जिजीविषा थी

(12)

मुझे आक्रोश था
कि इतने दिनों तक रवि
अपने घर पर नहीं आया
मुझको इतने प्यार करनेवाले
तुम उस बच्चे को भी
एकदम भुला बैठे
जिसके लिए तुम कहते थे
मैं दीपक के रूप में जीवित रहूँगा

काँपते हाथों से मैंने
सेमेट्री के मुख्य द्वार की कुण्डी खोली
और डगमगाते क़दमों से
उस कँकरीले रास्ते पर चल पड़ी
जो उस अकेले मकान की ओर जाता था
जिसके सायबान में मरियल-सा
बल्ब जला करता था
कि अकस्मात् जैसे अँधेरा गाढ़ा हो गया

तेज हवाएँ चलने लगीं
धूल का घना गुबार

मेरे करीब मँडराने लगा
भारी शक्तिशाली यन्त्र के चलने की
गम्भीर घरघराहट सुनायी दी
उस अकेले मकान के सायबान में
जलता बल्ब अपनी डोर के साथ
पेण्डुलम-सा झूलता फीका-सा दिखा

(13)

दस मिनट यह चला
धूल का गुबार और ऊपर उठ गया
सैंजन के नाचते पेड़ों की
गति सामान्य-सी हो गयी
उस मकान के पास
जो चबूतरा बन गया था अकस्मात्
उस पूरे चाँद की रात में
अब वहाँ नहीं था

सामान्य होने में दस मिनट और लगे
मैंने आगे बढ़कर
कालबेल पर हाथ रखा
भीतर कोई आवाज़ नहीं आयी
मैंने तीन बार दस्तक दी
कोई प्रतिक्रिया नहीं हुई
ऐसा लगता था कि मुद्दत से
कोई यहाँ नहीं रहता

भयभीत-सी मैं लौट पड़ी
बरामदे के बाहर मैंने
जैसे ही क़दम रखा
मेरी निगाह अपने घर की
खिड़की की ओर उठ गयी
मेरी सिसकारी निकल गयी
कौन खिड़की से दूरबीन लगाकर
सेमेट्री की ओर देख रहा है

(14)

दीपक सोया पड़ा था
जब मैं चली थी,
उसे इतनी गहरी नींद आती है
कि नगाड़े बजाने पर भी न खुले
फिर कौन इधर देख रहा है
मैं लगभग दौड़ती-सी
सेमेट्री गेट से बाहर निकली
उसकी कुण्डी लगाना भी भूल गयी

मुझे याद नहीं कि कैसे
घर के मुख्य द्वार का ताला
खोलकर मैं भीतर घुसी
अन्दर कमरे में दीपक
मेरी प्रतीक्षा कर रहा था

मैंने उसे गोद में उठा लिया
और फूट-फूटकर रोने लगी
दीपक मौन मेरी आँखे पोंछने लगा

वो चला गया दीपक
वो चला गया
कभी लौटकर नहीं आयेगा वो
वो चला गया बेटे
मेरी हिचकियाँ बँध गयीं
आज मेरा धैर्य टूट गया था
लगता था किसी तेज़ धार चाकू ने
मेरे कलेजे को छलनी कर दिया

(15)

वो कहीं नहीं गया मम्मी
यहीं पर कहीं है पापा
आप उसे पहचान नहीं पायीं
उसे गोद में उठाकर
बच्चे से यह सुनकर
मैं अवाक् रह गयी
यह तो ठीक
रवि की भाषा बोलता है

मैंने आपको कई रात

खिड़की पर बैठे देखा

नींद में बोलते सुना आपको

रवि की हँसी, रवि की बातें

आज फिर मेरी आँख खुली

उस तेज़ अन्धड़, हवा, पेड़ों की खड़खड़ से

आप यहाँ नहीं थीं, दूरबीन थी

मैने लगाया तो आपको देखा